Ber Kotlerman

•

Dew in the Sky

Peretz Hirshbein's Yiddish Guide to Japan

The Rena Costa Center for Yiddish Studies

Bar-Ilan University

Ramat-Gan

Бер Котлерман

•

Роса в небе

Путеводитель на идише по Японии Переца Гиршбейна

Academic Studies Press

Бостон

2025

УДК 94(520)
ББК 63.3(5Япо)
К73

Published with the assistance of The Rena Costa Center for Yiddish Studies
Department of Literature of the Jewish People
Bar Ilan University

Котлерман, Бер.

К73 Роса в небе. Путеводитель на идише по Японии Переца Гиршбейна/ Бер Котлерман. — Бостон: Academic Studies Press, 2025. — 344 с. — (Серия «Современная иудаика» = «Contemporary Judaica»).

ISBN 979-8-901270-46-2

В 1926 году американский еврейский писатель Перец Гиршбейн провел около полугода в Японии, где познакомился с рядом деятелей литературы и театра, а также с влиятельными политиками, включая председателя верхней палаты Императорского парламента Японии князя Иэсато Токугава и главу японского отделения Лиги Наций виконта Эйити Сибусава. Настоящая монография посвящена этому первому серьезному и глубокому контакту представителя современной еврейской культуры с японской культурой межвоенного периода, результатом которого стали десятки очерков на идише, впервые представленные здесь в книжной форме в переводе на русский язык.

УДК 94(520)
ББК 63.3(5Япо)

ISBN 979-8-901270-46-2

Introduction

In April 1926, the chairman of the *Kizokuin*, the upper house of the Imperial Japanese Parliament, the last heir of the shoguns, Prince Iesato Tokugawa, received the American Jewish writer Peretz Hirshbein in his Tokyo office. As is customary at meetings of a state level, Tokugawa discussed with his guest the international situation, Japanese political and economic issues, relations with the United States, Europe, China, and Soviet Russia, and other important topics. The prince spoke in English, which enhanced the atmosphere of relative openness and friendliness characteristic of that cosmopolitan era in Japanese history known as the "Taishō Democracy" (1912–1926). As a token of his goodwill, he later sent Hirshbein a portrait of himself as a gift.

The audience granted to Hirshbein, a Yiddish-language writer, by one of Japan's most influential politicians stands out as an extraordinary episode in the history not only of Yiddish literature but also of Japanese-Jewish cultural relations in general. Despite the fact that Hirshbein was not an official representative of any country, his contacts with the Japanese elite did not end there: Prince Tokugawa placed him under the "patronage" of his close friend and political ally, Viscount Eiichi Shibusawa — a businessman, philanthropist, and president of the Japanese branch of the League of Nations. Shibusawa hosted a special reception in Hirshbein's honor at his private residence in Tokyo. The event was attended by a former finance minister and several members of both the upper and lower houses of parliament.

For decades, Shibusawa — who had begun his career in the government of the reformist Emperor Meiji — was one of the main figures in Japan's "private diplomacy", which in the 1920s focused on Japanese-American relations. Eager to signal its displeasure to Washington over the new U.S. Immigration Act of 1924, which had unprecedently eliminated quotas for Japanese immigrants, the Japanese leadership considered Hirshbein — who was introduced as a New York playwright and journalist — a suitable channel.

A native of a tiny hamlet in the Grodno province of the former Russian Empire, Hirshbein took every opportunity to remind his hospitable Japanese hosts that he was not representing America, but rather the Jewish people — primarily its Yiddish-speaking part. Viscount Shibusawa, well aware of the Jewish question at least since the time of the Russo-Japanese War, nonetheless chose not to take any position on the matter. Later, he also sent Hirshbein a gift: copies of three traditional *kakemono* scrolls, three centuries old, depicting the deeds of Ieyasu Tokugawa, the founder of the shogunate dynasty that ruled Japan for over 250 years until the beginning of Emperor Meiji's reign in 1868. In the accompanying letter, the viscount expressed his hope that these scrolls would help the writer to study Japan's past more deeply, and thereby better understand the character of the Japanese people in the present.

Hirshbein made an earnest attempt to understand the nature of the Japanese and of Japan itself, resulting in dozens of essays, now presented in book form for the first time in this edition — a century after they were written.

Ber Kotlerman

序文

1926年4月、日本帝国議会の上院である貴族院の議長であり、最後の将軍家の後継者でもあった徳川家達侯爵は、アメリカのユダヤ人作家ペレツ・ヒルシュバインを東京の執務室に迎えた。国家レベルの会談にふさわしく、徳川は国際情勢、日本の政治経済問題、アメリカ、ヨーロッパ、中国、ソビエト・ロシアとの関係、その他重要な課題について客人と語り合った。侯爵は英語で会話を行い、それが「大正デモクラシー」（1912～1926）と呼ばれる国際的で開かれた時代の特徴である、相対的な自由と友好の雰囲気を一層引き立てた。その好意の証として、後にヒルシュバインへ自身の肖像画を贈っている。

イディッシュ語作家であるヒルシュバインが、日本の有力政治家のひとりから謁見を許されたことは、イディッシュ文学の歴史においても、そして日ユダヤ文化交流の全体においても、極めて異例の出来事である。ヒルシュバインは国家の公式な代表ではなかったにもかかわらず、日本の支配層との関係はそれだけにとどまらなかった。徳川侯爵は彼を親友であり政治的盟友でもある渋沢栄一子爵に「託した」のである。渋沢は実業家であり、慈善家であり、国際連盟日本支部の会長を務めていた。渋沢は、ニューヨークの劇作家かつジャーナリストとして紹介されたヒルシュバインのために、自邸で特別な歓迎会を催し、元大蔵大臣や上下両院の議員数名も出席した。

渋沢は、明治天皇の改革政府で官僚としてキャリアを始めて以来、何十年にもわたり日本の「民間外交」の中心人物であり、1920年代には日米関係に注力していた。1924年に制定されたアメリカの新移民法が、日本人移民の受け入れ枠を前例のない形で完全に撤廃したことに対する不満をワシントンに伝える手段を求めていた日本政府は、ヒルシュバインをその適切な「伝達経路」とみなした。

ロシア帝国時代のグロドノ県の小さな村の出身であるヒルシュバインは、歓待してくれた日本の人々に対し、彼はアメリカを代表しているのではなく、主にイディッシュ語を話すユダヤ民族を代表しているのだと繰り返し伝えた。日露戦争の時代からユダヤ人問題の存在をよく知っていた渋沢子爵は、それでもその問題に関して明確な立場を示すことはなかった。

その後、渋沢はヒルシュバインに別の贈り物を送った。それは、徳川家康の事績を描いた300年前の伝統的な掛け軸三幅の複製であった。家康は、1868年に明治天皇の治世が始まるまで250年以上にわたって日本を統治した将軍家の創始者である。添えられた手紙の中で渋沢は、これらの掛け軸が作家に日本の過去をより深く学ばせ、現代日本人の性格をよりよく理解する助けになることを願っていると記した。

ヒルシュバインは、日本人と日本そのものの本質を理解しようと誠実に努め、その成果として数十本の随筆を書き上げた。それらは本書にて初めて書籍としてまとめられ、執筆からおよそ1世紀を経た今、ようやく読者の手に届けられることとなる。

ベル・コトルマン

ПЕРЕЦ ГИРШБЕЙН И ЯПОНИЯ

Роса, что увлажняет нежные травы,
С рождением солнца исчезает слишком рано;
Никогда мне не увидеть, никогда,
Как грациозно уходит она в небо...

Мурасаки Сикибу. Повесть о Гэндзи

Предисловие

В апреле 1926 года председатель *Кидзокуин*, верхней палаты Императорского парламента Японии, последний наследник сёгунов князь Иэсато Токугава[1] принимал в своем токийском офисе американского еврейского писателя Переца Гиршбейна. Как и полагается на встречах государственного уровня, Токугава обсудил со своим гостем международную обстановку, японские политические и экономические проблемы, отношения с США, Европой, Китаем и Советской Россией и другие немаловажные темы. Князь говорил по-английски, что усилило атмосферу относительной открытости и дружелюбия, характерную для той космополитичной эпохи в истории Японии, известной как «демократия Тайсё»[2]. В подтверждение своей расположенности он позже выслал Гиршбейну в подарок собственный портрет.

Аудиенция, которой удостоился писавший на идише Гиршбейн у одного из влиятельнейших политиков Японии, выглядит неординарным явлением в истории не только литературы на идише, но и японо-еврейских культурных связей в целом. Несмотря на

1 Князь Иэсато Токугава (徳川家達, Iesato Tokugawa, 1863–1940) — 16-й глава рода Токугава, назначенный в 1868 году после добровольной отставки 15-го сёгуна и своего приемного отца Токугава Ёсинобу.

2 Либеральное движение в Японии, которое происходило в период правления императора Ёсихито, с 30 июля 1912 по 25 декабря 1926 года.

то что Гиршбейн не был официальным представителем какой-либо страны, его контакты с японской правящей элитой на этом не закончились: князь Токугава передал его под «попечительство» своего близкого друга и политического союзника — виконта Эйити Сибусава, бизнесмена, мецената, президента японского отделения Лиги Наций. Последний организовал в честь Гиршбейна, представленного в качестве нью-йоркского драматурга и журналиста, специальный прием в своей частной резиденции в Токио, с участием бывшего министра финансов и нескольких членов верхней и нижней палат парламента. На протяжении десятков лет Сибусава, начавший свою карьеру в правительстве императора-реформатора Мэйдзи, был одним из главных игроков в японской «частной дипломатии», сосредоточившейся в 1920-х годах на японо-американских отношениях. Японское руководство, использовавшее любую возможность просигналить Вашингтону свое недовольство новым американским Иммиграционным актом 1924 года (закон Джонсона — Рида), в беспрецедентном порядке отменившим квоту на въезд японских иммигрантов, посчитало Гиршбейна подходящим каналом.

Уроженец крошечного хутора в Гродненской губернии бывшей Российской империи, Гиршбейн при любой возможности напоминал гостеприимным японцам, что представляет он вовсе не Америку, а еврейский народ, в основном его говорящую на идише часть. Виконт Сибусава, прекрасно осведомленный о существовании еврейского вопроса по крайней мере со времен Русско-японской войны, предпочел, однако, не выражать никакой позиции по этому поводу. Позже он также выслал Гиршбейну подарок: копии с трех традиционных свитков *какэмоно*[3] 300-летней давности с изображениями деяний Иэясу Токугавы, основателя династии сёгунов, правившей страной более 250 лет вплоть до начала правления императора Мэйдзи в 1868 году. В сопроводительном письме виконт выразил надежду, что эти свитки по-

---

[3] Какэмоно (掛物, «подвешенный») — японский свиток живописи или каллиграфии, обычно закрепленный краями из шелковой ткани на гибкой основе, чтобы его можно было свернуть для хранения.

Илл. 1. Перец Гиршбейн, один из наиболее своеобразных голосов в современной литературе на идише. Частный архив Рут Садэ, Кфар-Саба

могут писателю глубже изучить прошлое Японии и тем самым лучше понять характер японского народа в настоящее время. Гиршбейн честно попытался разобраться в характере японцев и Японии, результатом чего стали десятки очерков, впервые представленные в книжной форме в настоящем издании, столетие спустя после их написания.

* * *

Летом 2019 года по приглашению украинской Киево-Могилянской академии мне довелось читать курс «Литературная экзотика на идише» для слушателей магистерской программы по иудаике в Киеве. Курс этот базировался на путевых заметках на идише польского писателя и поэта Мелеха Равича, американской публицистки Гины Медем, а также Переца Гиршбейна, несколько очерков которого я перевел на русский язык, чтобы продемонстрировать студентам, как восточноевропейская еврейская идентичность первой половины XX века вписывалась в рамки «большого» мира.

По мере работы над переводами меня все больше захватывала уникальная, неортодоксальная перспектива, с которой Гиршбейн описывает Японию и японцев, и я начал целенаправленно собирать по крупицам его японские очерки, которые никогда не были изданы в книжном формате. На страницах прессы на идише с трех континентов и в архивных фондах писателя в Институте ИВО в Нью-Йорке (YIVO Institute for Jewish Research)[4] нашлось более четырех десятков таких очерков, посвященных географии, природе, общественному и политическому устройству этой страны, ее искусству, литературе, театру и архитектуре, а также взаимоотношениям с близкими и далекими соседями. В результате передо мной развернулась целая панорама одного из самых важных, а возможно, и единственного серьезного и глубокого

---

4 *Papers of Peretz Hirschbein*, YIVO Institute for Jewish Research, RG 833, далее: *Papers of Peretz Hirschbein*.

контакта представителя современной еврейской культуры с японской культурой, с аристократами, политиками, писателями и театральными деятелями Японии межвоенного периода. Однако идея контекстуализировать и издать японские очерки Гиршбейна оформилась после того, как я обнаружил удивительные параллели между этими очерками и сборником эссе «*Корни японского солнца*» Бориса Пильняка, познакомившегося с Гиршбейном в Японии в 1926 году и посвятившего ему трогательный рассказ «Олений город Нара»[5].

Существует авторитетное мнение, что книга Пильняка является «одним из самых значительных очерков, когда-либо написанных европейцем о Японии», а приезд его в Японию — «одним из самых знаменательных событий культурной жизни Японии в 1926 году»[6]. На этом фоне уникальный «литературный дуэт» этих двух талантливых авторов только усилил мое желание воссоздать как можно более полную картину японского турне Гиршбейна и предложить ее читателю на русском языке, которому не составит труда прочесть и книгу Пильняка, если он ее еще не читал. В выполнении этой задачи мне очень помогло время, проведенное летом — осенью 2024 года в качестве приглашенного профессора в Центре по изучению Северо-Восточной Азии (Center for Northeast Asian Studies) при японском Университете Тохоку в городе Сендай. Помимо богатой библиотеки этого университета и фондов Национальной парламентской библиотеки Японии в Токио, где я смог познакомиться с релевантными исследованиями и мемуарами, мне удалось в этот период также обнаружить ряд материалов в архивах МИДа Японии, проливающих свет на японское турне Гиршбейна. Я глубоко благодарен японским коллегам и всем, кто помогал мне в работе с документами и публикациями на японском языке. Квинтэссенцией же моего погружения в японский период в творчестве Гиршбейна

---

5 Пильняк Борис. Олений город Нара // *Новый мир*. 1927. № 3. С. 58–64.

6 Савелли Д. От составителя // Пильняк Борис. *Корни японского солнца*. М.: Три квадрата, 2004. С. 5.

стало посещение в феврале 2025 года квартиры невестки писателя Джессики Гиршбейн в Нью-Йорке, в которой сохранилось среди прочего множество эстампов, картин, документов и других артефактов, которые Перец Гиршбейн и его жена поэтесса Эстер Шумячер в свое время привезли из Японии.

Пильняк объясняет название свой книги так: «Иероглиф Японии — Страны Восходящего Солнца — есть Корень Солнца. Япония — есть Корень Солнца... Я поехал в эту страну, чтобы увидеть эти корни и чтобы увидеть тот народ, который живет у этих корней»[7]. Гиршбейн мог бы назвать свою невышедшую книгу о Японии попросту «*Япония*» — по крайней мере под таким заголовком фигурировал, как выяснилось, неосуществленный проект перевода его японских очерков на иврит в планах тель-авивского издательства «Мицпе» на 1933 год[8]. Однако русский перевод другой его книги, «*Индия*», назван вполне в стиле Пильняка — «*Снопы молчания*»[9]. Хочется надеяться, что мой выбор назвать эту книгу «*Роса в небе*» в качестве поэтической ссылки на преходящесть и недосказанность пришелся бы по душе Гиршбейну, который перевел на идиш вынесенные выше в эпиграф лирические строки классической японской писательницы X–XI веков Мурасаки Сикибу об исчезающей в небе росе[10].

---

7 Пильняк Борис. *Корни японского солнца*. Л.: Прибой, 1927. С. 118.

8 См.: Be'olam hasafrut, hatarbut vehaomanut [В мире литературы, культуры и искусства] // *Moznayim*. 33/4 (1933): 16.

9 Hirshbeyn Perets. *Indie (fun mayn rayze in Indie)* [*Индия (из моего путешествия в Индию)*]. Vilne: Kletskin, 1929; Гиршбейн Перец. *Снопы молчания (Индия)* / пер. А. В. Гурвича. М.; Л.: Гос. изд-во, 1930.

10 Гиршбейн перевел это четверостишие на идиш для эссе о Киото (см. далее «Царское гнездо») с английского: “The dews that wet the tender grass, / At the sun's birth, too quickly pass, / Nor e'er can hope to see it rise / In full perfection to the skies”. См.: Shikibu Murasaki. *Genji Monogatari* // *The Romance of Genji* / trans. by Suyematz Kenchio. Cambridge, Ontario: In Parentheses Publications, 2000. P. 93. Перевод с идиша на русский мой. — *Б. К.*

Драматург и путешественник

Один из наиболее своеобразных голосов в современной литературе на идише, Перец Гиршбейн (1879–1948)[11] вырос при мельнице своего отца, которая располагалась в нескольких километрах от польско-белорусского местечка Клещели в тогдашней Гродненской губернии царской России (ныне польский город Клещеле/Kleszczele). Получив традиционное еврейское образование сначала в хедерах Клещелей, а затем в ешивах Милейчице, О́рли, Бреста и Гродно, он стал частным учителем иврита в Вильне. С 1901 года Гиршбейн публиковался на иврите, начав со стихов, а затем перейдя к драмам социального плана. Творчество на иврите стало основой его многолетней дружбы с Хаимом-Нахманом Бяликом, с которым он познакомился в Варшаве в доме у Ицхока-Лейбуша Переца в 1904 году.

Несмотря на то что некоторые свои ранние произведения Гиршбейн переводил на идиш, свою первую драму непосредственно на этом языке он написал лишь в 1906 году. Эта драма под названием «*По ту сторону реки*» (в оригинале — “*Oyf yener zayt taykh*”) носила символистский характер, что, видимо, следует считать началом его карьеры в качестве драматурга-символиста. Тогда же впервые драмы Гиршбейна были опубликованы в книжном формате[12].

Знакомство в Петербурге в 1907 году с популярным русским писателем Леонидом Андреевым и публикация в его литературном сборнике «*Шиповник*» в русском переводе символистской драмы «*Обручение*» (в оригинале — “*Tkiyes-kaf*”)[13] укрепили позиции

---

[11] В большинстве источников годом рождения Переца Гиршбейна назван 1880 год. Однако, согласно копии его американского паспорта, хранящейся в Институте ИВО в Нью-Йорке, он родился 19 ноября 1879 года. Еще бо́льшую путаницу в биографию писателя вносят празднования его 50-летия еврейской общественностью в 1932 году и 60-летия в 1941 году.

[12] Hirshbeyn Perets. *Vayte un noente: bilder in 4 aktn* [*Далекие и близкие: картины в 4 актах*] / пер. с иврита на идиш A. Ben-Gur. *Eynzame veltn: drame in 1 bild* [*Одинокие миры: драма в одной картине*]. Vilne: Di velt, 1906.

[13] Гиршбейн Перец. Обручение // *Шиповник*. 1909. № XI. С. 65–109.

Гиршбейна как драматурга. Невероятно удачным стал для него год 1908: в Петербурге и Одессе почти одновременно увидели свет в книжной форме русские переводы с идиша нескольких его пьес[14], режиссер Константин Марджанов поставил «*По ту сторону реки*» в Одесском русском театре, а осенью того же года в Одессе была основана «Театральная труппа под руководством Переца Гиршбейна» — первый репертуарный театр на идише, созданный по образцу Московского художественного театра[15], в репертуар которого вошли как пьесы самого Гиршбейна, так и драматургия Шолома Аша, Давида Пинского, Шолом-Алейхема и Якова Гордина. Однако после двух удачных сезонов и многочисленных гастролей по городам и местечкам Украины, Беларуси, Литвы, Латвии и Польши театр был закрыт по решению властей.

Осенью 1911 года разочарованный Гиршбейн отправился в Нью-Йорк, где продолжил писать пьесы, которые быстро попали на сцены американских и европейских еврейских театров. Весной 1913 года он ненадолго вернулся в Вильну, чтобы через год покинуть Российскую империю уже навсегда.

В мае 1914 года Гиршбейн прибыл в Аргентину, намереваясь ознакомиться с жизнью еврейских сельскохозяйственных колоний и, возможно, осесть там на какое-то время[16]. В Аргентине он не остался, но поездка туда стала его первым серьезным путешествием, описанным и изданным отдельной книгой[17], и дебютом в травелогическом жанре, которому он теперь посвятил свое творчество наряду с драматургией. Собственно, Гиршбейн зано-

---

[14] Гиршбейн Перец. *Одинокие миры* / пер. А. Брумберг и Л. Тривуш. СПб.: Издательское бюро, 1908; *Земля: пьеса в трех актах* / пер. Лионель. Одесса: Всемирная библиотека, 1908.

[15] Иванов Владислав. *ГОСЕТ: Политика и искусство, 1919–1928*. М.: Гитис, 2007. С. 15.

[16] См.: Gruschka Roland. Fun vayte lender': Peretz Hirschbein's 1914 debut as a travel writer in the Yiddish newspaper 'Der Tog' // Johannes Becke and Roland Gruschka (eds.). *Spracheimaten und Grenzgänge* [*Языковые родины и пограничья*]. Heidelberg: Universitätsverlag Winter, 2021. P. 97–119.

[17] Hirshbeyn Perets. *Fun vayte lender: Argentine, Brazil. yuni, november 1914* [*Из дальних стран: Аргентина, Бразилия, июнь — ноябрь 1914*]. New York, 1916.

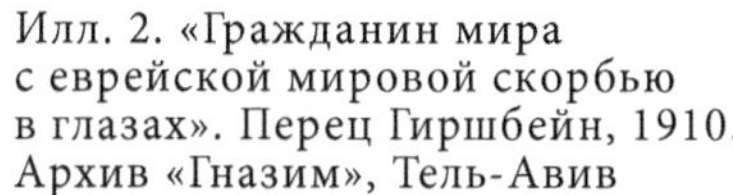
Илл. 2. «Гражданин мира с еврейской мировой скорбью в глазах». Перец Гиршбейн, 1910. Архив «Гназим», Тель-Авив

во открыл этот жанр не только для себя, но и для всей современной литературы на идише[18].

За этим путешествием последовали и другие — по Северной Америке, Океании, Африке, Европе и Азии[19], растянувшиеся более чем на полтора десятка лет. Их результатом стали многочисленные путевые очерки, принесшие Гиршбейну, по выражению польско-еврейского драматурга Марка Арнштейна, славу «загадочного летучего голландца» литературы на идише[20]. Эти очерки, опубли-

---

[18] См.: Ravitsh Meylekh. Fun di masoes Binyomin hashlishi biz di masoes Perets Hirshbeyn [От путешествий Биньямина III до путешествий Переца Гиршбейна] // Niger Shmuel, Elkin Mendel (red.). *Perets Hirshbeyn (tsu zayn zekhtsikstn geboyrntog)* [*Перец Гиршбейн (к его шестидесятилетию)*]. Los Angeles; New York: Hirshbeyn yoyvl-komitet, 1941. P. 106–117.

[19] См.: Osman Yisroel. Perets Hirshbeyn (biografye) [Перец Гиршбейн (биография)]. Там же. P. 5–22.

[20] Arnshteyn Mark. A retenish [Загадка] // *Literarishe bleter*. 08.04.1932: 234.

кованные сначала в прессе на идише как в обеих Америках, так и в Восточной и Западной Европе, а затем частично и в книжной форме, сформировали образ Гиршбейна-путешественника как «гражданина мира с еврейской мировой скорбью в глазах» и Гиршбейна-писателя как своеобразного «посла» новой еврейской литературы. Именно таким видели его современники и коллеги[21].

В 1910–1930-х годах оригинальные путевые очерки Гиршбейна увидели свет в книжной форме в еврейских издательствах Нью-Йорка, Вильны, Варшавы и Харькова. Речь идет о путешествиях в Аргентину, Бразилию, США, Океанию, Новую Зеландию, Австралию, Южную Африку, Бирму, Индию, подмандатную Палестину и СССР. В хронологическом порядке это следующие издания:

1. *Из дальних стран: Аргентина, Бразилия*. Нью-Йорк, 1916[22].
2. *По Америке*. Нью-Йорк, 1918[23].
3. *Вокруг света (путевые заметки) // Народы и страны: путевые заметки из Новой Зеландии, Австралии, Южной Африки*. Нью-Йорк, 1927; Вильна, 1929[24].
4. *Индия // Снопы молчания*. Вильна, 1929; Москва — Харьков — Минск, 1930[25].

---

[21] См.: Tsharni Daniel. Der velt-birger mitn yidishn velt-shmerts (tsum 50-yorikn yubiley fun Perets Hirshbeyn) [Гражданин мира с еврейской мировой скорбью (к 50-летию Переца Гиршбейна)] // *Folksblat*. 08.04.1932: 3; Zak Avrom. Perets Hirshbeyn (tsu zayn 50-yerigen yoyvl) [Перец Гиршбейн (к его 50-летнему юбилею)] // *Der moment*. 15.04.1932: 7.

[22] Hirshbeyn. *Fun vayte lender*. Несколько лет назад в Бразилии вышел перевод этой книги на португальский язык: Hirshbein Peretz. *De terras longínquas: viagem à Argentina e Brasil de junho a novembro de 1914* [*Из дальних стран: путешествие в Аргентину и Бразилию с июня по ноябрь 1914 года*], пер. на португальский: Nachman Falbel. São Paulo: Maayanot, 2017.

[23] Hirshbeyn Perets. *Iber Amerika* [*По Америке*]. New York: Literarisher ferlag, 1918.

[24] Hirshbeyn Perets. *Arum der velt (rayze-ayndrukn), 1920–1922* [*Вокруг света (путевые заметки), 1920–1922*]. New York: Literatur, 1927; *Felker un lender: rayze-ayndrukn fun Nayzeland, Avstralye, Dorem-afrike, 1920–1922* [*Народы и страны: путевые заметки из Новой Зеландии, Австралии, Южной Африки, 1920–1922*]. Vilne: Kletskin, 1929.

[25] Hirshbeyn Perets. *Indie*; *Garbn fun shtilshvaygn (fun mayn rayze in indye)* [*Снопы молчания (из моего путешествия в Индию)*]. Moskve–Kharkov–Minsk: Tsentrfarlag, 1930.

5. *Страна Израиля*. Вильна, 1929[26].
6. *Черная земля: десять месяцев с еврейскими переселенцами в Советском Союзе: Агай, Крым*. Вильна, 1930[27].
7. *С.С.С.Р.* Вильна, 1936[28].

Кроме того, две книги из этого списка (№ 3, 4) оперативно вышли в переводах на иврит[29], русский[30] и украинский[31] языки. Однако из больших многомесячных путешествий по разным причинам за кадром остались поездки в Канаду, Южную Америку (вторая поездка туда в 1925 году), Японию и Китай. В конце 1926 года Гиршбейн сообщил редакции аргентинской газеты *Di idishe tsaytung* о своих планах издать в Нью-Йорке в одном томе очерки о Бразилии, Аргентине, Чили, тихоокеанском круизе из Вальпараисо в Иокогаму, Японии и Корее[32], но такая книга так и не вышла. Пометки на полях машинописных копий статей о Японии, хранящихся в личном архиве писателя в Институте ИВО в Нью-Йорке, свидетельствуют о том, что книга о Японии в том или ином виде готовилась к печати. Этот архив также содержит договор на издание сборника под рабочим названием *«О Японии и об Индии»* на языке оригинала, подписанный летом 1928 года с украинским филиалом Центрального издательства народов СССР («Центриздат») в Харькове[33]. Как следует из при-

---

[26] Hirshbeyn Perets. *Erets-yisroel* [*Страна Израиля*]. Vilne: Kletskin, 1929.

[27] Hirshbeyn Perets. *Shvartsbrukh: tsen khadoshim mit di yidishe ibervanderer in Ratnfarband: Agay, Krim, 1928–1929* [*Черная земля: десять месяцев с еврейскими переселенцами в Советском Союзе: Агай, Крым, 1928–1929*]. Vilne: Kletskin, 1930.

[28] Hirshbeyn Perets. *P.S.S.R.* [*С.С.С.Р.*]. Vilne: Zibn teg, 1936.

[29] Hirshbeyn Perets. *Hodu* [*Индия*], пер. на иврит: Uri Tsvi Grinberg. Tel Aviv: Mitspe, 1930–1931.

[30] Гиршбейн Перец. *Снопы молчания*.

[31] Гіршбейн Перец. *Навколо світу*, вільний переклад з еврейскої Е. Райцина. Харків: Державне видавництво України, 1929.

[32] Perets Hirshbeyns groyse rayze arum der velt [Большое путешествие Переца Гиршбейна вокруг света] // *Di idishe tsaytung*. 18.10.1926: 5.

[33] Договір № 293. Харків, 23.06.1928, укр. *Papers of Peretz Hirschbein*. Series IV. Box 20. Folder 316 (Business documents, 1914–1945). Об издательских планах Гиршбейна в СССР, см.: Kotlerman Ber. Gauguin und Anti-Gauguin: Völker und

веденного выше списка, два года спустя «Центриздат» опубликовал на идише путевые заметки Гиршбейна об Индии (№ 4), однако главы о Японии в нее включены не были. В начале 1933 года тель-авивский издатель Иегошуа Чачик упомянул в переписке с Гиршбейном, что тот заканчивал работу над книгой о Японии[34], которую издательство «Мицпе» намеревалось опубликовать в переводе на иврит[35], но ни оригинал, ни перевод так и не были изданы.

Таким образом, японские очерки Гиршбейна увидели свет лишь на страницах прессы на идише в марте — ноябре 1926 года: в нью-йоркской газете *Der tog*, в варшавских *Der moment* и *Literarishe bleter*, в *Di idishe tsaytung* в Буэнос-Айресе, а также в лондонской *Di tsayt*. Часть очерков публиковалась в этих газетах параллельно, а часть — в одной или двух из них. Несколько лет спустя он снова вернулся к своим японским впечатлениям, опубликовав на основании своих дневниковых записей несколько статей аналитического характера в каунасской газете *Folksblat*. Помимо публикаций в прессе, он также время от времени выступал перед американской еврейской публикой с лекциями о Японии и Китае[36]. Не исключено, что на фоне резких политических изменений и усиления милитаризма в Японии начала 1930-х годов Гиршбейн посчитал свои очерки устаревшими и отказался от их издания в книжной форме.

Länder mit den jiddischen Augen des Peretz Hirschbein gesehen [Гоген и анти-Гоген: народы и страны еврейскими глазами Переца Гиршбейна] // *Wege der Germanistik in transkultureller Perspektive* [*Пути германистики в транскультурной перспективе*]. B. 7. Berlin: Peter Lang Publishers, 2022. P. 591–600.

[34] Письмо Чачика Гиршбейну (Тель-Авив, 17.02.1933, иврит). *Papers of Peretz Hirschbein*. Series I. Box 1. Folder 27 (Mizpah Publishing Company). Моя благодарность сотруднику Института ИВО д-ру Эдди Портному за помощь в работе с письмами Чачика.

[35] См.; Be'olam hasafrut, hatarbut vehaomanut, 16.

[36] См., например: Goldberg Neytn. Briv fun Olbani, Far. Shtatn [Письмо из Олбани, Соед. Штаты] // *Grininke beymelekh*. 15.01.1936: 19; P. Hirshbeyn vegn Yapan un Khine [П. Гиршбейн о Японии и Китае] // *Forverts*. 17.12.1937: 4.

Вальпараисо — Иокогама

В Японию Перец Гиршбейн отправился в январе 1926 года вместе с супругой поэтессой Эстер Шумячер на японском пароходе «Анъёмару» через весь Тихий океан — из чилийского Вальпараисо, куда супруги прибыли из Аргентины, в японский порт Иокогама с остановками в Перу, Панаме, Мексике, Калифорнии и на Гавайских островах. При любой возможности Гиршбейн телеграфировал свои путевые заметки в редакции газет на идише. В порту Лос-Анджелеса, где пароход задержался на пару суток, Гиршбейна встретили представители местных еврейских литературных кругов. Поэты Хаим Ройзенблит и Израиль Осман с гордостью показали ему, как солидно, без нью-йоркской суматохи здесь устроились вчерашние еврейские эмигранты из России и Польши. Вместе они посетили поселившихся на холмах талантливого литератора Ламеда (Лейви-Ешие) Шапиро, который похвастался перед Гиршбейном своей оборудованной по последнему слову техники фотолабораторией, и молодого поэта-интроспективиста Реувена Людвига, которого Гиршбейн называет «другом аризонских ветров». Последний спросил, почему бы Гиршбейну наконец не остановиться в своих странствиях и не осесть в Лос-Анджелесе (это произойдет 15 лет спустя). «Что мне было ему ответить? — риторически спрашивает сам себя Гиршбейн. — Что я сам ветер у берегов еврейской жизни?»[37]

«Анъёмару» было первым в Японии грузопассажирским судном, одним из самых скоростных для своего времени, специально спроектированным для перевозки мигрантов на западное побережье Южной Америки. В трюмах «Анъёмару» были предусмотрены помещения третьего класса на три сотни пассажиров, предназначенные в основном для китайских контрактных рабочих; эти же помещения могли служить для размещения грузов. Приблизительно такое же количество японских рабочих перево-

---

[37] Hirshbeyn Perets. A gast oyf a vayl (brif fun veg) [Гость на минуту (письма с пути)] // *Di idishe tsaytung*. 16.05.1926: 9.

зилось отдельно на уровне кают второго класса непосредственно под палубой. Вторым классом, рассчитанным на 50 человек, обычно ехали сотрудники компаний, члены их семей и свободные эмигранты, не связанные контрактом.

Уровнем выше, рядом с капитанским мостиком располагались десять кают первого класса. В одной из таких кают чета Гиршбейн провела изматывающе долгое 72-дневное путешествие в Иокогаму. Помимо них на рейсе были еще четверо пассажиров первого класса — два немецких еврея, отец и сын, один немец и один японец, с которыми у них сложились довольно натянутые отношения: немецкие евреи воротили нос при виде своих сородичей восточноевропейского происхождения, а японец подозревал в писателе родом из России скрытого большевика. Пассажиров первого класса кормили вместе с судовыми офицерами в небольшой столовой, и нередко они оказывались за одним столом с капитаном. Разговоры с последним, участником Русско-японской войны, наводили Гиршбейна на размышления о собственной трехслойной идентичности как еврея, русского и американца одновременно.

Пароход прибыл в Иокогаму вечером 16 марта 1926 года. В порту писателя никто специально не встречал, однако оказавшиеся там представители прессы взяли у него короткое интервью, как это здесь обычно делалось по отношению к иностранным литераторам.

Весь следующий день Гиршбейн наугад бродил по улицам Иокогамы в поисках какого-нибудь признака русско-еврейской общины, сформировавшейся здесь во время Гражданской войны в России. Поиски эти оказались бесплодными: процветавшая в свое время еврейская община Иокогамы полностью прекратила свое существование после разрушившего город землетрясения 1923 года[38].

---

[38] Речь идет о «Великом землетрясении Канто» магнитудой 8,3 балла, произошедшем 1 сентября 1923 года и практически полностью разрушившем Токио и Иокогаму.

Токио

После двух ночей в Иокогаме супруги Гиршбейн отправились на поезде в Токио, где провели около месяца. Поначалу они поселились в фешенебельном отеле «Империал» рядом с Императорским дворцом, где несколькими годами ранее останавливался Альберт Эйнштейн, а позже, в начале апреля перебрались в более скромную гостиницу. В первые дни в столице Гиршбейн по своему обыкновению бродил по улицам, заходил в магазины и лавки, посещал музеи и наблюдал организацию жизни и быта в целом, поражаясь быстрым темпам восстановления города два с половиной года спустя после разрушительного землетрясения 1923 года. Именно в этом контексте он рассказывает своему читателю не о туристических достопримечательностях Токио, а о территории бывшей фабрики по производству военного обмундирования, где в огненном торнадо в результате землетрясения в одночасье сгорели более 30 тысяч горожан и где был построен буддистский колумбарий со свезенными из разных концов города останками жертв этого стихийного бедствия[39].

В поисках полезных контактов в Токио Гиршбейн посетил офис популярного англоязычного еженедельника *The Japan Advertiser* под редакцией американца еврейского происхождения Бенджамина Фляйшера. Из донесений японской полиции (о полицейской слежке за Гиршбейном речь пойдет ниже) нам известно о его встрече с двумя корреспондентами этой газеты, Сюнкити Акимото и Сантаро Акияма[40]. Однако настоящий «выход в свет» ему обеспечило, по всей видимости, случайное знакомство с председателем Всероссийского союза писателей Борисом Пильняком,

---

[39] Речь идет о фабрике по производству военного обмундирования Хифукусё (被服廠跡納骨堂 / Hifukusho ato Nokotsudo).

[40] Diplomatic Archives of the Ministry of Foreign Affairs of Japan. 要視察外国人ノ挙動関係雑纂　米国人之部 (Yōshisatsu gaikoku hito no kyodō kankei zassan. kome kokujin no bu / Материалы наблюдения за поведением иностранцев: американский отдел, далее: DA MFA), 4.3.1.2–7. Vol. 5. № 5899 (08.04.1926). Моя глубокая благодарность д-ру Рюки Нагацука за помощь в работе с этим архивом.

приехавшим одновременно с ним в Японию по приглашению Японско-русского литературно-художественного общества[41].

С Пильняком Гиршбейна мог познакомить некий русский постоялец гостиницы «Империал», также упомянутый в одном из полицейских донесений[42]. Этим постояльцем был, скорее всего, Викторин Попов — председатель правления советской торговой организации «Масложирсиндикат» при ВСНХ СССР и по совместительству начинающий литератор. Довольно странная и малоизвестная личность, в будущем автор нескольких сборников очерков[43], Попов отправился в Японию и Китай для изучения масло-соевой промышленности — по крайней мере, по официальной версии[44]. Он поселился в «Империале» одновременно с Гиршбейном 19 марта и в последующие дни не раз встречался с Пильняком, с которым познакомился по пути

---

[41] Подробно о визите Бориса Пильняка в Японию см.: Savelli Dany. Boris Pilniak: une figure essentielle des relations culturelles soviéto-japonaises (1926–1937) [Борис Пильняк: ключевая фигура в советско-японских культурных отношениях (1926–1937)] // *Ebisu — Études Japonaises.* 20 (1999): 73–108; Savelli Dany. L'exotisme impossible (De Pierre Loti, de l'image du Japon et de l'autocensure dans *Pierres et racines* de Boris Pilniak) [Невозможная экзотика (о Пьере Лоти, образе Японии и самоцензуре в *Камнях и корнях* Бориса Пильняка)] // *Slavica Occitania.* 22 (2006): 493–514; Clark Katerina. Boris Pilniak and Sergei Tretiakov as Soviet Envoys to China and Japan and Forgers of New, Post-Imperial Narratives (1924–1926) // *Cross-Currents: East Asian History and Culture Review.* 7.2 (2018): 423–448. См. также: Coming to Japan: Mr. Boris Bilinyark (sic!) Desirous of Introducing Japanese Art to his Homeland // *Japan Times & Mail.* 02.03.1926: 1, 22. Поездки Пильняка в Японию и его связи с японскими интеллектуалами стали основанием для его ареста в Москве в октябре 1937 года и расстрела 21 апреля 1938 года.

[42] DA MFA. 4.3.1.2–7. Vol. 5. № 5899 (08.04.1926).

[43] См., например, Попов В. А. *Юшар.* М.: Молодая гвардия, 1932; *Снег и солнце.* М.: Моск. т-во писателей, 1934 и др.

[44] О связи Попова с Пильняком, см.: Полонский Вячеслав. Моя борьба на литературном фронте // *Новый мир.* 2008. № 1 (2008): 141–158, прим. 29. Именно его имеет в виду нью-йоркский друг Пильняка публицист Джо Фриман, описывая скандальный поход Пильняка с «советским чиновником» к гейшам. См. Freeman Joseph. *An American Testament: A Narrative of Rebels and Romantics.* New York: Farrar & Rinehart, 1936. P. 579.

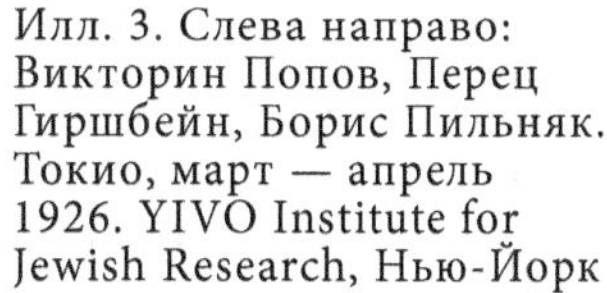

Илл. 3. Слева направо: Викторин Попов, Перец Гиршбейн, Борис Пильняк. Токио, март — апрель 1926. YIVO Institute for Jewish Research, Нью-Йорк

в Японию[45]. Гиршбейн ничего о нем не сообщает, однако, судя по всему, именно он фигурирует на одной из фотографий из архива писателя вместе с Пильняком.

27 марта чета Гиршбейн была приглашена на вечеринку к Пильняку на квартире у второго секретаря советского полпредства Льва Вольфа в районе Асакуса, где Пильняк поселился со своей женой актрисой Малого театра Ольгой Щербиновской. На вечеринке присутствовали еще несколько гостей[46] — сотрудники советского посольства, советские студенты, учившиеся

---

[45] См.: Савелли Дани. Борис Пильняк в Японии // Пильняк Борис. *Корни*. С. 193, прим. 86.

[46] Там же. Р. 197.

в Токио по обмену, писатели Каору Осанаи[47] и Удзяку Акита[48]. Последний упоминает в своем опубликованном дневнике как эту встречу, ошибочно идентифицируя Гиршбейна как польского писателя, так и многочасовой совместный поход с Пильняками и Гиршбейнами 1 апреля в театр «Кабуки-дза», где состоялось их знакомство с «японским Шекспиром» драматургом Сёё Цубоути и знаменитым актером Утаэмоном Накамура. После театра, по свидетельству Акиты, вся компания отправилась в кафе, где весело обсуждала вероятность постановки чего-то подобного театру кабуки в Советской России[49]. Совместный снимок Гиршбейна, Шумячер, Акиты, Осанаи и Пильняка, сделанный в тот день, попал следующим утром на страницы токийского выпуска *Асахи Симбун*[50].

Были и другие совместные выходы Гиршбейна и Пильняка с женами — в театры «Цукидзи» и «Симбаси», в гости к японским литераторам, по туристическим местам, в рестораны. Через Пильняка Гиршбейн свел знакомство с русским японистом, бывшим профессором Восточного института во Владивостоке (позже Государственного Дальневосточного университета) Евге-

---

[47] Каору Осанаи (小山内薫, Kaoru Osanai, 1881–1928) — театральный режиссер и драматург, сыгравший центральную роль в развитии современного японского театра и кино. В 1912–1920 годах путешествовал по Европе, чтобы познакомиться с современным театром. Последователь системы Станиславского, с которым встретился лично. В 1924 году помог основать экспериментальный театр «Цукидзи сёгэкидзё» (Малый театр).

[48] Удзяку (настоящее имя Токудзо) Акита (秋田 雨雀, Ujaku [Tokuzō] Akita, 1883–1962) — драматург, писатель, общественный деятель. Окончил отделение английского языка и литературы университета Васэда в Токио. Основатель и председатель ЯРЛХО. В 1927–1928 годах посетил СССР. В 1931 году организовал Японский пролетарский эсперантистский союз. Автор учебника эсперанто. После Второй мировой войны — директор Института сценического искусства в Токио.

[49] Akita Ujaku. 秋田雨雀日記．第1巻，1915年一1926年 [*Akita ujaku nikki / Дневник Акиты Удзяку, 1915–1926*]. Vol. 1. Tokyo: Miraisha, 1965. P. 414–415.

[50] 露文豪ビリニヤク氏が歌舞伎座を見物 [Ro bungō biriniyaku-shi ga kabu jì-za o kenbutsu / Знаменитый русский писатель Пильняк посетил «Кабуки-дза»] // *Asahi Shimbun*. 02.04.1926: 6. На фото не вошла жена Пильняка Ольга Щербиновская (видна лишь ее рука слева от Пильняка).

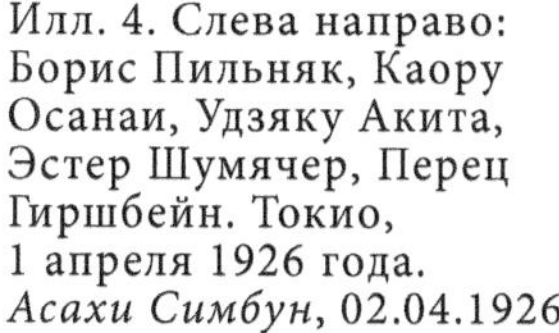

Илл. 4. Слева направо: Борис Пильняк, Каору Осанаи, Удзяку Акита, Эстер Шумячер, Перец Гиршбейн. Токио, 1 апреля 1926 года. *Асахи Симбун*, 02.04.1926

нием Спальвиным (1872–1933), который сопровождал их в походах в театр и встречах с японскими интеллектуалами. Спальвин служил секретарем по культуре и переводчиком в недавно открытом полпредстве СССР в Токио (дипломатические отношения между СССР и Японией были установлены на уровне посольств 25 февраля 1925 года) и по совместительству представителем Всесоюзного общества культурной связи с заграницей (ВОКС) и за год успел завести обширные знакомства в разных слоях японского общества. Благодаря Пильняку и Спальвину Гиршбейн познакомился с рядом литераторов и театральных деятелей, среди них уже упомянутые Акита и Осанаи (по свидетельству последнего, они виделись с Гиршбейном в Токио три-четыре раза в марте — апреле[51]); основатель театра «Цукидзи» Корэхито Курахара; переводчики-слависты Сёму Нобори и Масао Ёнэкава.

В начале апреля Гиршбейну удалось добиться аудиенции у князя Иэсато Токугава, многолетнего председателя верхней палаты Императорского парламента Японии и одного из актив-

---

[51] Kaoru Osanai. ヒルシュベインの言つたこと [Hirushubein no gentsuta kotô / Что сказал Гиршбейн] // *Teatoru*. (May 1926): 111. Моя благодарность проф. Дани Савелли из Тулузского университета за предоставление этой статьи.

нейших проводников японо-американского сотрудничества[52]. Гиршбейну, которого представили князю в качестве нью-йоркского драматурга и журналиста, был оказан прием на дипломатическом уровне. Используя любую возможность просигналить Вашингтону свое разочарование и недовольство новым американским Иммиграционным актом, полностью отменившим квоту на въезд японских иммигрантов[53], японское руководство, видимо, посчитало писателя подходящим каналом. Токугава говорил по-английски, что было немаловажным фактором. В эссе «Америка и Япония»[54] Гиршбейн подробно описывает эту встречу, отмечая благодушие политика по поводу улучшения международного положения после Первой мировой войны, радужных перспектив Лиги Наций, многообещающего сотрудничества с Советской Россией и якобы растущего миролюбия высших военных кругов Японии, которые он беззаботно сравнил с греющимся на солнце котенком. Впечатления Гиршбейна от встречи с Токугавой отражают общую атмосферу, превалировавшую в правящих кругах Японии в годы так называемой демократии Тайсё — либеральной и относительно космополитичной эпохи правления императора Ёсихито (1912–1926).

По окончании аудиенции, чувствуя некоторую неловкость от официального формата общения, Токугава передал Гиршбейна под «попечительство» своего близкого друга и политического союзника — 86-летнего виконта Эйити Сибусава, бизнесмена,

---

52 Иэсато Токугава (徳川家達, Iesato Tokugawa, 1863–1940) — политический деятель, председатель Палаты пэров Императорского парламента Японии (1903–1933). Получил образование в Итонском колледже в Великобритании. Занимал многие высшие государственные должности, был главой японского общества Красного Креста, руководителем японско-американского общества и др.

53 Принятый в 1924 году в США Иммиграционный акт (закон Джонсона — Рида) включал пункт, запрещающий въезд японских иммигрантов. О японской реакции на этот акт см. Izumi Hirobe. *Japanese Pride, American Prejudice: Modifying the Exclusion Clause of the 1924 Immigration Act*. Stanford: Stanford University Press, 2001. P. 8–9.

54 Hirshbeyn Perets. Amerike un Yapan: tsvey lender, tsvey tsivilizatsyes — rayze brif tsum 'Tog' [Америка и Япония: две страны, две цивилизации — путевые письма в «Тог»] // *Der tog*. 13.06.1926. Здесь: «Две страны, две цивилизации».

мецената, президента японского отделения Лиги Наций, закулисное влияние которого на японскую политику трудно переоценить[55]. Токугаве хотелось, чтобы именно от этого ветерана японской политики Гиршбейн получил представление о «пробуждающейся Японии». В подтверждение своей расположенности к гостю и к стране, которую тот в его глазах представлял, Токугава выслал позже в подарок Гиршбейну свой портрет, вежливо подчеркнув в сопроводительном письме свое удовлетворение тем, что Гиршбейн получает удовольствие от визита в Японию[56].

На фоне традиционной японской щепетильности во всем, что касается протокола, примечательна та оперативность, с которой был организован прием Гиршбейна в частной резиденции Сибусавы[57]. Приемы подобного рода для влиятельных иностранцев — в рамках так называемой частной дипломатии — проходили в весьма впечатляющем дворце Сибусавы регулярно: например, за два года до этого там побывал Рабиндранат Тагор. Судя по всему, оказанный Гиршбейну прием не стал вежливой формальностью, а был тщательно продуман, несмотря на кратчайшие сроки. По распоряжению Токугавы, Гиршбейна отвез к Сибусаве секретарь Палаты пэров Яхати Каваи[58], лично представив его

---

[55] Эйити Сибусава (渋沢栄一, Eiichi Shibusawa, 1840–1931) — государственный деятель, предприниматель, «отец японского капитализма». Основал и возглавил Первый национальный банк Японии и десятки компаний в сфере банковского дела, страхования, транспорта, торговли, добычи и переработки ископаемых, химического производства, электротехнического оборудования. Основал и финансировал около 30 колледжей и несколько университетов. С 1916 года посвятил себя общественной и благотворительной деятельности. Сибусава изображен на поступившей в обращение в 2024 году банкноте номиналом 10 000 иен.

[56] Письмо Токугавы Гиршбейну (Токио, 10.06.1926, англ.). *Papers of Peretz Hirschbein*. Series I. Box 1. Folder 19.

[57] Это здание было разрушено во время воздушного рейда в 1945 году и восстановлено только в 1998 году. Сегодня там располагается Мемориальный музей Сибусавы (渋沢史料館).

[58] Яхати Каваи (河井彌八, Yahachi Kawai, 1877–1960) — политический деятель, секретарь Палаты пэров, впоследствии секретарь императорского двора, в 1953–1956 годах председатель Палаты советников (преемницы упраздненной Палаты пэров) парламента Японии.

виконту. У Сибусавы «нью-йоркского журналиста» ожидали еще несколько высокопоставленных гостей: бывший министр финансов — зять Сибусавы виконт Ёсиро Сакатани, занимавший этот пост в 1906–1908 годах[59], несколько членов верхней и нижней палат парламента, отозванный в 1924 году посол Японии в США Масанао Ханихара[60] и редактор англоязычного токийского еженедельника *The Herald of Asia* Дзумото Мотосада, в прошлом также член Палаты представителей[61]. Последний переводил всю беседу на японский, поскольку Сибусава из иностранных языков знал только китайский. По свидетельству Эстер Шумячер, которая тоже присутствовала на этом приеме, время от времени Гиршбейн переходил на немецкий, который знали некоторые из гостей[62].

Разговор во дворце Сибусавы длился более трех часов и в основном касался международной политики и все той же проблемы несправедливого отношения Америки к Японии. По словам Гиршбейна, в какой-то момент ему это показалось утомительным. Он пробовал перевести разговор на темы культуры, китайского влияния, конфуцианской философии и т. п., но хозяин дома и его гости упрямо возвращались к наболевшему вопросу. Гиршбейн дал понять присутствующим, что он вовсе не настолько амери-

---

59 См.: Hyoung-sik Lee (Hyŏngsik Yi). Yoshiro Sakatani, a Member of the House of Peers, the Imperial Diet, and Korean Affairs Expert (Chōsentsu) and Japanese Rule of Korea // *International Journal of Korean History.* 18.1 (2013): 122.

60 Масанао Ханихара (埴原　正直, Hanihara Masanao, 1876–1934) — посол Японии в США в 1922–1924 годах. Выразив протест в апреле 1924 года по поводу принятия США закона, запретившего иммиграцию японцев, вернулся в Японию. Официально оставил свой пост в 1927 году.

61 Дзумото Мотосада (頭本元貞, Zumoto Motosada, 1863–1943) — журналист, секретарь государственного деятеля эпохи Мэйдзи Хиробуми Ито, член Палаты представителей парламента Японии. В 1897–1914 годах был главным редактором *The Japan Times*. В 1909 году сопровождал в США делегацию во главе с Эйити Сибусава в качестве переводчика. В 1916 году основал при газете *The Japan Times* еженедельный журнал *The Herald of Asia: A Review of Life and Progress in the Orient*.

62 Письмо Эстер Шумячер матери в Калгари (Нара, апрель 1926, идиш). *Papers of Peretz Hirschbein*. Series I. Box 4. Folder 101.

канец, чтобы хоть в какой-то степени нести ответственность за американскую политику. Он рассказал о своем еврейском происхождении и о том, какой удар новый закон нанес по евреям Восточной Европы. Сибусава на это не прореагировал, хотя был прекрасно осведомлен о «еврейском вопросе», среди прочего в силу своей многолетней дружбы с французским финансистом и меценатом еврейского происхождения Альбером Каном[63]. Как и можно было ожидать, впечатление на присутствующих произвел щедрый комплимент писателя в сторону Японии, где «сейчас происходит величайший эксперимент по объединению Востока и Запада», в случае успеха которого человечество сможет в полной мере насладиться результатами полученного синтеза.

От Сибусавы Гиршбейн вышел с ощущением, что японская элита эпохи «демократии Тайсё» слабо понимает расклад мировых сил и неспособна решать проблемы собственной страны. Так, в поощрении японской эмиграции в США и другие страны один из пэров, к удивлению Гиршбейна, видел решение проблемы перенаселенности в Японии.

На прощание хозяин дома показал гостям свой обширный сад с оригинальным деревянным чайным домиком, известным как «Банкоро». В этом здании смешанного японско-западного стиля, специально построенном в 1917 году к 77-летию Сибусавы, последний любил развлекать особо важных гостей чайной церемонией.

Гиршбейн описывает следующий эпизод: сад Сибусавы граничил с парком Асукаяма — первым токийским общественным парком. Как раз во время их прогулки подвыпившие горожане шумно отдыхали под цветущими сакурами этого живописного парка. Попытавшись сгладить неприятное впечатление, Сибусава заметил с аристократическим снобизмом, что самый простецкий люд по какой-то причине облюбовал этот парк, а приличная публика сюда не ходит. За этим последовало не менее высокомерное замечание одного из гостей по поводу дыма из видневшихся

---

[63] См.: *Shibusawa Eiichi and Albert Kahn: Exchange of Two Businessmen of Japan and France.* Tokyo: Shibusawa Memorial Museum, 2010.

Илл. 5. В саду Эйити Сибусава. Слева направо: Дзумото Мотосада, Эстер Шумячер, Эйити Сибусава. Токио, 6 апреля 1926 года. YIVO Institute for Jewish Research, Нью-Йорк

неподалеку фабричных труб: в нарушении гармонии виноват якобы сам виконт, слишком много занимающийся индустриализацией. Гиршбейн шутливо спросил, какой же ветер приносит этот дым — западный или восточный? Восточный, отозвался Сибусава на полном серьезе, видимо, имея в виду американское влияние на японскую экономику.

Благодушный виконт, как и князь Токугава, передал ему в подарок свой фотопортрет, а также три традиционных свитка какэмоно, копии работ знаменитого художника XVII века Танъю Кано[64] с изображениями деяний Иэясу Токугавы, основателя династии сёгунов, правившей страной более 250 лет вплоть до начала правления императора Мэйдзи в 1868 году, к которым

[64] Танъю Кано (狩野探幽, Kanō Tan'yū или Morinobu, 1602–1674) — японский художник школы Кано, с 1617 года первый официальный художник сёгуната Токугава.

прилагалось подробное описание на английском[65] и японском языках. Подобными свитками был украшен в остальном вполне европейский интерьер приемного зала во дворце Сибусавы, на что Гиршбейн в свое время обратил внимание. В сопроводительном письме секретарь Палаты пэров Яхати Каваи от имени виконта выразил надежду, что эти свитки помогут писателю глубже изучить прошлое Японии и тем самым лучше понять характер японского народа в настоящее время[66].

На следующий день после визита к Сибусаве, 7 апреля, Гиршбейн побывал в доме одного из лидеров японского профсоюзного движения, основателя как социалистической, так и коммунистической партий Японии Тосихико Сакаи[67], имя которого он напрямую в своей статье не назвал из опасения как-то ему навредить.

Сакаи, неплохо говоривший по-английски благодаря учебе в престижной школе — предшественнице Токийского университета «Кайсэй Гакко», произвел на Гиршбейна сильное впечатление своей непреклонностью и чистым идеализмом. Впоследствии он в ряде статей приводит мнение по разным вопросам «японского идеалиста», за которым угадывается образ Сакаи. В рабочем кабинете Сакаи над полками с книгами висели портреты Маркса, Ленина, Троцкого и некоего молодого человека, привлекшего внимание Гиршбейна. Как выяснилось, это был известный япон-

---

65 *Explanatory Notes on Picture Rolls Illustrating the History of Tosho-gu*, comp. by the Society for the Celebration of the Tercentenary of the Tosho-gu. Tokyo: Shimbi Shoin Limited, 1915.

66 Письмо Яхати Каваи Гиршбейну (Токио, 10.06.1926, англ.). *Papers of Peretz Hirschbein*. Series I. Box 1. Folder 19.

67 Тосихико Сакаи (堺利彦, Toshihiko Sakai, 1871–1933) — политик, писатель, переводчик, историк. В 1906 году стал одним из основателей Социалистической партии Японии. В 1908 году был арестован и приговорен к двум годам тюремного заключения. В 1922 году стал одним из основателей Коммунистической партии Японии. В 1923–1924 годах снова находился в тюрьме. В 1924 году отошел от компартии и примкнул к социалистам. В 1929 году избран депутатом Токийской городской ассамблеи. В 1930 году был одним из инициаторов создания центристской социал-демократической партии. Был увлеченным эсперантистом.

Илл. 6. Традиционные свитки какэмоно с изображениями деяний основателя династии сёгунов Иэясу Токугавы, подарок Эйити Сибусавы. Частный архив Джессики Гиршбейн, Нью-Йорк

ский анархист-радикал Сюсуй Котоку[68], вместе с которым Сакаи в 1904 году перевел и опубликовал «Манифест коммунистической партии» Маркса. В 1910 году Котоку был арестован по подозрению в планировании покушения на императора Мэйдзи и повешен вместе с десятью другими диссидентами и его гражданской женой[69]. Сакаи тогда спасло то, что во время ареста Котоку и его сподвижников он уже находился в заключении. По признанию ставшего с тех пор более умеренным японского революционера, хотя теория и практика рабочего движения и пришли в Японию из России, кровавый сценарий русской революции был здесь невозможен из-за особого характера японцев, а также из опасений превращения Японии во второй Китай, погрязший в междоусобицах и раздираемый на куски Западом.

Сравнивая Сакаи со своими собеседниками в резиденции Сибусавы, Гиршбейн не скрывает своих симпатий к тому, в ком он увидел «все самое лучшее, что есть в японском народе»:

> Какой контраст представляет собой его тревожность с теми графами, князьями и просто людьми из правительства, которым общественное мнение в Японии заглядывает в рот! Те говорили много и мало молчали, он же много молчал и мало говорил. Для тех Япония — это великая держава с войсками, военными кораблями, мировой политикой, а для него Япония — это мир большой бедности, нищеты и дегенерации[70].

На сохранившейся в архиве писателя фотографии, сделанной в небольшом саду у входа в дом Сакаи, вместе с хозяином дома

---

[68] Сюсуй (Дэндзиро) Котоку (幸徳 傳次郎, Kōtoku Denjirō, 1871–1911) — анархист, переводчик Маркса, Энгельса и Кропоткина, публицист. В 1910 году Котоку был арестован по подозрению в планировании покушения на императора и повешен после тайного судебного процесса.

[69] Об этом процессе, известном как «Инцидент Котоку», см.: Cronin Joseph. *The Life of Seinosuke: Dr. Oishi and the High Treason Incident*. Kyoto: White Tiger Press, 2014.

[70] Hirshbeyn Perets. A folk's mensh [Человек народа] // *Di tsayt*. 25.06.1926. Здесь: «Человек из народа».

Илл. 7. В саду у Тосихико Сакаи. Слева направо: Ольга Щербиновская, Эстер Шумячер, супруги Сакаи. YIVO Institute for Jewish Research, Нью-Йорк

и его женой фигурируют Эстер Шумячер и жена Пильняка Ольга Щербиновская, сопровождавшие Гиршбейна в этом визите.

Посещение Сакаи стало причиной открытого допроса Гиршбейна полицией. Наблюдение за ним, как это делалось в отношении многих иностранцев, началось еще по прибытию из Иокогамы в Токио, однако, судя по всему, серьезно его взяли на заметку после вечеринки в честь Пильняка 27 марта с участием сотрудников советского посольства. Представитель полиции заявился к нему в гостиничный номер 8 апреля, о чем свидетельствует сохранившееся в архивах японского МИДа подробное донесение[71].

---

71 DA MFA. 4.3.1.2–7. Vol. 5. № 5899 (08.04.1926).

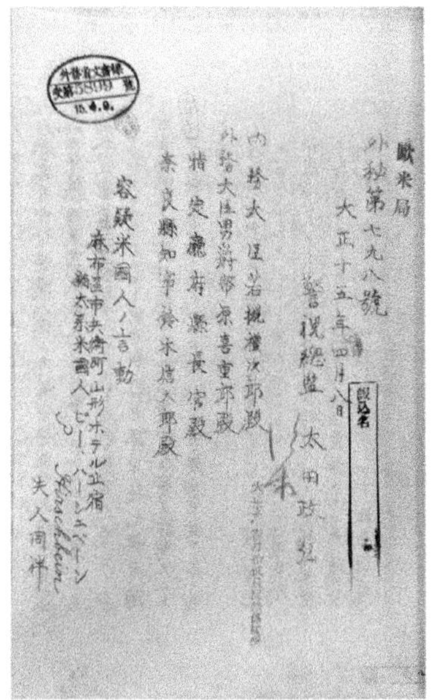

歐米局
外秘第七九八號
大正十五年四月八日
警視總監 太田政弘
内務大臣 若槻禮次郎殿
外務大臣男爵 幣原喜重郎殿
指定廳府縣長官殿
奈良縣知事 鈴木信太郎殿
容疑米國人ノ言動
麻布區市兵衛町山形ホテル止宿
紐育市 米國人 ピーレツ、ハーシュバイン
Hirschbein
夫人同伴

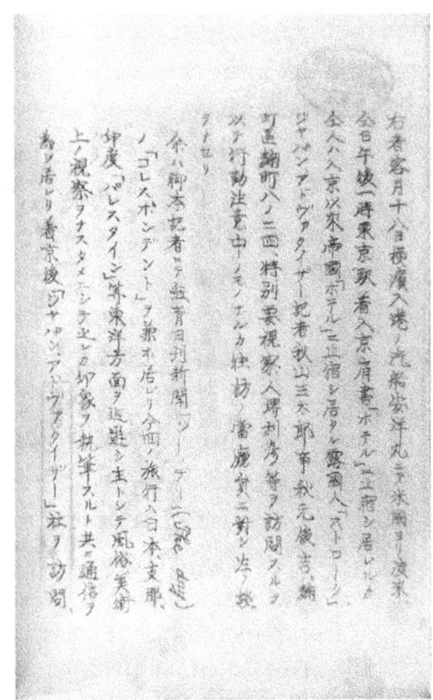

Илл. 8. Первые две страницы полицейского донесения о слежке за Гиршбейном, где упомянута нью-йоркская газета на идише *Der tog* (*The Day*). Дипломатический архив Министерства иностранных дел Японии, Токио

Полицейский выразил недовольство контактом с «врагом страны» и потребовал информацию о газетах, с которыми писатель сотрудничал. В донесение попала только нью-йоркская газета *Der tog* / *The Day* — Гиршбейн последовательно позиционировал себя именно как американский журналист. В разговоре с полицейским он чистосердечно похвалил японцев за быстрое восстановление столицы после землетрясения и рассказал о своих планах поселиться на два месяца в Наре, а затем продолжить свое азиатское турне в Китай, Индию и Палестину. Впоследствии Гиршбейн, по его же признанию, «очень часто без удивления ловил на себе взгляд секретного агента». Японская полиция действительно внесла его в категорию «подозрительных» лиц, однако донесения о его передвижениях отмечали отсутствие каких-либо предосудительных действий.

Полицейский допрос не смог испортить Гиршбейну удовольствие наблюдать в тот же день празднование дня рождения Будды на улицах и в парках Токио. Вместе с женой он отправился в парк Хибия, чтобы принять участие в Фестивале цветов, традиционно связанном с этим днем. Парк заполнили десятки тысяч людей, которых, по словам Гиршбейна, больше интересовала не религиозная буддистская церемония с ее воскурениями и цветами лотоса, а весеннее цветение вишневых деревьев. В очередной раз Гиршбейн воспользовался моментом, чтобы подчеркнуть использование властями религиозных верований и искренней народной связи с природой для своих неблаговидных целей:

> В вышине носились аэропланы и сыпали цветами. Это могло бы быть добрым знаком для японского народа, но в этом Япония не отличается от всех других милитаристских народов. Она явно не строит аэропланы для того, чтобы они в день рождения Будды сыпали цветами с воздуха[72].

Из Токио Гиршбейн с женой совершили поездку в старинный городок Камакура, где на входе в буддийский храм «Котоку-ин» смогли полюбоваться возвышающейся на полтора десятка метров полой бронзовой статуей Будды середины XIII века. Заодно они посетили и расположенный в соседнем городке Йокосука монумент в честь прибытия к берегам Японии американского коммодора Мэттью Перри в 1853 году. Японское почтение по отношению к Перри, силой оружия заставившего страну возобновить внешнюю торговлю, Гиршбейн попытался объяснить буддийской безмятежностью, выраженной в загадочной улыбке гигантской статуи Будды.

Переночевав в Камакуре в простой японской гостинице, супруги отправились полюбоваться видами на небольшое озеро Сёдзи у подножия Фудзиямы, а затем вернулись в Токио.

---

[72] Hirshbeyn Perets. Karshen-boymer blihen [Вишневые деревья цветут] // *Der moment*. 28.05.1926. Здесь: «Вишня цветет».

Гиршбейн и японский театр

Театралы Удзяку Акита и Каору Осанаи взяли на себя роль проводников в мир японского театра для Пильняка и присоединившегося к нему Гиршбейна. Вместе они побывали в театре «Симбаси Эмбудзё» на танце гейш «Адзума одори», в экспериментальном театре «Цукидзи» на постановке пьесы Сёё Цубоути «Эн-но Гёдзя» ("En no Gyōja") об одноименном японском святом VII века и в театре «Кабуки-дза» на эклектичном 8-часовом (!) представлении, состоявшем из популярного фрагмента из исторического спектакля «Сугавара и секреты каллиграфии» — «Сельская школа» ("Terakoya")[73], новой версии драмы Цубоути «Лист павловнии» ("Kiri Hitoha") и отрывка из классической исторической пьесы «Сокровищница верных вассалов, или История сорока семи самураев» ("Kanadehon Chûshingura").

Танец гейш понравился Гиршбейну гораздо меньше, чем танцы актеров в спектаклях. Особенно он отметил драму «Сельская школа», где вассал, посланный убить маленького сына соперника своего господина, приносит в жертву собственного сына во имя искупления грехов прошлого и своеобразного понимания чести. Описывая эту сцену, Пильняк несколько иронично замечает:

> ...зрительный зал во мраке рыдает, и я чувствую, что и у меня в носу щекочет от этой наивной мелодрамы... На мой ум: только наивно — на мой глаз: удивительно, прекрасно, потому что до Японии мне нигде не приходилось видеть такой продуманнейшей красивости, условности, доведенной до классики...[74]

Гиршбейн, намного глубже Пильняка вовлеченный в театральный мир, попытался эту «продуманнейшую красивость» подроб-

---

[73] «Сугавара и секреты каллиграфии» ("Sugawara Denju Tenarai Kagami") — одна из трех самых известных и популярных пьес репертуара кабуки. О фрагменте "Terakoya" см.: Cavaye Ronald et al. *A Guide to the Japanese Stage.* Tokyo: Kodansha, 2004. P. 155–157.

[74] Пильняк Борис. *Корни*. С. 75–76.

но описать. Не имея возможности понять и прочувствовать непосредственно текст, он старался подмечать детали: дикцию, костюмы, движения, ритм, музыку, декорации, имена актеров — Ямамото, Хадзаэмон, Гандзиро. Позже он приобрел несколько десятков эстампов с изображениями актеров театра кабуки известных мастеров цветной графики XIX века школы Утагава: Кунисады, Куниёси и Хиросигэ.

Особое впечатление на него произвела игра знаменитого исполнителя женских ролей Утаэмона Накамура[75], сыгравшего главную роль высокопоставленной дамы в исторической драме «Лист павловнии». После представления Гиршбейн отправился за кулисы, где лично познакомился с драматургом Сёё Цубоути, которого ему представили как «японского Шекспира» (Цубоути перевел на японский язык полное собрание сочинений Шекспира)[76], и с актером Накамура, о котором он восторженно написал в очерке «Японский театр»: «Как древний римлянин он стоял, глядя на расхваливающего его на непонятном языке гостя. Я пожал ему руку — нежную-нежную женскую руку»[77].

В том же очерке Гиршбейн, однако, говорит о кризисе классического театра в Японии:

> Удивительный японский театр, представляющий собой одно из оригинальных культурных достижений Японии, явно стоит сегодня на пороге большого кризиса. Его содержание, его исторические трагедии доживают свои дни, и остается лишь удивляться, как народ все еще переживает и преклоняется перед такими ужасными картинами, отражающими эпоху духовного затмения.

---

75 Речь идет о Утаэмоне Накамура V (中村歌右衛門 [5代目], Nakamura Utaemon V, 1865–1940), который был пятым поколением знаменитой династии актеров кабуки.

76 Сёё Цубоути (坪内逍遥, Tsubouchi Shoyo, 1859–1935) — писатель, критик, переводчик, драматург. Его перевод на японский язык сочинений Шекспира оказал большое влияние на становление современной японской литературы и движение за совершенствование театра.

77 Hirshbeyn Perets. Yaponish teater [Японский театр] // *Di idishe tsaytung*. 03.10.1926. Здесь: «Японский театр».

На взгляд Гиршбейна, побывавшего на одном из представлений модернистского «Малого» театра «Цукидзи сёгэкидзё» под руководством Каору Осанаи, новый театр вряд ли поможет выйти из этого кризиса. Спектакль в «Цукидзи» показался ему довольно дилетанским. По его словам,

> ...невозможно, чтобы японский театр смог сделать прыжок из такого классического театра как кабуки в те опыты, что я видел. Не хватает собственных драматургов, которые взяли бы свою историю и осветили ее трагические моменты достойным образом. Осветили то, что должно бы подойти новым временам. Что, откровенно говоря, есть в чеховских «Трех сестрах» для японского народа? Это ему ничего не говорит[78].

К этой мысли, предполагавшей стремление к некому пока не найденному синтезу между старым и новым, Гиршбейн вернется снова по окончании своего японского турне в интервью японо-американской газете *Рафу Симпо*:

> Япония делает большую ошибку, пытаясь копировать дешевую западную драму за счет своей прекрасной традиционной драмы. Для Японии было бы мудрым решением придерживаться собственной драмы вместо того, чтобы следовать западной драматургии[79].

Критицизм Гиршбейна по отношению к японскому театру был явно навеян его взглядами на пути развития театра еврейского. Несколько лет спустя, осмысливая новаторство «Труппы Гиршбейна» в Одессе 1908 года, он прежде всего подчеркнул отход от ориентированных на массовый вкус форм театра на идише, за которыми закрепилось название «шунд» (мусор, кич на идише). Такой театр зародился всего лишь за несколько десятилетий до этого, однако успел укорениться в общественном сознании:

---

[78] Там же.

[79] National Traits Louded by American Dramatist // *Rafu Shinpō*. 13.09.1926: 1.

> Те несколько пьес, которые мы поставили одну за другой, несли в себе свою особость. Они не только были другими для публики, которая искала и по сей день ищет удовольствий в театре оперетты и шунда. Они были внове и для самих актеров.
> Когда мы приступили к постановке двухактной пьесы Шолома Аша «По течению», где сын родителей-ортодоксов под влиянием Гаскалы оставляет свою молодую жену и маленьких детей и решает сменить еврейскую религиозную истину на истину светскую, я ясно помню, как мы все, молодые актеры, вжились в эту национальную трагедию в виде разбитой семьи. <...>
> Это были новые и тяжелые обязательства. Обязательства перед кем-то, кто не показывал своего лица. Это были обязательства перед еврейским народом, который, возможно, видел в нас сборище заблудших душ. <...>
> Во время представления за кулисы никого не пускали, за кулисами был закрытый мир. <...> Для меня не стало большим удивлением, когда во время посещения в Токио, в Японии, театра кабуки я обнаружил за кулисами ту же атмосферу[80].

В своих дневниковых записях Акита называет Гиршбейна «другом известного драматурга Пинского» и «одним из лидеров еврейского театрального движения» (у которого есть в Москве, где Акита побывал год спустя по приглашению Всесоюзного общества культурной связи с заграницей, «прекрасный театр высокого художественного уровня»[81]). Несмотря на то что его творчество вряд ли знакомо японцам, на Гиршбейна, по словам Акиты, стоило обратить внимание как на представителя современной литературы на идише, признанной как в Америке, так и в Европе[82].

---

[80] Hirshbeyn Perets. Teater un kultur [Театр и культура] // *Teater, veltrayzes, zikhroynes* [*Театр, путешествия по миру, воспоминания*]. Buenos-Aires: Literatur-gezelshaft baym YIVO in Argentine, 1967. P. 255–258.

[81] Акита имел в виду Московский государственный еврейский театр (ГОСЕТ), которым тогда руководил Алексей Грановский.

[82] См.: Akita Ujaku. 五十年生活年譜 [*Go jū-nen seikatsu nenpu / 50 лет жизни*]. Tokyo: Naukasha, 1932. P. 70. Примечательно, что Пильняка Акита охарактеризовал как «друга крестьянского поэта Есенина, покончившего жизнь самоубийством» (Там же).

ИНФОРМАЦИОННЫЙ БЮЛЛЕТЕНЬ

ИЗДАНИЕ ВСЕСОЮЗНОГО ОБЩЕСТВА КУЛЬТСВЯЗИ С ЗАГРАНИЦЕЙ

ВЫХОДИТ ЕЖЕНЕДЕЛЬНО

на русском, французском, немецком и английском языках.

№ 42—43 | Москва, Малая Никитская, 6. Телеф. № 1-82-11. | 28—X—1927

ЯПОНСКИЙ ПИСАТЕЛЬ УДЗЯКУ АКИТА

(К его приезду в Москву).

Илл. 9. Поэт и драматург Удзяку Акита, один из «проводников» Гиршбейна в мир японского театра. *Информационный бюллетень ВОКСа*, 28.10.1927

Сложно сказать, насколько известным было в Японии творчество Давида Пинского, однако о нем знал и Осанаи, представивший Гиршбейна в интервью для редактируемого им токийского журнала *Театору* «выдающимся драматургом уровня Пинского и Шолома Аша»[83]. Вполне вероятно, что Акита и Осанаи не только знали о намерении, но и повлияли на решение включить драматургию Пинского в одну из японских литературных антологий. Три одноактные пьесы Пинского в переводе с английского Кинкити Хагавы сформировали восьмой том антологии *Киндай Бунгэй Дзэнсю* («*Избранная современная литература*»), опубликованный год спустя[84].

83 Osanai. Hirushubein no gentsuta kotô, 111.

84 Этот том получил название по одной из драм Пинского «Потерянные души». См.: Pinsky David. 近代文芸選集. 第8編, 忘られたる人々 [*Kindai bungei zenshu*, 8. *Wasuraretaru hitobito* // *Избранная современная литература*. Т. 8.

Давид Пинский попал в японскую версию мирового драматического канона наряду с Эдгаром Алленом По, Жюлем Ренаром, Теодором Штормом, Александром Куприным и Натаниэлем Готорном на фоне охватившего Японию во второй половине 1920-х годов поветрия многотомных литературных антологий (например, собрание мировой литературы токийского издательства «Синтёся» насчитывает 57 томов), стремившихся познакомить японского читателя с лучшими образцами мировой литературы — в стиле американской серии The Harvard Classics или британской Everyman's Library[85]. Этот, видимо, первый перевод на японский язык писавшего на идише автора стал возможен при посредничестве английского перевода с идиша американского публициста и переводчика Айзека Голдберга, переводившего с идиша на английский пьесы Пинского, Шолома Аша, Шолом-Алейхема и Гиршбейна и считавшего Пинского «самым значительным из современных еврейских драматургов»[86].

Примерно в то же время другое токийское издательство включило в 13-й том своей антологии современной драмы небольшую пьесу Аша «Грешник» в переводе Тоёкити Хата. Эссеист,

---

Потерянные души] / пер. Kenkichi Hagawa. Tokyo: Kenbunsha, 1927. Хагава также переводил Эдгара Аллена По, Оскара Уайлда, Дэвида Герберта Лоуренса и др.

85 См.: Торопыгина М. Полное собрание мировой литературы ('Сэкай бунгаку дзэнсю', 1927–1932) издательства 'Синтёся' в контексте истории японской книги // *Японские исследования*. 2023. № 1. С. 94–110.

86 Goldberg Isaac. David Pinski // *Six Plays of the Yiddish Theatre* / trans. and ed. by Isaac Goldberg. Boston: John W. Luce and Company, 1916. P. 1. Перевод на японский пьес Пинского был сделан с этого издания, а также: Pinski David. *Forgotten Souls: A Drama in One Act* / trans. by Isaac Goldberg. New York: S. French, 1916. В интервью Осанаи Гиршбейн также упоминает Голдберга как переводчика своих пьес на английский язык. Не исключено, что внимание японцев к мнению Голдберга и его переводам с идиша связано с выходом в свет новой английской версии популярного романа Кэндзиро Токутоми *Hototogisu* (*«Кукушка»*), подготовленного Голдбергом на основе французского перевода, см.: Tokutomi Kenjirō. *The Heart of Nami-San: A Story of War, Intrigue and Love*, trans. by Isaac Goldberg. Boston: The Stratford Company, 1918.

переводчик и антрепренер Хата, долгое время жил в Берлине и, скорее всего, перевел пьесу Аша с немецкого. Свой перевод он сопроводил обзорной статьей «О еврейском театре в Восточной Европе», где кратко упомянул и Гиршбейна — «молодого талантливого автора», который «слишком подвержен влиянию Метерлинка»[87]. Подспудная критика гиршбейновского символизма проникла и в последующие упоминания о нем в Японии. Так, в 1930 году в обзорной статье о современной литературе на идише Камэо Тиба писал:

> На Гиршбейна оказали влияние французский символизм и мистицизм... Его крестьянские пьесы добротно сделаны, он отлично держит простой сюжет, наполняя его атмосферой жизни из собственного опыта и усиливая эмоции. Однако в его драмах превалирует аспект поэтической прозы, и по общепринятому мнению его роль как драматурга вторична[88].

«Общепринятое мнение», на которое ссылается Тиба, судя по всему, принадлежит упомянутому выше Голдбергу, чьи слова из обзорной статьи о драматургии на идише Тиба практически напрямую цитирует[89]. Как бы то ни было, совет Акиты обратить внимание на Гиршбейна так и остался нереализованным, и его произведения не дошли ни до японского читателя, ни до зрителя японского театра.

---

87 Hata Toyokichi. 近代劇全集 [*Kindai geki zenshū // Полное собрание современной драмы*]. Vol. XIII. Tokyo: Daiichi Shobo, 1929. P. 284.

88 Chiba Kameo. 現代猶太文學概觀 [Gendai Yūtai Bungaku Gaikan / Обзор современной еврейской литературы]. 世界文学講座 [*Sekai bungaku kōza / Лекции о мировой литературе*]. Vol. 12. Tokyo: Shinchosha, 1930. P. 240.

89 Goldberg. The Yiddish Drama // *The Drama of Transition: Native and Exotic Playcraft*. Cincinnati: Stewart Kidd Company, 1922. P. 404. В этой статье Голдберг заявляет, что и в драматургии классиков литературы на идише Ицхока-Лейбуша Переца и Шолом-Алейхема нет ни силы, ни глубины. Там же. P. 367.

Нара

Рано утром 13 апреля Гиршбейны выехали на поезде из Токио в Киото. В служебном рвении полицейский агент отметил в своем донесении, что на вокзале писатель купил жене цветы[90]. Так он отметил годовщину их бракосочетания за восемь лет до этого в канадском городе Калгари, где Эстер выросла в многодетной семье эмигрантов из царской России.

В Киото супруги остановились в гостинице «Мияко», а на следующий день в полдень снова на поезде отправились в древнюю японскую столицу Нару — «японский Иерусалим», по определению Гиршбейна. Как и было запланировано заранее, там они на несколько месяцев поселились в отеле «Нара» — одной из лучших, по западным меркам, японских гостиниц, где к тому времени уже останавливались русский композитор Сергей Прокофьев, британский философ Бертран Рассел, будущий король Великобритании Эдуард VIII и Альберт Эйнштейн (а впоследствии еще целый ряд знаменитостей — от Чарли Чаплина и президента США Ричарда Никсона до папы римского Павла VI и далай-ламы). Здесь, в одном из тихих уголков знаменитого парка Нары, средоточия синтоистских и буддистских храмов, Гиршбейн мог в спокойной обстановке писать, как он привык, по шесть часов ежедневно, гулять и рисовать. Как сообщал наблюдавший за ним агент полиции, бóльшую часть времени писатель действительно проводил за работой, а жена перепечатывала его сочинения[91]. Редакции буэнос-айресской газеты на идише Гиршбейн сообщил, что написал в Японии две новые драмы и книгу эссе[92]. Ежедневно супруги выходили на прогулки по парку, гладили и кормили его знаменитых оленей. В одном из своих стихотворений того периода Эстер Шумячер напишет об этом месте:

---

[90] DA MFA. 4.3.1.2–7. Vol. 5. № 7000 (15.04.1926).

[91] Там же. № 14490 (29.07.1926).

[92] Perets Hirshbeyn's literarishe arbeyt in Yapan [Литературная работа Переца Гиршбейна в Японии] // *Di idishe tsaytung*. 16.07.1926: 7.

Илл. 10. Гиршбейн в одном из уголков парка Нары, май 1926 года. YIVO Institute for Jewish Research, Нью-Йорк

Под мое окно идут олени,
Подойдут и ждут.
Мои пальцы узнают олени,
Нежность узнают[93].

Несколько месяцев спустя в интервью японо-американской газете *Рафу Симпо* Гиршбейн отметит, что жизнь рядом с парком Нары подарила ему возможность увидеть, «как японские массы наслаждаются своим контактом с Природой... То, как японский народ стремится к контакту с природой, вполне достойно подражания народами других стран»[94].

27 мая в том же отеле остановился и Пильняк с женой по пути в Корею и Китай. Проведя совместный вечер, друзья на следующий день вместе отправились на поезде в Киото — город, где по словам Гиршбейна, «начинается величие японского народа». Там, на ступенях синтоистского храмового комплекса «Китано-Тэндзин», построенного для упокоения души философа и поэта Митидзанэ Сугавары[95], Гиршбейн пришел к оптимистичному выводу, что именно «в Киото видишь, как в конце концов верх в Японии взяла ученость». В Киото Гиршбейны и Пильняки переночевали в гостинице и на следующий день расстались, чтобы увидеться снова почти два года спустя в Москве[96].

---

93 Shumyatsher Ester. Hirshn kumen tsu mayn fentster [Под мое окно идут олени] // *In shoen fun libshaft: lider un poemes* [*В часы любви: стихи и поэмы*]. Vilne: Kletskin, 1930. P. 103.

94 National Traits Louded by American Dramatist.

95 Китано-Тэндзин (北野天満宮, Kitano Tenmangū) — синтоистский храм в Киото, построенный в 947 году для умиротворения разгневанного духа ученого и поэта Митидзанэ Сугавара (菅原道真/菅原道眞, Sugawara no Michizane, 845–903). Сугавара был назначен послом в Китай в 890-х годах, но в 901 году из-за политических маневров своих соперников был понижен в должности до второстепенного поста на острове Кюсю и умер в изгнании. В синтоизме его почитают как бога учения Тэнман-Тэндзин (天満天, сокращенно Тэндзин).

96 О поездке Гиршбейна в СССР в 1928 году см. далее, а также: Котлерман Бер. От прогрессивного представителя литературы на идише до ‘апологета хасидского прошлого’: краткий роман Переца Гиршбейна с советской литера-

Нара оставалась основной базой Гиршбейна вплоть до его отъезда из Японии. Оттуда он несколько раз выезжал на экскурсии к религиозным святыням в такие городки, как Икаруга с его монументальным буддийским храмом «Хорю-дзи», Исэ с его синтоистским храмовым комплексом «Исэ-дзингу», а также в расположенные относительно недалеко Кобе и Осаку. Осака ему решительно не понравилась. Не скрывая своего восхищения мощью сохранившихся гранитных стен самурайского замка Осаки, символизирующего объединение страны под властью «японского Наполеона» Тоётоми Хидэёси, Гиршбейн называет этот второй по величине город Японии «кошмаром наяву», разрушающим традиционную японскую жизнь. Тяжелое впечатление от сотен фабричных труб, дым из которых застилал солнечный свет, не прошло и после того, как Гиршбейн покинул Японию. В уже упомянутом интервью *Рафу Симпо* он не преминул это лишний раз подчеркнуть:

> Одно место мне очень сильно не понравилось — и это Осака. Конечно же, Осака — это большой индустриальный город, но есть что-то трагичное в атмосфере суеты и толкотни, превалирующей в этом пыльном и дымном городе. Для меня это невыносимо. Я побывал в Осаке несколько раз, и всякий раз я был рад оттуда уехать. Я не могу понять, почему миллионы жителей Осаки так довольны своей жизнью в этом неприятном городе[97].

Утром 6 августа Гиршбейн с женой выехали на поезде в Кобе. По сообщению не спускавшего с них глаз агента полиции, там они остановились на сутки в элитной гостинице западного типа «Ориенталь»[98], ведущей свою историю с открытия местного порта для иностранцев в 70-х годах XIX века, а на следующий

турой конца 1920-х гг. // *Iudaica Russica.* 1(12) (2024): 1–13; Estraikh Gennady. From 'Green Fields' to 'Red Fields': Peretz Hirschbein's Soviet Sojourn, 1928–1929 // *Jews in Russia and Eastern Europe.* 56 (2006): 60–81.

[97] National Traits Louded by American Dramatist.

[98] DA MFA. 4.3.1.2–7. Vol. 5. № 15219 (07.08.1926).

день поездом отправились в порт Симоносеки на западном побережье Японии, чтобы оттуда отплыть на пароходе в корейский порт Пусан.

Гиршбейн не посвятил Кобе отдельного эссе, однако именно там он в одно из своих посещений города писал об отношении Японии к иностранцам — в духе знаменитого письма японцам британского социолога и философа Герберта Спенсера, посоветовавшего им не подпускать иностранцев слишком близко к себе и не родниться с ними[99]. В Кобе Гиршбейн, видимо, побывал в одной из двух японских синагог (вторая синагога была в то время в Нагасаки, куда он не доехал), где обнаружил «с десяток евреев», которые, судя по всему, не произвели на него должного впечатления.

8 августа 1926 года Гиршбейн с женой отплыли на пароходе из японского порта Симоносеки в «страну белой грусти» Корею. Из корейского порта Пусан они по железной дороге сразу же выехали в Сеул, а оттуда снова морем на «пропитанную кровью землю» Маньчжурии — в легендарный Порт-Артур, где, по выражению Гиршбейна, «среди скал была разбита старая Россия»[100]. Поскольку и Корея, и Порт-Артур находились в то время под полным японским контролем, в настоящее издание вошли и эссе Гиршбейна, посвященные этим местам. Корейские и маньчжурские впечатления Гиршбейна неразрывно связаны с Русско-японской войной и разрушительной в культурном плане, по его мнению, японской аннексией Кореи, «систематически стремящейся стереть все признаки того, что когда-то в Корее жили великие умы»[101].

---

[99] Речь идет о письме Спенсера 1892 года секретарю Палаты пэров японского парламента Канэко Кэнтаро, в котором он призвал Японию развиваться самостоятельно и исключить иностранцев из всех прав собственности в Японии, добычи полезных ископаемых и торговли. См.: Spencer Herbert. Advice to the Modernizers of Japan // *On Social Evolution: Selected Writings* / ed. J. D. Y. Peel. Chicago: University of Chicago Press, 1972. P. 253–257.

[100] Hirshbeyn Perets. Port-artur (briv fun Mandzhurye) [Порт-Артур (письма из Маньчжурии)] // *Di idishe tsaytung*. 28.11.26. Здесь: «Порт-Артур».

[101] Hirshbeyn Perets. Der vayser troyer (briv fun Korea) [Белая грусть (письма из Кореи)] // *Di idishe tsaytung*. 31:10.26. Здесь: «Белая грусть».

Из Порт-Артура по принадлежащей японцам южной ветке КВЖД Гиршбейн выехал в Харбин, откуда началось его турне по Китаю. В Харбине он взвешивал возможность попасть через Сибирь в Советскую Россию, однако отказался от этого плана и после трех месяцев в Китае отправился через Гонконг в Бирму и Индию, а оттуда морем в Страну Израиля.

Японский литературный дуэт Пильняк — Гиршбейн

Как уже говорилось, проведенным вместе с Гиршбейном в Японии дням Борис Пильняк посвятил трогательный рассказ «Олений город Нара», написанный сразу по его возвращении в Москву. Впервые этот рассказ был опубликован в мартовском номере литературного журнала «*Новый мир*» за 1927 год[102]. В тот же год месяца три спустя вышел в свет сборник японских эссе Пильняка «*Корни японского солнца*», где мимоходом упомянуты и Гиршбейн, и его жена, однако этот рассказ в него не вошел. Пильняк явно не рассматривал его как «японский», хотя действие в нем и происходит на фоне населенного оленями храмового парка Нары в той самой гостинице, где писатели встретились в конце мая 1926 года. От Пильняка, наполовину немца по происхождению (его настоящая фамилия Вогау), конечно же, не ускользнуло «оленье» значение фамилии Гиршбейн («оленья кость» на идише), что он и обыграл в названии своего рассказа.

К приведенным в этом рассказе фактам не стоит относиться как к документальным: Пильняк и Гиршбейн познакомились не в читальне отеля, где русский писатель якобы принял своего коллегу за шведа, а за два месяца до этого в Токио. «Шведскую» тему, скорее всего, поднял сам Гиршбейн, как он это делает в эссе «Красные евреи»:

---

[102] Пильняк Борис. Олений город Нара // *Новый мир*. 1927. № 3. С. 58–64. Рассказ датирован 13 ноября 1926 года.

> Меня не хотят убедить, что я швед, потому что я блондин, или что я что-то другое из-за моего некороткого носа. Никто вообще не копается в том, к какому народу я принадлежу. Я не знаю, есть ли у японца вообще четкое представление, кто такие евреи[103].

Председатель Всероссийского союза писателей Пильняк, конечно же, имел представление, «кто такие евреи», и даже слышал о самом Гиршбейне еще до их знакомства. Гиршбейну было важно прояснить позицию советского писателя в свете его планов посетить Советский Союз. Пильняк его не разочаровал, хотя и представил еврейского писателя несколько стереотипно, этаким бездомным скитальцем-Агасфером. О своем неприятии антисемитизма Пильняк заявил совершено недвусмысленно: «...первые фразы, когда мистер Г. подчеркивал свою национальность, для меня не могли, как для многих европейцев, стать поводом к тому, чтобы перестать кланяться»[104]. Выглядит, что он и в самом деле был глубоко поражен образом жизни «трагического человека» Гиршбейна: «...у него нет дома... дом его сложен в чемоданы»[105]. Как бы то ни было, не имеющая отношения к Японии тема «испепеленного народа», по выражению Пильняка, прошла красной нитью через их беседы в Токио, в Наре и в проведенный ими в гостинице дождливый вечер в Киото, и именно она стала причиной невключения «Оленьего города Нара» в японский сборник Пильняка.

> Для мистера Г. вопрос о судьбах еврейского народа... гораздо существеннее, чем вся его жизнь... — писал Пильняк. — Если нервы человека представить березовой берестой, сворачивающейся на огне, если представить, что эта береста будет выправляться, как ослабнет огонь, то передо мною... сидел человек, нервы которого были похожи на березовую

---

[103] Hirshbeyn Perets. Bay di royte yidelakh [У красных еврейчиков] // *Di tsayt*. 08.10.1926. Здесь: «Красные евреи».

[104] Пильняк Борис. Олений город Нара. С. 63.

[105] Там же.

> бересту. Словами своими — отцовски — он гладил меня по голове, этот седой человек с усталым лицом шведа и еврея одновременно, с сердцем, как береста[106].

При прощании в Киото Гиршбейн произнес ключевую фразу, завершающую рассказ «Олений город Нара»:

> — Я езжу по свету не потому, что я приезжаю, а потому, что я уезжаю. Я брожу по миру не потому, что я хочу увидать невиданное, но потому, что я не могу видеть знаемое.
> Он помолчал. Он сказал:
> — Нету места в мире... — и не кончил своей мысли[107].

Несколько лет спустя, в другом произведении автобиографического характера Пильняк объяснил эти слова следующим образом: «...этот человек, положив себе в карман американский паспорт, ездит по земле, чтобы найти уходящее гетто, чтобы сберечь своего читателя, свой народ, который от него уходит»[108].

Вернувшись в Москву, Пильняк принял активное участие в организации поездки Гиршбейна в СССР, начавшейся в апреле 1928 года и затянувшейся почти на целый год. Бо́льшую часть этого времени — десять месяцев — Гиршбейн провел в сельскохозяйственных коммунах Крыма с еврейскими переселенцами. Буквально накануне его приезда в Москву в московском литературно-художественном иллюстрированном журнале «*Красная нива*», еженедельном приложении к газете «*Известия*», был опубликован в переводе на русский язык его японский очерк «С опущенными ресницами»[109]. Эта и последовавшие за ней две другие не связанные с Японией публикации («Таити» и «Дети Африки»[110]) должны

---

[106] Там же. С. 60–61.

[107] Там же. С. 63.

[108] Пильняк Борис. *О’кэй. Американский роман.* Москва: Федерация, 1933. С. 87.

[109] Гиршбейн Перец. С опущенными ресницами // *Красная нива.* 1928. № 2. С. 10–11.

[110] Гиршбейн Перец. Таити // *Красная нива.* 1928. № 25. С. 10–11; Дети Африки // Там же. № 26. С. 12–13.

С опущенными ресницами

Очерк

Перец Гиршбейн

Японка крестьянка в поле

За ткацким станком

На полевых работах

Илл. 11. Очерк Гиршбейна из японской жизни на страницах московского журнала *Красная Нива* (1928) были послужить визитной карточкой еврейскому писателю, впервые посетившему Советский Союз, и по возможности укрепить его имидж не только как «знаменитого в Америке еврейского драматурга», «автора многочисленных еврейских пьес, переведенных на все европейские языки» (как несколько преувеличенно сообщила газета «*Известия*»[111], скорее всего, с подачи Пильняка), но и как прогрессивного публициста-международника[112]. Та же заметка в «*Известиях*» пояснила, что Гиршбейн намерен рассказать советским писателям о жизни их коллег в странах, где он побывал за последние три года, а также написать объемную книгу о СССР.

Очерк Гиршбейна из японской жизни «С опущенными ресницами», обильно проиллюстрированный авторскими фотографиями, вышел в переводе редактора русскоязычной газеты «*Новая шанхайская жизнь*», известного в эмигрантских кругах публициста и издателя Элиазара Магарама[113]. Гиршбейн лично передал несколько своих японских очерков Магараму для перевода в Шанхае, куда в июне 1926 года приехал Пильняк, а в августе — и Гиршбейн с супругой. Магарам поддерживал связь с рядом советских литературных журналов. Благодаря ему японское эссе Гиршбейна и попало на страницы еженедельника «*Красная нива*», о чем свидетельствует корреспонденция, сохранившаяся в нью-

---

[111] К пребыванию в СССР еврейского драматурга г. Гиршбейна // *Известия*. 1928. 28 апр. С. 2. См. также: Эстрайх Геннадий. *Еврейская литературная жизнь Москвы, 1917–1991*. СПб.: Изд-во Европейского университета в Санкт-Петербурге, 2015. С. 96–97.

[112] Подробнее об этом см.: Котлерман. От прогрессивного представителя литературы на идише до «апологета хасидского прошлого».

[113] Элиазар (Эли) Магарам (1899–1962, по др. данным 1889 — после 1977) во время Гражданской войны сотрудничал с эсеровскими газетами в Одессе, был секретарем редакции органа Совета депутатов Западной Сибири «*Знамя революции*» в Томске, затем уехал в Харбин, а оттуда в Шанхай, где редактировал газету «*Новости Шанхая*». Издатель литературных альманахов «*Дальний Восток*» (1920), «*Желтый лик*» (1921) и «*Китай*» (1923). В 1925–1926 годах редактор газеты «*Новая шанхайская жизнь*» (*“The New Shanghai Life: The Foremost Russian Daily in the Far East”*). В 1927 году вернулся в СССР, работал в институте почвоведения в Минске, был дважды арестован (1938–1940, 1949–1956).

йоркском архиве Гиршбейна[114]. Магарам перевел еще два эссе, которые он отправил в другие издания, но никаких следов этих публикаций до сих пор не обнаружено.

Очерк «С опущенными ресницами», принятый к печати в конце 1926 года, был опубликован только через полтора года, скорее всего, после вмешательства Пильняка, подготавливавшего почву для приезда Гиршбейна в СССР. Пильняк организовал для него приглашение по линии ВОКС — Всесоюзного общества культурной связи с заграницей под руководством Ольги Каменевой (сестры Льва Троцкого), которое координировало культурные контакты с зарубежными писателями, деятелями культуры и интеллигенцией. Видимо, в процессе оформления визита Гиршбейна одного очерка показалось мало. В перевод были отосланы два других вышеупомянутых очерка (переводчик подписался инициалами И. А.), опубликованные в «*Красной ниве*» практически сразу после приезда Гиршбейна в Москву. Включение в список иностранных журналистов и ученых ВОКС помогло на этот раз не откладывать эти публикации надолго[115].

В этом контексте интересен сделанный еще в Китае выбор именно очерка «С опущенными ресницами» в качестве первой советской публикации Гиршбейна. Речь идет о ярком памфлете о месте женщины в японском обществе, который напрямую перекликается с рядом пассажей Пильняка в книге «*Корни японского солнца*»:

> ...я смотрел на эту женщину, одетую в кимоно, перепоясанную оби, с рудиментами крылышек бабочки на спине, обутую в деревянные скамеечки, и тогда мне стало ясно, что тысячелетия мира мужской культуры совершенно перевоспитали женщину, не только психологически и в быте, но даже антропологически: даже антропологически тип япон-

---

[114] См. письма Магарама Гиршбейну (Шанхай, 14 и 28 января 1927, рус.). *Papers of Peretz Hirschbein*. Series I. Box 1. Folder 25.

[115] Информацию о включении Гиршбейна в списки гостей ВОКС см. в: Гётц Хиллиг. "*Война-Нова*" *в Крыму. Забытая сельхозкоммуна* (*кибуц*). Marburg: Institut für Erziehungswissenschaft, 2005. С. 31, прим. 75.

> ской женщины весь в мягкости, в покорности, в красивости, в медленных движениях и застенчивости...[116]
> ...оби, тот пояс, который красивою бабочкой висит на спинах женщин, есть рудимент постелей, которые женщины носили у себя на спинах (ойран носили постели на спинах еще в семидесятых годах прошлого века, — матери до сих пор носят детей на спинах, работая с ними, с детьми за плечами, в полях)[117].

Гиршбейн упоминает оби немного в другом ключе, однако общий знаменатель в обоих случаях налицо:

> ...оби, завязывающийся на спине, как солдатский ранец, делает фигуру японки согбенной и горбатой. С одной стороны, оби скрывает ее грацию, с другой — подчеркивает ее рабскую подчиненность на всем протяжении ее жизни. Иногда создается впечатление, что красиво завязанный оби на спине — сознательный придаток, занимающий место ребенка, предназначенного женщине носить на спине. <...> Возможно, что рабский инстинкт выявился в красиво завязанном оби на спине. Это становится ясным, когда видишь женщин с привязанными детьми на спине и женщин без детей.

В главе, посвященной японским женщинам и, в частности, гейшам, Пильняк отмечает в качестве источника информации, зачастую весьма эпатажной, уже упомянутого профессора-япониста Евгения Спальвина[118]. Влияние Спальвина явно распространилось не только на этот эпизод. Сам Пильняк признавался в письме Спальвину, отсылая ему свою книгу «*Корни японского солнца*», что она «хотя и подписана моим именем, тем не менее в большущей мере написана Вашей помощью»[119]. Спустя несколь-

---

[116] Пильняк Борис. *Корни*. С. 42.

[117] Там же. С. 54–55.

[118] О взглядах Спальвина на данную тему можно судить по главе «Препарируя эротизм» в изданной им несколько лет спустя по-японски монографии Suparuvin [Евгений Спальвин], 横目で見た日本［*Yokome de mita nihon / Япония со стороны*］. Tokyo: Shinchosha, 1931. P. 178–188.

[119] См.: Гусева Елизавета. Борис Пильняк: «...Потому что в мире, ночами, под луною — всегда человеку одиноко» // *Знамя*. 2015. № 6. С. 162.

ко лет, демонстративно критикуя самого себя в ответ на нападки на эту книгу в советской прессе, Пильняк заявил, что к тому времени уже покойного Спальвина «следовало б на скамью подсудимых посадить» вместе с давно умершим известным ирландско-американским японистом Лафкадио Херном, «путающих по учености своей, к примеру, за изучением какой-нибудь тысячелетней Мурасаки Сикибу тысячелетья с сегодняшним днем, и, кроме оной Мурасаки Сикибу, ничего не знающих толком»[120].

В очерке о Киото Гиршбейн цитирует именно Мурасаки Сикибу, писательницу и придворную даму, жившую на рубеже X–XI веков[121]. Что касается Херна, давшего западному читателю один из первых литературных портретов Японии эпохи Мэйдзи, то голос последнего часто звучит в рассуждениях Гиршбейна о «душе нации», «таинственности синтоизма», «любви к природе» и т. п., в особенности в описаниях храмов и религиозных святынь, хотя непосредственно он упоминает Херна только в интервью Осанаи в журнале «*Театору*», называя его «чересчур влюбленным в Японию»[122]. Возможно, Гиршбейну пришелся не совсем по вкусу чрезмерный пафос Херна. Вот что пишет последний, например, о знаменитом «Пути богов» в Киото:

> Надеясь узнать что-нибудь об этой восточной душе, в чьей радостной любви к природе и жизни даже необразованные люди могут различить странное сходство с душой древней греческой расы, я также надеюсь, что когда-нибудь осмелюсь говорить о великой живой силе этой веры, которая сейчас называется синто, но в более древние времена — Ками-но-мити, или «Путь богов»[123].

---

[120] Пильняк Борис. *Камни и корни.* М.: Советская литература, 1934. С. 54–55.

[121] См. далее очерк «Царское гнездо». Мурасаки Сикибу (紫式部, Shikibu Murasaki, 973–1014 или 1025) — писательница и фрейлина из Киото, автор считающейся величайшим произведением японской литературы «*Повести о Гэндзи*» о жизни императорского двора.

[122] Osanai. Hirusyubein no itta kotô. P. 111.

[123] Hearn Lafcadio. *Glimpses of Unfamiliar Japan.* Boston & New York: Houghton Mifflin Company, 1894. P. 210.

В эссе «Путь богов» Гиршбейн намного более сдержан, но при этом верен несколько натянутому сравнению Херна:

> Колоссальные легендарные фигуры прошлого — военачальники и герои, даже вырезанные из дерева, — все они дышат мужеством, жаждой жизни. В этом слышится отзвук древнегреческой мифологии[124].

Вряд ли Гиршбейн читал Мурасаки и Херна до прибытия в Японию. Скорее всего, они были упомянуты в ходе бесед со Спальвиным в Токио о японской культуре, которые дали много материала и Пильняку, и Гиршбейну, однако последний оказался более критически настроенным. Конечно, свою роль сыграли и другие источники, которыми он воспользовался. Например, часто приводимые им высказывания китайского основоположника даосизма Лао-цзы (чье имя он транскрибирует как *Лао-тцэ*) он мог почерпнуть из двуязычного китайско-английского издания «*Канон разума и добродетели*»[125], или популярная монография профессора Инадзо Нитобэ *Бусидо*[126] — одна из первых крупных работ по японской культуре, написанная на английском языке для западного читателя, из которой он напрямую цитирует целыми параграфами. Как результат, эссе «Гейша» Гиршбейна разительно отличается от того, что писал Пильняк по этому поводу, явно избегая пикантностей и эпатажа. Вместе с тем и в этом, и в ряде других эссе на темы искусства, истории, религии, архитектуры постоянно угадывается присутствие Пильняка, отголоски разговоров с ним, его впечатления и даже отдельные выражения, хотя Гиршбейн ни разу не упоминает его напрямую. Так, в очерке «Японский театр» Гиршбейн подробно описывает одетых в черное реквизиторов в театре кабуки, называя их выдуманным словосочетанием *keyner-nisht* (дословно: «никто не»)[127]. Расши-

---

124 Hirshbeyn Perets. Der veg fun di geter [Путь богов] // *Di tsayt*. 06.08.1926.

125 Lao-tze. *The Canon of Reason and Virtue: Lao-tze's Tao Teh King* / trans. by D. T. Suzuki & Paul Carus. La Salle, IL: Open Court, 1913.

126 Nitobe Inazō. *Bushido: The Soul of Japan*. Tokyo: Teibi Pub. Co., 1907.

127 Hirshbeyn. Yaponish teater.

фровку этой игры слов мы находим у Пильняка, называющего реквизиторов «никтошки»[128].

Уникальный литературный дуэт русского и еврейского писателей, одновременно открывших для себя Японию и ее культуру, интересен прежде всего расхождением их реакций на одни и те же вещи и явления. Помимо существенной разницы в писательском стиле, эти расхождения вызваны прежде всего отсутствием у Гиршбейна той большой дозы ангажированности, в определенной мере вынужденной, которой Пильняк приправляет свои впечатления — в духе коминтерновской «постимпериалистической» концепции 1920-х годов.

Катерина Кларк из Йельского университета резюмировала эту концепцию как некий сложный обмен «знаниями» и культурой:

> Советские читатели должны были получать «правдивую информацию» о странах Дальнего Востока. А читатели в Восточной Азии, в свою очередь, должны были получить «правдивую» информацию о Советском Союзе. При этом азиатская сторона также должна была получить «правдивую» информацию о себе от Советского Союза: во имя «новой» культуры, которая должна была стать мостом между Востоком и Западом, Советский Союз стремился создать свое собственное, «новое», постимпериалистическое прочтение Востока[129].

Будучи идеологически близким Пильняку во многом, что касается проблематики колониализма, прав трудящихся, положения женщин и т. п., Гиршбейн вполне вписывался в раннесоветский нарратив «пробуждения трудящихся масс». Так, в очерке «С опущенными ресницами» он по-марксистски предрекает грядущее, «словно тайфун», изменение жизненного уклада японского общества, а трогательное эссе «Сётоку», посвященное японской

---

[128] Пильняк Борис. *Корни*. С. 74.

[129] Clark Katerina. *Eurasia Without Borders: The Dream of a Leftist Literary Commons, 1919–1943*. Cambridge, MA and London, England: Harvard University Press, 2021. P. 196. Также: Clark. Boris Pilniak and Sergei Tretiakov.

женщине, родившей дочерей от иностранца, словно бы ставит своей целью развеять миф о циничных «временных браках» между западными визитерами и японками, укоренившийся в западном сознании благодаря популярному в то время роману «*Мадам Хризантема*» французского новеллиста Пьера Лоти, преданного в СССР остракизму за «потребительский экзотизм» по отношению к женщинам Востока[130].

Прогрессивная позиция Гиршбейна объясняет первоначальную готовность к сотрудничеству с ним целого ряда советских издательств. Как упоминалось выше, в 1929 году в Харькове вышел в свет его тихоокеанско-южноафриканский травелог в переводе на украинский язык «*Навколо світу*», а год спустя в Москве — переведенный на русский сборник «*Снопы молчания» (Индия)*. От украинского читателя, однако, остался скрытым факт тотальной цензуры всего, что касается еврейской тематики, так волновавшей Гиршбейна даже в самых экзотических уголках планеты[131]. Судьба же сборника на русском языке «*Снопы молчания*» вообще закрыла все пути для сотрудничества Гиршбейна с советской литературой. Именно на эту книгу неожиданно резко отреагировал непререкаемый классик советской литературы Максим Горький[132]. В апреле 1930 года, немедленно по выходе книги в свет, живший тогда в итальянском Сорренто Горький позволил себе в письме председателю правления «Госиздата» откровенное хамство:

---

[130] О связи эссе Гиршбейна «Сётоку», романа Лоти «*Мадам Хризантема*» и оперы Джакомо Пуччини «*Мадам Батерфляй*» см.: Kotlerman Dov-Ber. Madam Khrizantema lo ʻosa harakiri beyidish [Мадам Хризантема не делает харакири на идише] // *Haaretz*, 21.12.2022 (приложение “Sfarim”). О полемике вокруг «колониалистских выдумок» Лоти в СССР в 1920-х годах см.: Clark. *Eurasia Without Borders*. P. 71.

[131] Подробнее о цензурировании этой книги см.: Kotlerman Ber. Yiddish Cosmopolitanism vs. Comintern-style Post-Imperialism: Peretz Hirshbein in Russian and Ukrainian Translations, 1928–1930 // *TRANS-: Revue de littérature générale et compare*. Special issue: *Les Langues juives en partage*. 2025. https://journals.openedition.org/trans/14811; Котлерман Бер. «Навколо світу» Переца Гиршбейна: об одном «вольном» переводе с идиша на украинский // *Хадашот*. 15.02.2022.

[132] Горький Максим. *Полн. собр. соч*. Т. 19. М.: Наука, 2017. С. 841.

Илл. 12. Тотальная цензура еврейской тематики: травелог Гиршбейна *Вокруг света* в переводе на украинский язык. Харьков, 1929

> ...гнусной безграмотностью переводчик уснастил всю книгу, кстати сказать, — совершенно не интересную и даже глуповатую. Крайне печально, что такая книга и в таком идиотском переводе могла быть напечатана Государственным из-вом.

Месяц спустя Горький снова вернулся к этой теме: «Сильно огорчен изданием дурацкой книги Гиршбейна “Снопы молчания”. Кто это у Вас “старается”?»[133] А в письме переводчику Арону Гурвичу он назвал эту книгу «весьма поверхностной и не вносящей ничего нового в наши представления об Индии, индусах»[134].

В изданном в 1929 году в Москве томе «*Литературной энциклопедии*» Гиршбейн удостоился отдельной статьи, где он вполне по-дружески назван «проводником модернистских влияний» в новой еврейской литературе и «романтиком “заброшенных уголков”»[135]. Статью написал молодой студент отделения еврейской лингвистики 2-го МГУ Шмуэль Гордон, в будущем советский еврейский писатель, а отредактировал ее его университетский наставник, профессор Исаак Нусинов. В 1932 году в обзорной статье «Еврейская литература» в «*Большой советской энциклопедии*» тот же профессор Нусинов позаботился расставить идеологически выверенные акценты, записав Гиршбейна в «выразители националистической буржуазии и мелкой буржуазии», «апологеты хасидского прошлого» и «певцы одинокой отчаявшейся еврейской интеллигенции»[136].

Резкая смена тона, конечно же, была связана не только с реакцией Горького, но и с динамикой общего отношения к зарубежным авторам в СССР. Ориентация на качественно иную литературную среду, неумение полностью подстроиться под «коминтерновский» подход к своеобразному изложению информации

---

[133] Письма Горького А.Б. Халатову от 12.04.1930 и 16.05.1930. Там же. С. 282, 296.

[134] Письмо Горького А.В. Гурвичу от 30.07.1930. Там же. С. 371.

[135] Гордон Шмуэль. Гиршбейн, Перец // *Литературная энциклопедия*. Т. 2. М.: Изд-во Коммунистической академии, 1929. С. 540–541.

[136] Нусинов Исаак. Еврейская литература // *Большая советская энциклопедия*. Т. 24. М.: ОГИЗ, 1932. С. 132.

и непонимание советских реалий (спустя несколько лет Гиршбейн наивно заявит в своем очередном травелоге, что «концепции “Россия” больше не существует. Большевики разрушили ее. Теперь есть Советский Союз. В этот союз входит [наравне с другими] и русский народ»[137]) сделали его чуждым элементом.

Евреи

Еврейская тема, так отчетливо прозвучавшая в японских беседах Гиршбейна и Пильняка, занимает сравнительно мало места в гиршбейновских эссе о Японии. Собственно, он лишь один раз описывает встречу с соплеменником, которого с натяжкой можно назвать японским евреем. Эта встреча произошла на второй день по прибытии в Японию, в Иокогаме, где писатель случайно наткнулся на некоего мистера Айзикса, бродя по городу в поисках местной русско-еврейской общины, сформировавшейся здесь во время Гражданской войны в России. Мистер Айзикс, англоязычный еврей, проживший в Японии десятки лет, поведал ему о недавней смерти последнего русского еврея Иокогамы, не высказав больших симпатий к своим русским единоверцам. Последние, по его словам, приехали «во время войны... с большим количеством денег, раскупили здесь самые лучшие дома и зажили шикарной жизнью. Своим крикливым поведением они развратили местных уроженцев». Растратившись, «они начали один за другим уезжать из Иокогамы — кто в Шанхай, кто в Америку, а кто и назад в Россию»[138]. На самом деле оказавшихся в Иокогаме русско-еврейских беженцев прогнало из города землетрясение 1923 года[139], однако Гиршбейн предпочел оставить слова Айзикса без комментариев.

---

[137] Hirshbeyn. *F.S.S.R.*, Z. 19.

[138] Hirshbeyn Perets. Yokohama (brif fun Yapan) [Иокогама (письма из Японии)] // *Der tog*. 16.05.1926. Здесь: «Кричащая тишина».

[139] О еврейской общине Иокогамы и положении нескольких сотен русских евреев там в 1917–1923 годах, см.: Madzini Meron. *Under the Shadow of the Rising Sun: Japan and the Jews during the Holocaust Era.* Boston, MA: Academic Studies Press, 2016. P. 4–9.

Впоследствии почти единственными соплеменниками, с которыми Гиршбейну придется столкнуться в Японии, будут американские туристы, «некто Гурвич из Нью-Йорка, некто Лифшиц из Чикаго, некто Янкелевич из Сан-Франциско», по возможности маскировавшие свое происхождение и, что особенно примечательно, знание еврейского языка. Таких он со вздохом называет «распыленными израэлитами, боящимися бури»[140]. Кроме того, он встречался с рядом евреев из сотрудников советского полпредства, с которыми его свел Пильняк (у второго секретаря полпредства Льва Вольфа он даже побывал дома на вечеринке в честь Пильняка), но их он нигде не упоминает.

Гиршбейна явно забавляла теория шотландского миссионера Николаса Маклеода о происхождении японцев от десяти потерянных колен Израилевых[141], и он шуточно выискивал сходство между японцами и евреями:

> Мир, мелкий ты мирок, почему бы японцам таки не оказаться теми потерянными десятью коленами нашими? Могу себе представить, как они ищут нас, шлимазлов из колены Иегуды, а мы ищем их, несчастных идолопоклонников[142].

Однако по большому счету, в Японии Гиршбейн увел на задний план свой традиционный алгоритм еврейского путешественника, ищущего рассеянных по миру сородичей, которому он следовал в Аргентине, Новой Зеландии, Австралии или Южной Африке. При этом еврейская тема регулярно всплывала в его разговорах с западными христианскими миссионерами, чей плохо прикрытый антисемитизм не давал ему покоя. Будучи в Кобе в гостинице «Ориенталь», расположенной в бывшем иностранном квартале, он перебросился парой слов с неким христианским миссионером, который, по ироничному замечанию писателя, надеялся через христианизацию японцев, а также евреев приблизить

---

[140] Hirshbeyn. Bay di royte yidelakh.

[141] См.: McLeod Nicholas. *Epitome of the Ancient History of Japan*. Nagasaki, 1878.

[142] Hirshbeyn Perets. Bay di royte yidelakh.

«великое избавление... от всего злого, даже от большевиков». Тема отрицательного влияния христианства, в особенности католицизма, на японцев в частности и на покоренные западными державами народы в целом не раз возникает в исторических экскурсах Гиршбейна, видящего в этом контексте японцев союзниками евреев как представителей преследуемой Церковью нехристианской культуры. Об этом он говорит прямым текстом:

> Ни в какой христианской стране я бы сегодня не смог высидеть пять месяцев, не будучи ассоциирован со своим собственным народом. А здесь — если кто-либо и пронзил меня злым взглядом, это всегда был перебравшийся сюда христианин[143].

В письме матери из Нары Эстер Шумячер несколько парадоксально подытожила еврейскую тему или, скорее, ее отсутствие в японском контексте:

> Мы ожидали найти здесь евреев, но в Японии евреев нет. Я довольна, что в этой связи Перец сможет отдохнуть от своих лекций... Его шестьдесят выступлений на плохих условиях в Южной Америке отняли у него много-много сил... Он там договорился до болей в сердце[144].

Друзья и коллеги, однако, догадывались, что главной проблемой Гиршбейна в Южной Америке стали вовсе не утомительные лекции. Во время его визита в Аргентину с июня по декабрь 1925 года его принимали как мировую знаменитость: задолго до его приезда был создан специальный комитет, сотни людей приветствовали его в порту Буэнос-Айреса, в его честь устраивались пресс-конференции, его именем назвали библиотеку, ученики еврейских школ подготовили целый альбом трогатель-

---

[143] Hirshbeyn Perets. Baym shvel [На пороге] // *Di idishe tsaytung*. 17.10.1926. Здесь: «На пороге».

[144] Письмо Эстер Шумячер матери в Калгари (Нара, апрель 1926, идиш). *Papers of Peretz Hirschbein*. Series I. Box 4. Folder 101.

ных рисунков, отражавших его беспрецедентный статус «живого классика», а местная идишская пресса писала о нём почти исключительно в превосходной степени, называя «нашим любимым писателем». При этом Гиршбейн в течение всего этого времени, в отличие от своей обычной практики, воздерживался от публикации привычных путевых заметок в идишской прессе. В прощальном интервью корреспонденту газеты «*Di idishe tsaytung*» в Мендосе он отказался отвечать на ряд вопросов, пообещав вместо этого прислать подробные статьи из Чили по пути в Вальпараисо[145].

По крайней мере пять таких статей были опубликованы, когда Гиршбейн был уже на пути в Японию, все — в довольно резком тоне. Один за другим он подверг критическому анализу различные аспекты еврейской жизни в Аргентине: занятость, образование, общественную жизнь, театр, отношение к идишу, сионизм и ассимиляцию, сельскохозяйственную колонизацию, влияние испанской культуры и католицизма и, конечно же, криминализацию общества, сделав лишь несколько добрых замечаний относительно прогресса в колонизации. Главной же темой его критики стало положение женщин — то, что он называет «смертельной отравой» еврейской жизни Аргентины —

> ...наша боль и позор... альфонсы, обманывающие девушек и женщин... Они так вросли в жизнь, что на них наталкиваешься в Буэнос-Айресе сразу как сходишь с корабля и отправляешься на поиски еврейской улицы. Одно лишь это подавляет идеалиста и он проклинает судьбу, что завела его в Аргентину[146].

Это стало продолжением неприятной публичной дискуссии, отраженной в статье некоего Аарона Спивака, обвинившего Гиршбейна в том, что тот не понимает «географических и физиологиче-

---

[145] Korespondent. An intervyu mit Perets Hirshbeyn in Mendosa far farlozen Argentina [Интервью с Перецем Гиршбейном в Мендосе перед отъездом из Аргентины] // *Di idishe tsaytung*. 13.12.1925: 12.

[146] Hirshbeyn Perets. Argentina // *Di idishe tsaytung*. 21.03.1926: 11.

ских» условий жизни в Аргентине, где происходит «раннее взросление» женщин под жарким южным солнцем[147]. Буквально накануне отъезда в Японию Гиршбейн послал в газету гневный ответ Спиваку, в котором прямолинейно выразил свое негодование:

> Я провел эти пять месяцев не просто бесцельно слоняясь. Я проник в самые корни еврейской жизни здесь... в чуждой-чуждой испанской атмосфере и в странной, болезненной — нашей собственной. На еврейской улице нужно посадить множество эвкалиптов, чтобы очистить ее от чумы проституции. Я не виню вас, аргентинские евреи — я знаю вашу ношу и знаю вашу боль... Но еврейские кварталы — где там только нет борделей. Напротив ежедневных газет, рядом с библиотекой, рядом с еврейским учреждением — их фонари ярко светятся, и даже идишский театр не способен развиваться, ибо тропа от борделя к еврейской сцене давно протоптана. Проглотите эту правду — какой бы горькой она ни была[148].

В своем «*Американском романе*», речь о котором шла выше, Пильняк вспоминает разговор с Гиршбейном в Киото, когда тот признался, что «ездит по миру не для того, чтобы видеть, но чтобы не видеть виденного»[149]. Создается впечатление, что именно в этой фразе скрыто то, что он увидел в Аргентине в 1925 году и чего хотел бы «не видеть», а отсюда — стремление отойти от еврейской темы как центральной цели своих путешествий и погрузиться в экзотические нехристианские культуры.

В письме Гиршбейну в Японию известный еврейский писатель Г. Лейвик (Лейвик Гальперн) писал:

> Я очень обрадовался, узнав от Вас, что Вы и Этель в добром здравии, как говорили у нас дома, и в хорошем «японском» настроении. У меня было предчувствие, что Аргентина не

---

147 Spivak Arn. Di batsihung tsu der froy in dem idish argentiner leben [Отношение к женщине в аргентинской еврейской жизни] // *Di idishe tsaytung*. 13.12.1925: 10.

148 Hirshbeyn Perets. Dorem [Юг] // *Di idishe tsaytung*. 24.01.1926: 9.

149 Пильняк Борис. *О'кэй. Американский роман*. С. 87.

Илл. 13. Одна из «оленьих» картин японского художника Сэя Коянаги в доме Гиршбейнов. Частный архив Джессики Гиршбейн, Нью-Йорк

> принесет Вам удовлетворения, а вот Япония — да. Из Ваших японских зарисовок, которые я часто читаю в «Дер тог», я вижу и чувствую Ваше настроение и ту сдержанную радость, что в Вас. Хорошо, что так. Вам нужна была эта радость...[150]

В нью-йоркском архиве Гиршбейна сохранилось много фотографий с оленями из парка Нары, свидетельствующих о его неподдельном удовольствии при встрече с этими животными — живой иллюстрацией его собственной фамилии. В память о японских оленях он приобрел несколько «оленьих» картин

[150] Письмо Лейвика Гиршбейну (Нью-Йорк, 01.08.1926, идиш). *Papers of Peretz Hirschbein*. Series I. Box 1. Folder 23.

молодого художника Сэя Коянаги, жившего в Париже и соединившего в своем творчестве японскую традицию и современное французское искусство. Широкоформатные полотна Коянаги украшали стены дома Гиршбейнов на Голливудских холмах в Лос-Анджелесе, где семья осела в начале 1940-х годов и где писатель скончался от продолжительной болезни в августе 1948 года. Позже Эстер Шумячер перевезла их в новую нью-йоркскую квартиру в Манхэттене, где сегодня живет их невестка Джессика Гиршбейн и где они до сих пор напоминают о тех далеких счастливых днях в Японии.

Бер Котлерман
Сендай — Нью-Йорк — Неве-Цуф
Февраль 2025

Путеводитель на идише по Японии Переца Гиршбейна

ГЕОГРАФИЯ И ПРИРОДА

5 דער מאמענט 67 פרייטאג 19-טען מערץ 1926

קיין יאפאן.

... אויפ'ן ים.

פון פרץ הירשביין.

Илл. 14. Эссе Гиршбейна «В Японию. По морю» в варшавской газете «*Der moment*», 19.03.1926

Тихий океан

В Японию по морю[1]

Уже тридцать пять дней качается на волнах мой корабль, рассекая воды Тихого океана, и еще столько же осталось до того, как я достигну Страны восходящего солнца — Японии. На японском корабле устроил я себе дом на долгие дни. Целая жизнь.

В те годы, когда моя голова была полна юными сентиментами, во время той легендарной войны, когда Россия отправилась на поиски врага на край света к восходящему солнцу и вернулась оттуда с разбитым в кровь носом, — кто мог тогда ясно объяснить, как сражался тот невиданный враг — ружьями, пушками или чистым колдовством?

— Колдовство, дядя, колдовство это было, не иначе, — пытался убедить меня в России старый крестьянин. — Дьяволы этакие, нехристи, продали душу дьяволу, и он им подсобляет обижать святую Русь. Только, слава Всевышнему, дядя, Россия велика, и мы далеко.

В Вильне старые женщины верили, что «япончик», — так называли японцев, представляя их себе размером с гномика с маленькими ружьишками и крошечными пушечками, — что этот враг уже почти у границы, где-то рядом с Ковно.

Кто тогда верил в реальность! Великороссов заманили в волшебную страну, далеко на край света, а свой собственный дом они позабыли. Допустили, чтобы там пока что разыгрались страсти не на шутку. Ведь как же такое возможно, чтобы Россия снарядила все свои военные корабли пушками, солдатами, долгие

---

[1] Keyn Yapan. Oyf'n yam [В Японию. По морю] // *Der moment*. 19.03.1926.

месяцы длилось их путешествие, и уже на пороге вражеской волшебной страны вышел враг, явно с колдовством, и пиф-паф — расстрелял русский флот как расстреливают камнями глиняные горшки. Тогда-то мир и раскрыл глаза. Исторически к этому отнеслись с перспективы будущего. Украдкой мир благословил Дальний Восток, потому что иначе медведь, может, и по сей день дремал бы с лапой во рту и сосал бы во сне большой палец. С тех пор все пришло в движение. С Дальнего Востока летели осколки шрапнели, вонзаясь в мягкие места России. Тяжело было усидеть спокойно. Мухи уже кусали за нос. Солнце слепило глаза. Медведь громко чихнул, высморкал из правой ноздри Конституцию с Думой и сам испугался собственного чиха. Так и закрутилось колесо. Прежние высокопарные слова стали реальностью.

После подписания мирного договора на российских улицах стало можно увидеть картинки с гейшами, разрисованные веера и тому подобные игрушки, сделанные там, в той далекой стране. Снова возник вопрос: могли ли те люди стрелять? Я себе тогда и представить не мог, что когда-нибудь буду рассекать моря на их кораблях и рассматривать реалии сегодняшнего времени через японское зеркало.

Сегодня, в эпоху Лиги Наций; сегодня, когда Япония помогла вдохнуть жизнь в новые народы Европы; сегодня, когда Япония подписала документ, что Силезия принадлежит Польше, Мемель — Литве, а Бессарабия — Румынии; сегодня, когда Северная Америка держит на Тихом океане свои военные суда, учится стрелять по волнам и делает самые большие пушки, из которых можно попасть в муху на лету, — сегодня и мои мечтания вывернулись наизнанку.

Сегодня я уже не я. Уж точно не прежний я. Закрутилось колесо, и теперь я на корабле моего когдатошнего врага, которого, хоть и по-тихому, я тогда нахваливал, благодаря ту руку, что затолкнула медведю понюшку табака в обе ноздри. Мы же тогда заключили мир. Мы оставили Японии Корею. Отдали Порт-Артур. Заключили мир. Мое плечо все еще русское. Россия сопровождает меня тысячеглазо, хоть я уже много раз омылся в американских водах. Лицо мое в Америке. А сам я, мое я —

потихоньку прокралось на японский корабль. Получается, что сегодняшний я еще отчасти и враг. И тут нет в моем мире покоя.

Тридцать пять раз я смотрел, как солнце опускалось у западных берегов прямо в море. Иногда изнуренное, опустошенное и потухшее, с намерением утопиться и больше никогда не всходить. Иногда же солнце закатывалось с большим парадом: с созванными вместе облаками и с той вечерней солнечной щедростью, которую оно всем раздает широкой рукой. Одному — огонь, другому — сияющее золото, третьему — жемчуг и смарагды, а четвертому — расплавленный пурпур. Это моя территория, она принадлежит лишь мне одному. У меня нет врагов. Я не оскорбил ни один закат. На всех закатах я не сомкнул глаз. Я не сомкнул глаз и на всех тридцати пяти рассветах, вплоть до появления солнца.

Наш корабль — японский. Капитан, его офицеры, сто двадцать человек команды — все японцы. Все было бы ничего, если бы мир не делился на нации. На корабле — шесть пассажиров, из них четверо — евреи. Отец и сын, ярые немецкие патриоты, немецкие евреи. Молодой немец — настоящий дурачок и гораздо меньший патриот. И один японец. Так поделилась моя территория.

Сам капитан и его люди — все маленькие, те самые легендарные малютки. Если бы не большой стальной грузовой корабль водоизмещением восемнадцать тысяч тонн[2], с высокой трубой и режущим слух свистом, я бы подумал, что Страна восходящего солнца послала корабль со своими людьми, чтобы переправить меня к себе. Я не могу сравнить этих матросов с теми, которых я встречал на других судах. Целый день они занимаются своей работой как переодетые женщины. Маленькие женские руки, мелкие шаги — и такие тяжелые машины. Четверых видишь за работой, которую могут делать двое наших.

---

2 Речь идет о первом японском грузопассажирском судне «Анъёмару», сконструированном специально для перевозки мигрантов. Реальный тоннаж корабля составлял 9500 тонн. См.: Yamada Michio. 船にみる日本人移民史 : 笠戸丸からクルーズ客船へ [*Fune Ni Miru Nihonjin Iminshi: Kasato Maru kara kuruzu kyakusen e / История японской эмиграции как история кораблей: от «Касатомару» до круизных лайнеров*]. Tokyo: Chūō Kōronsha, 1998. Гл. 8.

Они смеются за работой, делают работу веселой. За день они перепачкаются, измучаются; наступает вечер — они спускаются глубоко в трюм, купаются там, отмываются и поднимаются наверх в длинных чистых подпоясанных кимоно с широкими плечами. Босые ноги в плоских соломенных туфлях. Ноги и ногти чисты. Каждый в кимоно, и не скажешь, кто тут матрос, а кто капитан, кто офицер, а кто доктор. Вокруг спокойствие. Рука лежит на плече друга, все равны.

Тридцать пять дней ем я их хлеб, и они кладут рядом с моей тарелкой три вилки, три ножа, три ложки и еще один нож, десятый прибор, для круглого счета. Лишь один раз был праздник, и мы ели рис палочками, как у них в стране. Когда-то я сильно верил в колдовство. Но когда вокруг моей тарелки лежат все эти вилки-ножи — как у нас, ощущение реальности обостряется. Я уже верю, что в свое время они стреляли и попадали в цель. А когда мой капитан надевает свою форму с узкими ленточками разных цветов на груди, наградами, я задаю вопрос:

— Что это за награды, капитан, у тебя на груди?

Капитан, со своими узкими острыми глазками, рассказывает мне с гордостью:

— Вот это у меня за мою службу во время войны, той, что с Россией, у Порт-Артура. А это, радужных цветов — за мою службу недавно, во время Мировой войны, когда мы прогнали немцев из Киао-Чао[3].

Теперь я с моими немецкими евреями больше не отдельный народ. Я теперь представитель всего мира! Почему мне одному суждено отвечать от имени всего мира за все эти войны вокруг меня и из-за меня, я-то где виноват во всем этом?

Теперь я знаю, что когда попаду в Корею, тамошние патриоты станут меня спрашивать: зачем ты подписал такой позорный мир с Японией тогда, более двадцати лет назад? Зачем ты передал нас

---

[3] О германской колонии Цзяо-Чжоу (уст. Киао-Чао, 1898–1914) на южном побережье Шаньдунского полуострова в Китае и осаде города Циндао, см.: Schrecker John E. Kiautschou and the problems of German colonialism // Moses John A. & Kennedy Paul H. (eds.). *Germany in the Pacific and Far East 1870–1914*. St. Lucia: University of Queensland Press, 1977. P. 185–208.

в руки Японии, чтобы она тиранила нас в нашей стране? А Порт-Артур ты зачем уступил? Драться нужно до последней капли крови. Эх ты, трус!

А мой единственный японец, шестой из моего пассажирского мирка, знает, что я американский гражданин, и спрашивает: почему ты закрыл для нас свою страну? Что мы тебе сделали плохого? Мы твою калифорнийскую пустыню помогли превратить в райский сад, а теперь ты позоришь нас в глазах всего мира[4]. Там, где мы заставили пустыню расцвести, оттуда ты теперь нас гонишь!

Иди объясняй ему, что я сам еще совсем зеленый, хоть и не так, как он. Я сам, так сказать, закрыл двери за собой перед моими братьями, сестрами, родственниками. Я и сам не знаю, как это я так хлопнул дверью, прямо по своим собственным полам одежды и пальцам. Такое вот еврейское счастье, когда одна сторона у тебя рыжая, а другая всегда зеленая. Как же быть на этом свете с такой двойной окраской?

И все же я завидую японцам. Даже на корабле они не погружаются в нашу реальность. У каждого из офицеров и даже матросов есть миниатюрное деревце, растущее в горшке в японской земле. Есть у них и птички, попугаи, приобретенные в различных портах. Я вижу, что и растения, и разноцветные птички знают, кто их приютил. А я, кого я приютил? Такой шлимазл как я, даже когда хочет прогнать муху со своего носа, разбивает свой нос в кровь собственной рукой. Потому что быть еврейским писателем означает взять и приклеить себе шишку на лоб. Народ, рассеянный по разным странам, берет с собой в дорогу гордость и достоинство своей страны. А куда мне бежать с моими языковыми проблемами? Я убежал в Аргентину — появился австралийский еврей, высокомерный, прям британец, обнюхал меня и сразу узнал! Пришел, чтобы сказать мне, что «жаргон» — это язык недоучек, а жаргонные писатели — это невежды. Он знает,

---

4 Имеется в виду принятие в США Иммиграционного акта 1924 года (закон Джонсона — Рида), в котором был пункт, запрещающий въезд японским иммигрантам.

что я был в Австралии и заразил своим жаргоном эвкалиптовые леса.

Что касается немецкого патриотизма: больно смотреть, как страдает бедный немец в сердцах моих двух немецких евреев, отца и сына. Все трое во мне, русский, американец и еврей — как если б мы все втроем насели на бедного немца и к тому же забрали бы у него его язык — вот что значит жаргонный писатель.

Куда мне деваться? Конечно, корабль — это особая территория. Моя территория, откуда я присматриваю за своими утрами и вечерами. Я знаю, знаю, что не еду в волшебную страну. Я уже очень много знаю. Дым из высокой трубы кружится надо мной, тени от него рассказывают мне многое. Этот дым тоже важен. Он дает мне понять, что без него, упаси бог, жизнь умрет.

Время от времени мой японский сосед смотрит-смотрит на меня и говорит сам с собой, имея в виду меня: большевизм — опасная штука. Он лезет и к нам в страну. Большевизм — опасная штука...

О, море. Я знаю, ты мне завидуешь. Я свободен, а тебя зажали меж берегов. Много раз слышал я у твоих берегов твой крик боли. Не завидуй мне, море. Когда ты утихнешь, прислушайся, как моя боль, разлитая в море, идет волнами, и нет ей ни берега, ни края. Она просит меня: призови ветра со всех четырех концов света, пусть их вихри принесут сюда пески и создадут для моих волн берег, который остановит их бег.

7 февраля 1926 года

Семьдесят два дня[5]

Третьего января я сел в Вальпараисо, Чили, на большое японское грузовое судно, которое везет и несколько пассажиров, и потихоньку пустился в путь по Тихому океану.

---

5 Tsu di breges fun Yapan (brif fun veg) [К берегам Японии (письма с пути)] // *Di tsayt*. 21.05.1926; Tsvey un zibetsig teg (brif fun veg) [Семьдесят два дня (письма с пути)] // *Di idishe tsaytung*. 06.06.1926.

Море, когда в нем купаешься, обладает запахом, который притягивает и придает сил. С борта парохода у моря специфический запах, и страдающий морской болезнью чует в нем лишь обидчика, который намеренно лезет тебе во внутренности. Я уже много своих дней отдал морю, но целых семьдесят два дня на судне, как сейчас по пути в Японию — такое происходит нечасто. Я с морем сразу же заключил мирный договор. Запах с парохода я принял с той же нервной чуткостью, что и запах с поля, и отдался на волю ветров, часто дувших с западных горизонтов.

Море живет своей собственной жизнью и дружит как с солнцем, небом и облаками днем, так и со звездами и луной ясными глубокими ночами. Морская поверхность — не поле. Это и не пустыня. Море отражает целые миры. Каждый ветер и ветерок оставляет в нем свой отпечаток. Ох, как же этот «тихий» океан на этот раз игрался со штормами и притягивал к себе облака!

Задумчивыми утрами, когда, тяжело дыша, море наполняется красным жемчугом, греясь на восходящем солнце, от него все еще веет ночью. Оно не стряхивает с себя ночь — оно топит ее в своих безднах, на целый день запирает оно ее в своих глубинах. Когда солнце заходит, тогда приходит ночь — не с подножий гор, не из долин и не из лесов, из глубин приходит ночь, первая звезда посылает ей свой луч, позволяя ей пробиться через свой свет.

Морская влажность становится приятной, когда начинаешь ощущать ее на кончиках волос, когда чувствуешь ее на своем лице. Друзья моря и корабля — это птицы, которые сопровождают корабль. Есть разные виды птиц. Некоторые тащатся вслед как попрошайки, поднимая гвалт, когда с корабля бросают остатки пищи. Другие птицы носятся вокруг корабля, который им наверное представляется плавающим островом, — до тех пор, пока им не становится ясно, что они залетели слишком далеко, и они возвращаются назад. Самый большой и красивый среди спутников кораблей — это альбатрос. Я встречал эту птицу только на Тихом океане. Неделями кружила вокруг нас птичья орава, далеко-далеко от суши. Окрас альбатроса — от темно-коричневого до светложемчужного, а его крылья — иногда 5–6 футов от одного кончика крыла до другого. Его полет, его касание кончиком крыла волн, его острый взгляд со стороны — никакая морская птица с ним не сравнится. До самой ночи сопровождают они корабль. Каждое утро я ожидал их появления оттуда, где они провели ночь. Иногда мне казалось, что они нас уже покинули, но вдруг эти дети штормов снова были тут. Никакой шторм их не мог задержать. Наоборот, шторм им был еще больше к лицу.

Когда проводишь столько дней на море, далеко от суши, все вокруг становится отчасти твоей собственностью. Все, что появляется в море и над морем. Ибо кто может мне запретить говорить, что это для меня взошла вечерняя звезда, такая юная, такая сияющая, перебросив тонкий светлый мосток над водной поверхностью с западной стороны прямо до моего корабля? Так она мне подала знак: я пришла оттуда, куда ты хотел бы добраться, но даже в мечтах тебе туда не попасть.

В тропических областях солнце заходит выжатое, изнуренное своим собственным щедрым светом; достигнув конца воды у горизонта, его свет упирается в его собственный диск, не оставляя места для заката, собираясь складками, когда море начинает его заглатывать, часто не посылая в небо вечернего отблеска. То же самое на рассвете. Усталое, сморщенное, выкатывается солнце на рассвете украдкой навстречу дню. Море принимает его с заспанным лицом, туманясь. Лишь к середине дня начинает солнце изливать свой сокрытый огонь.

Случаются на море спокойные дни, которые к вечеру сплетаются с ночами, а на восходе снова приносят прозрачный покой. В такие дни иногда появляется семейство китов, напоминающих подводную лодку. Стая летучих рыб вырывается наружу; блестя на солнце серебристыми крылышками, они летят, летят и снова падают в воду. Ты знаешь, что здесь идет война за жизнь: рядом с ними находится враг, заглатывающий их живьем. Тут же появляется этот враг — из воды выпрыгивает серебристо-зеленая рыба, округлая и тяжелая, и пускается вслед за летучими рыбами. Когда же вода совершенно спокойна и только поднимающееся изнутри дыхание колышет ее матовую зеркальную поверхность, тогда можно увидеть выступающие из воды кончики больших плавников затаившейся акулы, пожирателя людей. Вытянувшись зелено-коричневым бревном, она не шевелится, не пугаясь проплывающего мимо нее судна.

Вечерняя радуга выгибается гигантскими воротами на востоке и будто ждет, чтоб наш корабль развернулся и проложил через нее свой путь. Иногда на рассвете лучи восходящего солнца попадают в западные туманы и выгибаются в радугу и на западе. Утренняя радуга — такая редкость!

В такие спокойные дни и ночи забываешь о земле. В душе совсем не хочется, чтобы судно когда-нибудь повернуло к берегу, чтобы оставить немного груза, взять на борт китайцев или японцев и запаковать их глубоко внизу, где лежит груз. Кажется, что вот так и будет протекать в мире и спокойствии вся жизнь.

На Тихом океане есть предвестники шторма. Они появляются именно в ясные, тихие дни: в вышине еще тянется прозрачная, еле заметная череда облаков — разрозненные, тонкие белые ленточки, совсем невинные облачка. Но капитан всматривается в них с беспокойством:

— С юга идет обещание шторма. Там наверху уже носятся штормовые ветры, это они раздирают облака в небе!

Беспокойство, беспокойство ощущается вокруг.

Шторм приходит из ниоткуда. Вдруг на юго-западе вырастает облачная стена. Появляется ветерок, резкий и дерзкий: первый вестник, уже несущий маленькие волны. Монотонность нарушается. Вскоре приходит другой ветер. Он проносится между мачтами и вантами и уходит со сдержанным всхлипом. А сразу за ним приходит ветер, который жалобным завыванием сирен предвещает несчастье. Потом, даже если прислушиваться, ты забываешь приход многих налетевших сюда ветров, переговаривающихся между собой среди мачт и радиоантенн.

Теперь ты понимаешь, что море не было твоим тихим другом. Ты понимаешь, что оно только и ждало этого циклона, который стремится поймать в свои сети наше судно. Теперь ты осознаешь, как далек берег, и мысль уносится в ту даль. Теперь тебе нужно самому мысленно создать страну, где можно спокойно бросить якорь.

Не знаю, как другие безответственные путешественники, я же хранил дружбу с морем — даже тогда, когда оно выказывает свою страсть к шторму, когда циклоны носятся со своими капризами и хотят смешать небо с морем, когда тучи низко нависают над белыми пенящимися валами.

В эпицентре циклона тучи рвутся, мельчают и уносятся прочь. Днем небо голубое, но через эту голубизну свистят ветра и море дергается в конвульсиях. Тяжело перекатываются его валы, будто расплавленная сталь льется с горы в долину. Кажется, что все застывает, кажется, что снова повторяется сотворение мира — из моря выйдет новая суша, море ее породит в конвульсиях и страдании.

Волны омывают верхнюю палубу моего корабля. Волна накатила всей тяжестью, корабль дрожит, но не дает себя потопить, волна рассыпается и через всевозможные расселины вода убегает назад в море. Море все чаще кидает волны на корабль, и ветра еще больше заходятся в рыдании, а корабль колышется по ширине и по длине, вниз-вверх, принимая вызов волн. Альбатросы не знают усталости и ни на мгновенье не прекращают своего полета через шторм и разбушевавшееся море. По ломаной траектории, вверх-вниз, с быстротой молнии, зигзагами прорезают они ветер.

Интересно, когда они отдыхают? Наступает ночь и кажется, что ночью циклон их закрутит и забросит в водяные долины. Много-много думается в такие моменты об альбатросах, твоих попутчиках. К вечеру циклон активнее. Он подходит ближе. Глаза неспособны уловить это на расстоянии, и поэтому ветер подбирается так близко. Водяная взвесь циклона омывает лицо, волна пытается достичь твоих ног: нет никакого желания спуститься вниз и запереться в каюте. Внизу ощущается давление циклона и кряхтение машин в трюме корабля. Иллюминаторы задраены, и когда в них ночью бьет волна, стекла превращаются в два белых слепых глаза, и ты не знаешь, кто это заглядывает к тебе слепыми глазами. В такую ночь не спится. Много таких бессонных ночей провел я в то время, когда мое настроение и море игрались с циклонами. Ибо именно тогда, когда тебе хочется закрыть глаза и подремать, обретает циклон в твоей фантазии черты громадного осьминога, охватывающего своими щупальцами наш корабль и тянущего его все глубже и глубже. Ты встаешь, вглядываешься в ночь через окно и видишь сияющую луну и светящиеся каждая на своем месте звезды. Все вокруг прислушивается к урагану. Ты привязываешь свои мысли к тому глубокому спокойствию наверху и так засыпаешь.

Поутру ты встаешь и видишь своих птиц-попутчиков, они не погибли, они не оставили наш корабль. Потихоньку ветер теряет свою силу. Море начинает затихать, и с юго-западного горизонта вновь веет спокойствием.

И когда ты уживаешься с морем, то, к твоему сожалению, до тебя доносится отзвук новостей из пыльного мира, где твои люди-братья следят за порядком. Радио приносит новость: «Лига Наций решила так и так».

Спрашивается, кто эти умники, что принимают там решения и не знают, что в самый спокойный момент может разразиться буря? Что вы тогда будете делать, международные бездельники? Натянете шляпы на головы и побежите?

Это было на семьдесят второй день, когда наше судно начало выравниваться после пятидневного циклона, который временами превращался в ураган. На семьдесят втором рассвете, когда солнце начало проклевываться на восточном горизонте, ровно напротив, на западной стороне показалась розовая треугольная вершина, прозрачная такая, выглянувшая из воды и потянувшаяся в зеленовато-голубое небо. Японские пассажиры пустились в дикий радостный пляс:

— Священная гора! Гора Фудзи показалась! Она от нас в сто тридцати милях, а показалась точно вместе с солнцем! Как солнце поднимается она на западе.

Я знаю эту гору из японских картин, из рисунков на их фарфоровой посуде — японцы ведь все украшают контурами священной горы. Но сейчас меня охватывает такая же радость, что и детей Японии. Мне кажется, я сам стремлюсь к этой священной вулканической горе. Матросы, уже полгода не видевшие дома, пассажиры, не бывшие дома много лет, с радостными, полными слез глазами бегут на нос корабля, чтоб быть хоть чуточку ближе к священной горе. И вот уже целый день не отрывают они глаз от священной горы. Чем ближе, тем великолепнее вздымается ее вулканическая форма, до середины покрытая снегом. Ее склоны удивительно ровные. Не зря верят набожные японцы, что гора Фудзи поднялась за одну ночь из недр в свою полную величину.

Был уже закат, когда наше судно вошло в Токийский залив, по пути в Иокогаму. С обеих сторон тянутся скалистые вулканические берега. Скалы остры и сухи. Солнце садится прямо над священной горой и исчезает в темной туче над ее заснеженной вершиной. Священная гора становится прозрачной, снег будто расстаял, и, бледно пламенея, возносится она в небо, пронзая тучу своей вершиной. Шестьдесят миль до нее, и так близко она перед нами. Вот она тает, но из нее родится новое солнце.

Такой вечер, такой закат стоил всего этого путешествия. Эти семьдесят два дня закончились как диковинный сон.

И вот уже наш корабль окружен стенами гавани у разрушенного землетрясением города — Иокогамы.

Иокогама, 17 марта 1926 года

Иокогама

Кричащая тишина[6]

Когда наш пароход пришвартовался у портовой стены, было уже темно. С берега пришел холодный, пронизывающий ветер. Но кого волнует холод? Любопытство как можно быстрее ступить на дальневосточную землю волновало кровь. Все пространство вокруг заполнилось сдавленными голосами множества гостиничных агентов, встретивших нас с фантастическими фонарями в руках. Мне все в новинку в этой первой встрече. Пришедшая на берег публика производит комичное впечатление своей одеждой: на ногах деревянные дощечки на двух длинных подпорках — это должно называться обувью. Длинные черные кимоно, поверх кимоно тяжелые длинные пелерины. В шляпах, с непокрытыми головами, в трикотажных штанах и коротких туниках, исписанных большими белыми японскими буквами, — это толпа мужчин. Женщина — она одета уже помягче и поэлегантней. Меня, конечно же, никто не встречал. Выполнив необходимые формальности, я должен признать, что ни в какой другой стране церемонии по прибытии не были настолько просты и человечны как здесь. Почти открытая дверь для прибывающих в эту страну. В баулах копаются милосердно. С баулами, как я вижу, не церемонятся.

А вот появляется нечто европейское или американское: газетные репортеры. Они весьма резво окружают тебя кольцом, они уже знают, кто им нужен, понимают искусство задавать вопросы,

---

6 Yokohama (brif fun Yapan) [Иокогама (письма из Японии)] // *Der tog*. 16.05.1926; *Di tsayt*. 28.05.1926; *Di idishe tsaytung*. 13.06.1926.

понимают, как спрашивать о том, что может показаться пикантным их газетам. Они резво делают фотографии и уходят в незнакомую жизнь. В какой-то мере это помогло мне почувствовать себя более уютно. Современные портовые постройки, асфальтированные дороги, ведущие из порта, электрические фонари, телеграфные и телефонные провода — все это уже могло бы привести к тому, чтобы я забыл, что прибыл в Японию, но тут снова появляется новое и незнакомое: почти нет автомобилей, а те несколько, что были, уже расхватали. Дрожек с лошадьми тоже нет, а только стоят в ряд люди-лошади около своих бричек на двух резиновых колесах и сиденьем для одного человека — рикши. Для Японии это традиционно, чтобы люди были лошадьми. Бóльшая часть публики усаживается на этих рикш, и человек в оглоблях с легкостью трогается с места со своим пассажиром. Я знаю, что это нелегко. В Южной Африке, в Дурбане, где тоже есть рикши, я не мог вынести это испытание. Я не хотел, чтобы меня вез человек, даже если это черный кафир. Здесь же я оказался беспомощен и уселся в повозку с рикшей. Мне было тяжело смотреть в его глаза — в глаза чужого человека, прикрывшего мои ноги теплым пледом и спросившего, куда меня везти.

До землетрясения[7] Иокогама была городом с более чем полумиллионным населением. Могу себе представить, как должно было быть оживленно на припортовых улицах. Но сейчас мой рикша бежит по темным улицам, где в темноте торчат развалины. Создается впечатление, что тут тянутся целые улицы, на которых нет живой души. Одна за другой такие улицы. Здесь погибли около ста тысяч человек, и на улицах еще чувствуется схватка жизни со смертью. Здесь тихо, но это кричащая тишина. Тут и там доносится стук деревянных подошв. Клип-клап, клип-клап. Мой человек-лошадь бежит мягким шагом, его тело наклонено вперед.

---

[7] Имеется в виду «Великое землетрясение Канто» 1923 года, самое разрушительное в истории Японии (магнитуда 8,3), разрушившее Токио и Иокогаму и приведшее к гибели нескольких сотен тысяч человек. См.: Hammer Joshua. *Yokohama: The Deadly 1923 Earthquake and Fire That Helped Forge the Path to World War II.* New York–London–Toronto–Sydney: Simon & Schuster, 2006.

Мне хочется проникнуть в его чувства. Я не могу. На улице морозно, пронизывающий ветер, а я вижу, что он всякий раз вынимает тряпку из-за пазухи и вытирает пот. Узнай он, о чем я думаю, он, наверное, еще и посмеется надо мной, точно как опытные люди насмехаются над моим сентиментальным нежеланием скакать на человеческом загривке. Между тем, мое первое впечатление таково, что я попал в страну, где рабство в крови.

Наутро был очень солнечный день, и я выбрался осмотреть развалины. Сложно поверить, что такое разрушение длилось считанные минуты. В этом разрушении приняли участие три силы: землетрясение, море, которое землетрясение бросило на Иокогаму, а позже большие пожары. Наиболее заметны последствия землетрясения. Там, где я остановился, был коммерческий центр, где стояли массивные здания из стали, гранита и бетона. Как же перекрутило и перетрясло эти здания! Разруха, разруха из улицы в улицу. А там, где человек должен был на скорую руку что-то для себя сколотить, там, где обитают бедняки, отстроили узкие улочки с деревянными домишками. Медленно строится район, где необходимо заново возводить массивные, тяжелые здания. Складывается впечатление, что здесь не хватает желания и энергии. Иокогама — один из важнейших портов Японии, куда ежедневно приходят суда со всего света, и одно это придает жизнь и заставляет Иокогаму отстраиваться. Чем больше я знакомлюсь с городом, тем больше я вижу, что нанесенные землетрясением раны заживают. Город отодвигается от моря, лезет вверх в горы, потому что во время землетрясения море принесло наибольшее горе. Но удивительно, как быстро люди забывают. Я говорил с одним, говорил с другим, хотел выловить в человеческих глазах тот смертельный ужас во время землетрясения. А люди улыбаются и рассказывают, как рассказывают о старой традиции. Япония и землетрясения — такова жизнь. Еще год и еще, и разрушенное будет отстроено заново.

На стройках видно, как Япония использует большие современные машины и руки маленьких детей и женщин. Одно рядом с другим. Тут тащит на пятый этаж большая электрическая машина тесанные камни, а тут согбенные женщины волочат на себе цемент и смолу для того же здания. Сегодня уже есть машины, вбивающие в землю толстые столбы за несколько минут, а я стою и смотрю с удивлением на пятнадцать женщин, старых и молодых, сморщенных и согнутых, с красными от холода руками и обветренными лицами, все в одинаковых униформах из простого голубого платья и белого платка на голове — они вбивают в землю столб. Они используют старомодную тяжелую «дубинушку». Каждая из них тянет веревку, привязанную к тяжелому грузу. С пением тянут они ритмично эту «дубинушку» наверх и с выкриком отпускают ее. «Дубинушка» падает вниз, и столб еле заметно двигается. Это тяжелая работа, тяжелая для здоровых мужчин, а тут я вижу, как это делают женщины. Диссонанс становится еще больше, когда мимо проходит женщина, закутанная в разноцветное кимоно, с искусно высящейся на голове прической в виде большой черной бабочки. А вот проходят мимо мужчины в своих кимоно. Кто есть кто? Кто это решает наверху, что большой тяжелый грузовик должен везти стальные балки, а немного поодаль пять человек тащат такую же балку и чуть ли не переламываются под ней? Время мне это объяснит. Это все первые впечатления, которые не дают мысли уйти слишком далеко, хотя уже прямо с берега ясно видна работоспособность этого народа и то, с какой энергией перетягивается сюда современная техника.

Я спросил христианского миссионера: «Как обстоят дела с религией в этой стране?» Он ответил с грустью: «Япония так сильно занята практическими знаниями и европейской цивилизацией, что религия им вообще не лезет в голову...» Мне бы доставило удовольствие, если бы это действительно было так. Я пока не буду на это реагировать. Мне только интересно отметить, что уже прямо с берега видно, как Япония с чисто религиозным пылом бросается, чтобы кого-то перегнать. Мне кажется, что в отношении техники Япония держит в уме Америку. Массивные здания на месте разрушенных строят по американской модели. Тяжелые стальные каркасы, угловатость зданий, гранит, цемент и снова сталь — на американский пошиб. Эти большие военные корабли, стоящие на входе в Токийский залив, эти крепости, выглядывающие из воды, — зачем мне все это сейчас критиковать? Большим диссонансом на закате, когда мои глаза взметнулись к погруженной в вечерний свет святой горе Фудзи, стали эти расставленные по углам военные корабли, бесцельно дымящие и задымливающие красивое вечернее небо. Большая крепость как маленький остров в самой середине бухты — с какой легкостью землетрясение разметало эту крепость. Так символично торчат из воды ее руины, и волны играются с разрушенным гранитом. Поглядев на эту разметанную землетрясением крепость, в голове пробегают мысли при виде всех этих йокогамских развалин: если не знать, что это землетрясение два с половиной года назад устроило здесь такие разрушения, можно подумать, что в Японии недавно была война, и это ее враг так варварски разрушил этот знаменитый город со своих военных кораблей. Могу себе представить, что Мировая война с ее артилерией устроила не один такой разгром во Франции или в Бельгии. Япония практически приняла участие в Мировой войне. В Европу Япония не пошла. Япония выгнала Германию от своих соседей[8]. Это было скорее из желания усилить свой собственный престиж в мире. Немецкие пушки ее не достали, так это сделало землетрясение. Один просвещенный немец мне это тихонько поведал.

Но я не желаю зла японскому народу, который потянулся на разные лады к человеческому прогрессу и делает такие же ошибки, как и Запад. Иокогама снова отстраивается, и уже не на старый японский манер. Это обязательно окажет влияние на всю страну. Я еще не знаю, насколько это хорошо или плохо, поскольку я прибыл в Японию с крепким желанием узнать эту страну и многому научиться у ее незаурядного народа. Я пока еще на самом краю этой страны. Я пока-что только отметил несколько впечатлений от прогулок среди развалин, причиненных землетрясением.

В Иокогаме я искал еврейскую общину из русских беженцев, которые здесь были во время войны и после войны. Я понял, что

---

[8] Речь идет о захвате германской колонии Цзяо-Чжоу (Киао-Чао, 1898–1914) на южном побережье Шаньдунского полуострова в Китае.

землетрясение явно прогнало часть из них. Напрасно я два дня подряд выискивал их среди развалин. Никакой общины я не нашел. Я набрел на одного еврея, известного предпринимателя мистера Айзикса, который живет здесь уже сорок лет. Он занимался в то время филантропической деятельностью, и вот что он мне рассказал, если коротко:

> Во время войны они прибыли в Иокогаму через Сибирь, все в бриллиантах и с большим количеством денег, раскупили здесь самые лучшие дома и зажили шикарной жизнью. Своим крикливым поведением они развратили местных уроженцев. Наступили тяжелые времена. Их дома превратились в постоялые дворы. Позже они начали один за другим уезжать из Иокогамы — кто в Шанхай, кто в Америку, а кто и назад в Россию. Во время землетрясения погибло небольшое количество евреев. А сейчас — несколько недель назад здесь умер еврейский эмигрант из России, так я искал пару евреев, чтобы помогли мне его похоронить, и не нашел. Я был вынужден воспользоваться японцами.

Он задумался и через минуту добавил: «Нет, здесь больше нет еврейской общины. Еврейского гостеприимства здесь больше не существует».

Я так это и записываю.

Иокогама, 17 марта 1926 года

Токио

Японский народ велик[9]

Япония — страна землетрясений. Но в пострадавшем и разрушенном землетрясением два с половиной года назад Токио — это все же западная цивилизация, которая потрясает основы тысячелетнего жизненного уклада. В Токио, столице Японии, городе с двумя миллионами жителей — здесь это явление ощущается особенно, ибо через Токио распахнулись ворота для всех европейских ветров.

Японский народ велик — не только тем, что он насчитывает более 50 млн[10] душ, но тем, что он смог после столь долгого времени пробудиться ко всему плохому и хорошему, что несет с собой XX век. Век войн и жестокостей, радио и отравляющих газов, век социальной революции. Страна, что носом учуяла дух времени и подготовилась к тому, чтобы отряхнуть с себя непрошенные грабительские руки, тянущиеся с Запада к флегматичному Востоку. Япония выдержала этот экзамен военным путем. Но сейчас, когда она перенимает у Европы и Америки все, что попадет под руку, то воздух вокруг дрожит с приходом чужого. Ибо Япония — это не примитивное племя с примитивным образом жизни. Япония переварила соседние культуры по своему собственному образцу и ввела в жизненную практику большую

---

9 Tokyo (brif fun Yapon) [Токио (письма из Японии)] // *Di idishe tsaytung.* 20.06.1926; *Di tsayt.* 23.07.1926; *Der moment.* 22.09.1926.

10 Исправлено по рукописи, печатный вариант: около 80. Согласно официальной статистике, население Японии в 1925 году насчитывало почти 60 млн человек.

долю рафинированности. Давайте же поговорим о Японии так, как до сегодняшнего дня было принято говорить о культурных народах: указывать на достижения буржуазии — искусство, литература, архитектура. Все это выплыло на улицу через царские дворы и дворцы богачей. Это им служил художник, поэт, архитектор. Класс бедняков по всему свету живет еще своей серой жизнью. Крестьянин в поле или носильщик в городе не наслаждаются достижениями культуры. В этом смысле Япония не отличается от других. Здесь, в Токио, заметно то разрушение, которое западная цивилизация принесла множеству оригинальных достижений. Я не буду на это сетовать, ибо речь идет о живом процессе. Я только отмечу, какое впечатление это производит на меня.

Вот тянутся ряды автомобилей, заставляя людей ускорить шаг; люди не могут этого делать, поскольку они одеты в длинные кимоно, а на их ногах деревянные сандалии на очень высокой подошве. Большая часть улиц вымощена, но тротуаров нет — автомобиль несется и загоняет пешеходов прямо на стену. Вот стоит подъемная машина, последнее слово техники, и поднимает тяжелые груды железа на скелет десятиэтажного здания, возводящегося из стали и гранита, а перевозящий грузы извозчик за поколения не понял, что он может сидеть на телеге, когда телега не загружена или когда он едет под гору. У его лошади даже нет поводьев. Погонщик идет впереди и тянет лошадь за веревку. Есть кто списывает это на милосердие к животным, поскольку у фурмана нет даже бича, чтобы подгонять лошадь. Это не так, это идет со времен, когда лошадь была дороже человека, который эту лошадь подгонял. И вот я вижу, как в городе Токио, зажатый между автомобилями и трамваями, все еще бежит рикша с прерывистым дыханием, впряженный в повозку с пассажиром. Человек сидит и выбивает дух из другого человека в то время, когда лошадь тащит телегу под гору, а погонщик идет впереди с веревкой подмышкой.

Этот человек, не чернорабочий, не кули, бездельничает даже во время работы. Он не может делать быстрых движений, будучи облаченным в длинное кимоно, руки в длинных, широких рукавах. За поколения этакой религиозной флегматичности сформировался такой сорт одеяния, под которым даже рук не видно снаружи. Кули не ходит в кимоно. Он ходит в трикотажных штанах и в легких мягких туфлях, чтобы он мог бегать. Поскольку его гоняют; его гоняют даже в то время, когда в воздухе носятся аэропланы. В таком большом городе, как Токио, например, уже виден большой процент мужчин в европейской одежде. Выглядят они торопящимися. Видно, что их захватила спешка вокруг. Они, конечно же, настоящие носители цивилизации, но мужское кимоно все еще правит бал. Оно стоит на пути быстрого движения, и видно, что если не сегодня, то завтра оно попадет в ряды тех вещей, чье время уже прошло.

В стороне от большого шумного центра извиваются узенькие улочки. Настолько узкие, что двум людям еле разойтись. Я часто брожу по этим улочкам. Тут легко заглядывать через окна внутрь. Жизнь здесь все еще оригинальна. Ты видишь, что женщина намного более утонченна, чем мужчина, и что она делает много тяжелой работы вокруг дома. Я не говорю сейчас о женщине-работнице. Здесь, в Японии, она занимает особое место в жизни. Я сделаю это после посещения фабрик или шахт, где женщины выполняют большую часть работ. Я говорю сейчас о тех уголках жизни, где для меня приоткрывается традиционный стиль, характерный жизненный уклад, на который брутально набросилась западная цивилизация. Чистота вокруг домиков на этих узких улочках просто врожденная. К себе в дом японец не заходит с уличной пылью на обуви. Он оставляет в сторонке у порога свои деревянные сандалии, а внутри ходит в своих коротких носочках. Внутри его ждет чистая, мягкая плетеная циновка на полу. Вообще, эти домики настолько миниатюрны, будто бы вовсе не для взрослых людей. Они близко придвинуты один к другому, и вокруг них нет мусора. Абсолютная чистота. В такой тесноте это просто непостижимо. Но на больших торговых улицах, там, где уже находятся современные большие магазины, там, куда тянется публика сотнями, — до землетрясения там каждому выдавали у порога чистые тапочки. Оказывается, от этого устали. У дверей все еще стоит корыто с водой и щеткой с длинной деревянной ручкой, и в дождливый день каждый должен вымыть свою обувь до захода в магазин. От этого явно тоже устанут.

На входе в музей я заметил, что каждому японцу выдали чистые тапочки переобуться. Я должен был вымыть свою обувь. Прекрасно. Пусть это останется на поколения.

Из магазинов покупки несут не как у нас в бумажных пакетах или завернутые в газеты. Здесь, когда кто-то идет в магазин, он берет с собой красивый шелковый платок (*фуросики*), в который упаковывает купленные вещи. Каждый возвращается домой с красивым свертком. Это культура, характерная для Японии. И это выглядит так чуждо и, может, грустно на широких шумных улицах, где как по злому умыслу разлилась западная серость. Нигде не хочется это так критиковать, как здесь, в Японии, по большей части в Токио, в столице, где развеваются флаги всех наций. Я бывал в странах, где мне встретился голый, примитивный человек. Я и там видел жестокость цивилизации, но там мне было сложно встать на границу между добром и злом, говоря: это нужно разрушить, а это нет. Но здесь, в Японии, уже на пороге этой страны я спрашиваю сам себя: почему невозможен бережный обмен ценностями? Есть позитивные ценности у каждого народа, и даже у такого народа, как японский, где мне придется подвергнуть критике столь многое, наблюдая его жизнь с человеческой и социальной позиций. Здесь есть достойный внешний облик, такой рафинированный, накладывающий отпечаток на жизнь в стороне от новых, шумных улиц. Смотришь и досадуешь на то, что спешка и серость болотным туманом наползают на светлую жизнь. Сложно описать, с каким религиозным рвением Япония уже переняла множество западных достижений в технике. Самые большие военные корабли стоят кольцом у ее берегов. В вышине носятся аэропланы и гидропланы. Радиостанции и европейские музыкальные инструменты. Войдите в магазин и вы найдете там всевозможные электроприборы. Последнее слово техники, часть привезена из-за рубежа, а большая часть уже произведена в самой стране. И когда ко всему этому выходит японская женщина в ее шелковом кимоно нежной расцветки — четыре, пять кимоно одно поверх другого, рассчитанные при перепоясывании так, что от каждого кимоно должна быть видна полоска определенного цвета; волосы на голове уложены большой бабочкой, а на ногах короткие белые носочки чуть выше лодыжки; в плоских белых сандалиях, с мелким дробным шагом — я, со своей быстрой поступью, частенько спохватываюсь: куда я бегу? Я смотрю на них с удивлением, и они смотрят на меня с удивлением. Вот бы и они думали о том же, что и я. Может, тогда бы мы добились настоящего обмена и не допустили бы полного истребления позитивных ценностей.

Десять дней хожу я по токийским улицам. Я вижу, что наделало землетрясение: так много разрушено и за два с половиной года уже так много отстроено. Сочетание гранита, бетона и стали призвано обеспечить сегодняшним зданиям устойчивость при землетрясении. По правде говоря, это та самая человеческая энергия XX века, что заставляет по всему миру людей большого города делать одно и то же. Та же сила, что заставляет в городе Нью-Йорке или в других больших городах мира сносить скромные дома с индивидуальным стилем и возводить большие безвкусные коробки. В Японии это землетрясение пришло на помощь интуитивному стремлению японского народа быть во всем наравне с западной цивилизацией. Может, придет время, когда я буду досадовать на то, что не могу говорить на языке этой страны. Пока же мне достаточно моих глаз, моих ушей. Мои глаза могут хорошо отличать серое от многоцветного, а мои уши — металлический и каменный шум на главных улицах Токио от тихих, спокойных улочек, где в большой чистоте еще живут традиционной жизнью.

Землетрясение[11]

Недалеко от моего отеля в Токио находится пустошь со следами разрушений и пожара. Каждый вечер ближе к закату сюда приходит оборванный японец средних лет, усаживается на раз-

---

[11] Erd-tsiternish (brif fun Yapan) [Землетрясение (письма из Японии)] // *Di tsayt*. 26–27.05.1926; *Der moment*. 18.06.26; *Di idishe tsaytung*. 11.07.1926.

рушенный фундамент дома и наигрывает на примитивной бамбуковой флейте несколько жалобных, грустных, затравленных тонов. Его взгляд выдает, что он тронут умом. Я порасспрашивал о нем и мне рассказали, что он жертва недавнего землетрясения. Здесь, на развалинах, был его дом, здесь жила его большая семья. Все они погибли в той катастрофе два с половиной года назад, и только он выжил, тронувшись умом. Убитый горем, он приходит сюда со своей бамбуковой флейтой каждый вечер и выдувает эти жалобные звуки.

На заново отстроенных улицах Токио, где жизнь течет как вода в реке, я не встретил более заметных следов. Японец, чей характер за многие поколения сформировали синтоизм и буддизм, относится к смерти равнодушно. Он способен проглотить свои слезы и глубоко закопать свое горе. Разговаривая с японцами, я обычно старался перевести разговор на тему землетрясения в сентябре двадцать третьего года, в котором погибли сотни тысяч человек. Странным образом никто не пытается описать тогдашний ужас. Привычка улыбаться не оставляет даже тогда, когда речь идет о смерти. То же самое, когда речь идет о землетрясении.

Только вот 3 апреля[12] около часу ночи я сам пережил необычное чувство страха. Я уже был в своей постели, в полусне, и вдруг — весь дом пошел ходуном! Сначала плавно, потихоньку, туда-сюда, вширь-вдоль, а потом — нервная вибрация и крупные толчки. Из-под земли донесся глухой шум будто от подземной бури, стены трехэтажного деревянного здания закряхтели. Это продолжалось двадцать с чем-то минут. Мне не пришло в голову бежать из дому, я лишь лежал и чувствовал, как я становлюсь все легче и легче, еще мгновение — и крыша надо мной провалится и вместе со мной упадет в пропасть, но без тяжести моего тела. Мое сердце билось так сильно, я помню только однажды такое сердцебиение, когда я был на самой высокой горе в Колорадо высотой более 1400 футов.

Когда все стихло и дом перестал ходить ходуном, я заснул обычным сном, как маленький ребенок, который не чувствует

---

[12] В оригинале ошибка: 3 марта (Гиршбейны прибыли в Японию 16 марта).

опасности. Но проснулся я с чувством благодарности за то, что могу видеть солнечные зайчики на утренней земле. Во мне самом закопошилась грусть. Те несколько звуков флейты, что доносятся каждый вечер с пустыря, я услышал утром откуда-то с другой стороны. В тот же самый день я отправился на то место, где два с половиной года назад таким ужасным образом разыгралась трагедия и где народ увековечил свою скорбь самым примитивным способом.

То место называется Хифукусё, по другую сторону заболоченного канала, где беднота сколотила маленькие халупки. Это район текстильных фабрик, там японское многоцветие пахнет канавами большого города. Там находится пустырь: тогда, во время большого землетрясения, которое длилось двое суток, и пожары бушевали по всему Токио, тогда толпа бедняков собралась на этом месте в Хифукусё, захватив с собой детей и добро. Толпа из тридцати трех тысяч душ собралась на том пустыре, но тайфун безжалостно принес туда огонь. Огненные волны охватили Хифукусё, и тридцать три тысячи душ сгорели дотла. Только двадцать с чем-то человек спаслись под грудой обугленных тел. Когда трагедия поутихла, там принялись лихорадочно возводить храмы — буддистские, синтоистские и даже христианские, все поставили свои представительства у развалин. Зная японский характер, дрожащий над духами святых, из трагедии устроили источник дохода. Сюда двинулся весь японский мир. Здесь лежала большая гора из костей и пепла. Время все это вроде бы сгладило. Из всех храмов остался только один, буддистский, и следы еще нескольких синтоистских храмов. Здесь собрали кости и пепел погибших в других частях города. Пепел и кости более ста тысяч душ собрали в Хифукусё, и это место стало святым.

Было около полудня, когда я добрался туда. Светлый, солнечный, весенний день. На пустыре Хифукусё было оживленно. Густую святость места можно было резать ножом. Ее и продают тут на вес. У японца теплые чувства к деревьям и цветам. Посреди пустыря торчит одно-единственное сохранившееся обгоревшее дерево. Каждый останавливается возле него и смотрит на него в молчании. На подходе продают цветы и палочки благовоний.

За пять сэн получаешь букетик цветов и связку палочек в придачу. Палочку вам предлагают уже зажженной. Прямо напротив — буддистский храм, рядом с которым стоит большой ящик для благовоний и длинная скамья, на которую каждый кладет цветы. Над ящиком с благовониями стоит дымовое облако, и весь пустырь полон опьяняющим запахом благовоний. Цветы — это подношение душам погибших. Так день и ночь, более двух с половиной лет, а дым и запах благовоний не заканчиваются. Приходящая и уходящая публика в большинстве своем из народа, из бедных слоев. Люди приходят сблизи и издалека. Каждый кладет цветы на длинную скамью у храма. Каждый ставит в ящик, в раскаленный пепел и песок, палочку благовоний, отдаваясь на волю мистическому опьянению. Буддистский храм — деревянный, простой. У входа справа — Будда, вырезанный из дерева. Напротив, в глубине — сам храм, отгороженный завесою из черных и белых полос. За завесою хранятся в цинково-жестяных коробках пепел и кости более чем ста тысяч душ.

Я заметил, что публика, крутящаяся во дворе вокруг, мужчины, женщины — все без какого-либо следа грусти, без хоть как-то выраженной внешне грусти, а наоборот, в состоянии экстаза, внутренней готовности пуститься в танец. Мамы с привязанными к спине детьми толпились у ящиков с благовониями, а дети крутили носиками, кашляли и чихали, не вынося густой запах благовоний. Священник заметил меня и пригласил меня зайти внутрь храма. Он меня завел за завесь.

Несколько рядов жестяных коробок, одна на другой. Порядка нескольких сотен таких коробок стоят за завесью. На каждой коробке надпись, из какого района принесли пепел. Священник приоткрыл для меня одну из коробок и показал: пепел, обгоревшие куски костей — это все, что осталось.

Глядя на окутанные тишиной ряды коробок, моя фантазия нарисовала мне страшную картину разрушения, когда земля трескалась от толчков и город Токио превратился в зев проснувшегося вулкана, а здесь, на площади Хифукусё, тридцать с лишним тысяч душ, охваченные пламенем, тянут руки, корчатся и падают под своей ношей. Тридцать тысяч жизней борются с огнем, языки пламени проглатывают их крики боли, а затем — груда обгорелых человеческих тел. Что это с буддистской или синтоистской точки зрения? Нирвана? Такая агония оставляет заметный след в жизни. Наверняка он где-то есть в жизни японского народа. У здорового народа раны заживают и только шрам остается. Этот шрам — в виде храма, где хранятся сотни коробок с пеплом и костями.

Сбоку от буддистского храма находится маленькая синтоистская конструкция мистического вида. В ведре с водой стоит бронзовая фигурка-нэцкэ, и публика за мелкую монету получает возможность отхлебнуть от этой воды. Продавщица сначала обливает божка, а затем наливает желающим глоток воды. Я посмотрел на желающих отпить этой воды — в основном женщины из бедных слоев. Души погибших, оказывается, и тут имеют свой «дом», и таким вот образом на этой площади увековечиваются жизни сотни тысяч сгоревших. Здесь собирают деньги на строительство большого храма.

Когда я выразил удивление, как же это Токио отстраивается заново, вовсе не беря в расчет недавнюю катастрофу, мне ответили, что мудрецы и знатоки высчитали, что целых семьдесят лет можно быть спокойными и уверенными в том, что такое землетрясение больше не случится. Что такое семьдесят лет в жизни народа? В особенности такого народа, как японский, за спиной которого история в несколько тысяч лет — что для него семьдесят лет?

Когда тем же вечером я услышал из своего номера беспокойные звуки полусумасшедшего японца, дудевшего по своему обыкновению в бамбуковую флейту на развалинах своего дома, мне стали как-то более понятны собственные переживания предыдущей ночью.

— Это был сильный толчок, — объяснил мне хозяин моей гостиницы. — Трясло из стороны в сторону. Если бы такой же толчок был вверх-вниз, снова бы попадали дома.

Я спрашиваю его:

— Так много людей погибло тогда, и такое несчастье происходит в Токио довольно часто — почему же не распорядились очистить всю округу? Не лучше ли перебраться подальше от Иокогамы и Токио?

— Чего стоят люди? — ответил он мне. — Япония не может позволить пустовать такому земельному участку. У нас теперь семьдесят лет спокойствия.

Играй, играй, выдувай из своей флейты свой беспокойный, изломанный, грустный напев. Может, вулканические силы ослабнут, коль не ослабнет человеческая энергия. Япония положила свою голову на вулкан и при этом не ослабела, когда из Европы и Америки до нее донеслись пушечные выстрелы. Кто знает? Может, это постоянные землетрясения причина японских крепких нервов. И вот так рыщет Япония без фонаря среди своих спящих соседей и ищет по их шуфледам панацею от своей собственной тесноты.

Два с половиной года курятся благовония день и ночь у храма в Хифукусё, где покоится пепел ста тысяч сгоревших. Народ без конца приносит цветы и возжигает благовония — все это ради душ ушедших. Я тоже возжег там свои благовония и возложил свой букет цветов.

Токио, 5 апреля 1926 года

Камакура

Улыбка Будды[13]

1

В сорока милях от Иокогамы на морском берегу расположена Камакура, бывшая столица, где в XII веке укрепились военачальники, развившие феодальную систему в Японии. А в середине XIII века корейский мастер отлил из бронзы в Камакуре колоссальную статую Будды, которую посадили на не особо высокий каменный пьедестал. Будда возвышается в своей сидячей позе на сорок девять футов; длина его лица — восемь футов; длина глаза — более трех футов; длина уха — более шести футов; его нос длиною целых четыре фута; его рот длиною более трех футов... А у рта — совершенно загадочная улыбка.

Эта колоссальная бронзовая статуя Будды была когда-то окружена зданием храма, подобно еще более крупному Будде в Наре. От землетрясения здание разрушилось. Из-за землетрясений и пожаров и от самой Камакуры мало что осталось. Но бронзовая статуя Будды улыбается своей мистической улыбкой уже целых восемьсот лет. Улыбкой растянувшегося больше чем на три фута рта. Улыбкой Будды, которая не исчезла во время всевозможных землетрясений — та же самая улыбка не стерлась даже тогда, в середине прошедшего столетия, когда коммодор Перри[14] прибыл сюда со своими военными кораблями

---

[13] В рукописи: “Budha shmeykhlt” [Будда улыбается]. *Papers of Peretz Hirschbein.*

[14] См.: Schroeder John H. *Matthew Calbraith Perry: Antebellum Sailor and Diplomat.* Annapolis: Naval Institute Press, 2001.

и от имени растущей мощи Соединенных Штатов потребовал, чтобы Япония открыла ворота Америке... Не только военные корабли были тогда невидалью для Японии — вплоть до того времени в Японии существовал закон, вообще запрещающий строить корабли, которые могут пересечь океан, поскольку главы нации и страны не желали, чтобы сыны японского народа соприкоснулись с далекими мирами.

Своеобразной улыбкой на японском лице является то, что недалеко от Камакуры на берегу моря Япония установила монумент в память первого визита коммодора Перри; того самого Перри, что в 1853 году впервые обстрелял Японию из современных пушек и впервые напугал народ, живущий там, где восходит солнце... Конечно же, коммодор Перри заслуживает монумента...

При входе на площадь, где улыбается камакурский Будда, есть надпись:

> Чужак, откуда бы ты ни был и какой бы веры ты ни придерживался, — коль ты сюда пришел и хочешь приблизиться, помни, что ты ступаешь на землю, освященную молитвами многих поколений. Поэтому входи сюда с благоговением.

Можно, однако, сказать, что японский народ невидимыми буквами начертал над всеми воротами, ведущими в его страну:

> Чужак, кто бы ты ни был и из какой бы страны ты ни прибыл, — входи сюда с благоговением, ибо земля, на которую собирается ступить твоя нога, освящена только для японского народа, знающего, как ступать по ней... Это земля, которую сотрясает внутренний огонь; земля, которая стремится стряхнуть с себя любого обладателя человеческого облика, и лишь японский народ упрямо несет на себе ее огненное тавро...

Японский народ, конечно же, вынес на себе не одно огненное тавро, что сформировало народный характер. Простота и скромность — оба этих качества идут рука об руку; нежность и холод стали; обеспокоенность возможной опасностью и готовность погибнуть, защищаясь; женская сентиментальность и рыцарская гордость с мечом в руке — так отражается в моих глазах японский народ в улыбке Будды в Камакуре.

2

Многие народы, выйдя на мировую арену со своей самобытной культурой, пережили на протяжении последующих поколений различные кризисы вплоть до полного упадка. И даже народы Дальнего Востока, дожившие до сегодняшнего дня в своей культурной и религиозной самобытности, борятся сегодня с кризисом, в котором они оказались. Народы такого склада остро чувствовали кризис, как только их порога достигало влияние чужих культур. Народы такого склада всегда устанавливали стену на пути чужого культурного влияния. Китай и Индия могут служить доказательством того, как упорно сегодня эти народы противостоят западной культуре, когда определенные народные слои подпадают под это чужое влияние. Мы, евреи, тоже принадлежим к таким народам, которые постоянно боролись с влиянием окружающих культур, и сегодня, вестернизируясь, мы ощущаем кризис.

По-другому чувствуют себя народы, перенявшие готовые культуры, готовые верования и подогнавшие их под собственный характер и условия жизни. Народы, перемесившие христианство как тесто и с потупленными глазами породнившиеся с римской культурой, — эти народы сегодня правят Европой и Америкой.

Япония пошла еще дальше. Япония переняла чужие культуры совершенно сознательно. Методически. В Японию принесли учение из Китая и Кореи, как приносят товар с ярмарки. Китай смотрел в старые времена на мир за пределами своих границ, как будто бы мир этот населен карликами. В письмах, которые Китай посылал через своих представителей в Японию в начале VII столетия, и потом, когда Япония завела знакомства в Китае через своих представителей, посланных в Китай разобраться в учении и мудрости этой страны, — тогда-то китайское правительство и наделило японский народ термином «ва», карлики...[15] В своем ответе японское правительство смиренно попросило, чтобы Китай использовал для Японии термин «Ниппон» — народ, живущий там, где восходит солнце...[16] Япония хотела лишь приобщиться к китайскому учению. Япония искала живое учение, которое подошло бы к реальной жизни. Именно этого Япония просила у Китая с большим уважением.

Наглядное выражение аллегорических образов, представленное Буддой и его учениками; образ законоучителей и их учеников — это выражение всегда реальное и живое... Противоположность того, как христианский мир видит Христа-избавителя и сопровождающие его аллегорические образы. В Японии не встретишь священные статуи с красными, выплаканными глазами.

Загадочная улыбка на лице после долгого молчания — улыбку Будды можно понимать по-разному, кроме безысходного «суета сует»; кроме «суеты сует» современного западного человека как результата избытка жизни...

По традиции Будда не философствовал о Боге. Он не желал совать свою голову в эту роковую проблему. Еще во времена Конфуция, поставившего в центр жизни личность старшего, отца семьи, чтобы таким образом укрепить общественный порядок, Будда указал на более простой путь, на путь, ведущий к нечрезмерным земным удовольствиям и телесным страданиям. Японский народ это усвоил и благодаря этому вышел на мировую арену как наиболее практичный народ Дальнего Востока. Японский народ учился у обоих великих учителей. В улыбке, что часто видна на лице японца, узнается улыбка Будды, содержащая в себе так много скрытой иронии.

---

[15] О термине “Wa” (倭) см.: Kidder Jonathan Edward. *Himiko and Japan's Elusive Chiefdom of Yamatai: Archaeology, History, and Mythology.* Honolulu: University of Hawai'i Press, 2007. P. 23.

[16] О значении слова «Ниппон» (日本) и популярном на Западе эпитете «Страна восходящего солнца» см.: Piggott Joan R. *The Emergence of Japanese Kingship.* Stanford, Ca.: Stanford University Press, 1997. P. 143–144.

Есть одна старая сатирическая японская песенка:

> Конфуций говорил:
>
> Три года ты должен оплакивать смерть твоего отца,
> И ничего не должен ты предпринимать в эти три года...
>
> Спрашивается:
>
> Неужели он имел в виду, что в эти траурные годы
> Простак должен дать воде литься на голову,
> Если крыша дырява?..

Такое можно сказать про корейцев, которые следовали учению Конфуция и всю жизнь носили белое в знак траура, поскольку всегда нужно было кого-то оплакивать: родителей, императоров, императриц, принцев... А крыша действительно оставалась дырявой, и через дыры вода лилась на голову. Япония же во все времена опасалась дырявой крыши.

Характерно для японского инстинкта то, что хоть Япония всегда и посылала своих представителей и учеников сидеть в пыли у ног ученых в других странах — сами японцы не желали иметь у себя представителей христианской веры, и в конце XVI века, когда военачальникам удалось мечом объединить разрозненные феодальные провинции — тогда они принялись за искоренение всех христианских миссионеров, которые к тому времени уже проникли в Японию. Потому что тогда в Камакуре уже сидел на своем раскрытом лотосе всемогущий Будда с загадочной улыбкой.

3

Легенда рассказывает, что однажды, в один очень жаркий день, когда Гаутама Будда, не имевший волос на голове, ужасно страдал от жары, — скользкие водяные змейки заползли и прикрыли его нагую голову; таким образом они защитили его нагую голову от жгучего солнца, и потому голову Будды изображают густо покрытой кудрями в виде переплетенных между собой змеек.

830 водяных змеек, каждая из них высотой в девять инчей, извиваются на голове камакурского Будды. В то время, когда мой взгляд плутал среди этих необычных кудряшек, с высоты донесся шум двух аэропланов, маневрировавших в голубом весеннем небе. Какое-то время они кружили над Камакурой, несколько задержавшись над священным местом... Тут мне стало ясно, почему японский народ позволял себе иронизировать над учением Конфуция, которое велит оплакивать три года смерть отца. Будда улыбался, в то время как аэропланы кружили высоко над его головой. Шум моторов не изменил выражения его лица.

В ту ночь я остался ночевать в Камакуре. И хотя мне наказывали, что если я не хочу «потерять лицо», то есть, если я хочу, чтобы японец смотрел на меня с уважением — я не должен ходить его путями в его стране и имитировать его образ жизни: мне не стоит есть палочками вместо вилки и ножа; мне не стоит останавливаться в японских гостиницах, где нет никакой приватности; хотя так вести себя в Японии мне советовал добрый друг, японский писатель, все же в Камакуре я отправился переночевать в японскую гостиницу, где для гостей не было отдельных комнат; не было и ни одной кровати: там спят прямо на земле, то есть на матах из рисовой соломы.

Когда я вошел в общую, довольно большую, необычную комнату, на меня упали взгляды десятка пар узких японских миндалевидных глаз. Мужчины разного возраста. Некоторые из них устроились поудобнее, разгуливая в одном белье. Несколько пили чай за низеньким столиком.

Детская непосредственность, пробуждающаяся в человеке вместе с любопытством, заставила одного из гостей, среднего возраста, поклониться и поприветствовать меня: *комбанва*; сразу же растолковать этот «комбанва» как «добрый вечер» по-английски; издать короткий смешок и спросить:

— Видели камакурского Будду?

— Да, видел.

— Понравился он тебе?

И прежде чем я успел ответить, вокруг меня расселись с десяток человек, глядя в глаза своему сородичу, что так смело подошел к иностранцу и так живо говорит на чужом языке. Они перебросились с ним короткими, рублеными фразами по-японски, и я заметил на их лицах тень некого непочтения по отношению ко мне...

Такое я редко где замечал на лицах японцев, встречаясь с ними на улице или в музее.

Я сказал:

— Мне понравилось то, что наши аэропланы уже долетели до вашей страны. Я сегодня видел два аэроплана над Камакурой.

На какое-то время воцарилось молчание. Постояльцы гостиницы переглянулись, и тот, первый, переспросил:

— Так это ваши аэропланы?

— Под «нашими» я имею в виду то, что аэропланы изобрели и построили в наших странах, и вы правильно делаете, что как только у нас появляется что-то новое, вы это привозите к себе в страну.

Постояльцы гостиницы снова разговорились по-японски, и тот, первый, снова сказал:

— Ты ошибаешься, господин; мы ниоткуда не привозили аэропланы, их построили наши инженеры. Разве тебе не известно, что у нас есть собственные великие инженеры, строящие для японского народа все, что мы пожелаем? Разве не известно, что наши военные корабли мы сами строим; электростанции, телефоны, телеграфы и железные дороги — все-все делают для нас наши инженеры.

Мне стало несколько неудобно. Я вдруг почувствовал, что я сам в чужом окружении начал ненужный разговор. Ведь уже не в первый раз возникло у меня в Японии ощущение, что все технические достижения, которые Япония привозит к себе из-за границы, как только они появляются в Европе или в Америке, — очень быстро к ним в Японии начинают относиться как к собственным, даже когда у них нет собственной интерпретации технического знания, как они это сделали с учениями Будды и Конфуция... Мне также хорошо известно, что точно как японские властители посылали в старые времени своих представителей в Корею и Китай набраться там мудрости и привезти ее своему народу, так и лидеры современной Японии, с тех пор как коммодор Перри обстрелял из своих пушек тот самый берег, где улыбка Будды покоится на трехфутовом рту уже более восьмисот лет — с тех пор японский народ не перестал посылать своих представителей в Америку и Европу и привозить к себе все новое, что создает западная наука.

И точно как японские ученики прошлого сидели в пыли у порогов великих мудрецов Китая, ловя новое толкование изречения в учении Будды или Конфуция, так и сегодня едут ученики в западные страны, чтобы сидеть в пыли у порогов сегодняшних мудрецов, творящих чудеса в химии с новыми взрывчатыми веществами, с новыми смертоносными газами...

Вчерашние учения, которые Япония переняла на чужбине, были учениями, открывшими ворота жизни, а сегодняшние учения, которые привозят японские ученики — не всегда несут они в себе секрет жизни. Пусть даже Япония освоила современную технику и тем самым спасла свое национальное достоинство, разбила Россию, помогла разбить милитаристскую Германию, встала в один ряд с великими державами — Будда все еще тот, кто загадочно улыбается в дальневосточных странах.

Именно в тех странах, где Будда явил свою просветленную улыбку, там слышал я такие слова:

— Сейчас, когда Германии запрещено строить военные корабли и содержать большую армию; сейчас, когда Германия не может проявить свою гениальность в создании разрушительных машин, — дух ее будет направлен на создание аппарата, который приведет к лучшей и более прекрасной жизни...

Я не знаю, что сказал бы по этому поводу немецкий патриот, но лучшие сыны восточных стран явно обрадовались разгрому милитаристской Германии, хотя бы по вышеприведенной причине. Но когда старый японский политик и наполовину философ успокоил меня и сказал, что Япония перенимает у западных стран только необходимое — я все-таки не особо поверил в существование хорошего выбора в современном западном мире.

Улыбка Будды в конце концов заслонила собой все, что я увидел и узнал в тот день в Камакуре. Когда позже я лежал без сна на жестком полу среди десятка спокойно спящих японцев, улыбка камакурского Будды, все еще витающая перед моими глазами, освещала темную комнату.

Японец не укрывается одеялом, как мы: он влезает в длинное и широкое ватное кимоно, которое прикрывает его руки и ноги. Когда я влез головой в чужое ватное кимоно, улыбка Будды проникла ко мне под кимоно и долго-долго не давала спать...

Нара

Путь богов[17]

Бим-бом — это глубокий бронзовый звон, который так часто доносится до меня и будит мою мысль. Бум! — это звон самого большого колокола в стране. Начиная с VIII века разносится этот вибрирующий звон среди кедров парка Нары, что в префектуре Ямато[18], — самого знаменитого парка в Японии.

Почти полное столетие Нара была столицей Японии. Было это в VIII веке, когда буддизм проложил себе широкую дорогу в Японию. Из Индии, через Китай и Корею пришел буддизм в Японию, приведя за собой и старинную китайскую культуру и искусство. Нара представляла собой тогда широкие, открытые ворота для китайской культуры. Старая синтоистская религия, или «Путь богов», превратила жизнь в выхолощенное пространство, где духи усопших обитали в своих серых кельях. По приглашению японских императоров прибыли из Китая и Кореи резчики по дереву, литейщики бронзы и художники, и Нара превратилась в центр, где не только отливали колокола.

Согласно учению и традиции того времени, огромные статуи Будды перемещались вместе с творившими их искусными мастерами. Об этом свидетельствует музей в парке Нары, где собраны все произведения искусства эпохи Нары. Окрестности Нары

---

[17] Der veg fun di geter [Путь богов] // *Di tsayt*. 06.08.1926; Roykh [Дым] // *Di idishe tsaytung*. 22.08.1926 (редакция этой газеты поставила здесь по ошибке заголовок другого эссе Гиршбейна, см. далее «Индустриальный центр Японии»).

[18] Сегодня префектура Нара.

считаются священными. Японец встречается здесь со своими великими духами. Он знает каждого из них по имени. Он распознает их среди древних деревьев того времени. Когда-то Нара насчитывала полмиллиона душ. Сегодня Нара — городок с сорока тысячами жителей. Гражданские войны былых времен и расцвет больших портовых городов уменьшили Нару. Но не город притягивает к себе миллионы людей в течение весеннего сезона, магнит — это парк Нары, где находятся крупнейшие и древнейшие храмы, где находится самая большая статуя Будды, где живут старые кедры, где разносится вибрирующий звон большого древнего колокола.

Сам парк занимает территорию в тысячу двести акров, и каждый его уголок — это в какой-то мере мистерия. Со всех сторон высятся вулканические контуры гор провинции Ямато, у подножия гор — цветущая долина, а в центре — парк Нары.

Я приехал сюда в конце апреля, когда тысячи вишневых деревьев еще цвели своим бело-розовым цветом. Позже начали цвести белым, голубым и пурпурным глицинии. Сейчас уже краснеет дикая вишня и все еще пылает красная азалия. Лето правит бал. Изо дня в день гуляю я по парку Нары, и всякий раз передо мной приоткрывается еще одна черта народного характера. Сюда приезжают из близких и далеких мест. Сюда народ приносит праздник и покой. Бывали дни, когда в парке находились десятки тысяч людей, старых и молодых, и каждый из них жил жизнью парка. Потоки людей тянулись сюда на протяжении весеннего месяца мая. Ни на мгновенье не умолкал стук деревянных подошв. Приезжают тысячи школьников со своими учителями и руководителями, их водят по дорожкам и тропинкам парка, указывают им на храмы, а дети заглядываются на древние деревья. Все священно в этом парке. Будда вдохнул душу в каждую живую сущность, увязав ее с жизнью человека.

Старые деревья явно помнят ту эпоху VIII века, когда свирепствовала эпидемия оспы и император Сёму повелел отлить самую большую, насколько это было только возможно, статую Будды. Он сам помогал корейским мастерам, таская глину для формы. 437 тонн бронзы влили в фигуру Будды, сидящего на раскрытом цветке лотоса. Древние деревья помнят, как храм Тодайдзи, где сидит гигантский Будда, горел, и Будда на долгое время был погребен под слоем пепла. Эти деревья священны. На их ветви вешают записки с просьбами, тряпицы с ленточками, с волосками с детских голов.

К этим деревьям относятся с любовью. Нет в парке Нары такого, чтобы дереву дали совсем засохнуть. Их жизнь поддерживают. Если ветер вырвал дерево с корнем — его снова устанавливают, вокруг его ствола укладывают землю с травой, как было раньше. Это дерево подпирают, огораживают и ухаживают за ним до тех пор, пока оно снова не врастет в землю. Кедр, начисто сломанный бурей, его сломанный ствол подлатали, и он лежит рядом с зелеными побегами, вытянувшимися из его корней. Совсем засохшие деревья не вырубают. Рядом с засохшим деревом посадили вьющуюся глицинию (это сделали много лет назад), и теперь цветущая зелень обвивает старый засохший ствол. Много таких старых деревьев видел я в парке, где весною глициния украшает их старость.

В парке чисто. Тысячи людей приходят, проводят тут целый день, едят, пьют, танцуют и не оставляют после себя никакого мусора.

В парке более тысячи священных оленей. Олени как олени. Их берегут как святыню. Эти олени дружелюбны к старым и малым. Для них продают особое печенье, и каждый посетитель парка считает своей обязанностью купить пакетик с печеньем и покормить оленей. Священные олени хорошо знают свою работу. Они знают свой священный ранг. Они лезут в карманы, бодаются рогами, чтобы им чего-нибудь дали. Июнь — это время появления на свет детенышей, и олениха-мама становится подозрительной к людям, может напасть на прохожих, прыгнуть на голову. Каждый вечер в парк выходят смотрители и свирелями зазывают оленей на ночь в загон.

В парке есть искуственные озера, в озерах — большие золотые рыбы. Даже рыбы знают, что они тоже священны. Паломники собираются вокруг этих озер; тут продают специально выпеченные хлебцы для священных рыб. Каждый отдает свой долг этим рыбам. Когда бросают хлебец в воду, золотые рыбы шныряют вокруг хлебца и отрывают от него куски. Выходят священные черепахи и тоже отхватывают кусок хлебца.

Японец, со своим спокойным настроем и сдержанными нервами, после долгого пути на поезде или пешком для всего находит время. Приходят старики, мужчины и женщины, приходит большая масса крестьян и долго-долго смотрят на каждую вещь, на каждое дерево, на каждый ручеек, на каждый мосток над водой. Японец близок к своим богам. Обращает на себя внимание его отношению к храму и божествам. Согласно синтоизму, каждая душа после смерти тела становится отчасти божеством. Можно поселить такую душу-божество в здание и тогда ему нужно будет приносить подношения. Чем лучше живой служит мертвому, тем лучше живому. Современный буддист считает, что человеческая душа уже прожила миллионы жизней и будет еще не раз переселяться из тела в тело. Так или иначе, японец живет, окруженный душами — душами своих предков и душами будущих поколений. Он с ними дружен, оказывает им уважение, как человек уважает человека. Японец кланяется храму не дольше, чем он кланяется, приветствуя кого-то. И поэтому парк Нары, где находятся крупнейшие синтоистские и буддистские храмы, наряду со всей своей священностью, так уютен и полон жизнью.

Текут людские потоки, бедные и богатые, женщины, мужчины, в красивейших кимоно, крестьянин — одет бедновато, но чисто, все стучат деревянными туфлями (никто не ходит босиком в Японии). Идут, может, издалека — такое впечатление, что сам путь сюда и был главным событием.

Среди публики попадаются профессиональные музыканты и танцоры. А вот и целое семейство артистов. Звучат трехструнные сямисэны, им глуховато подыгрывают барабаны, и начинаются религиозные танцы. Группа оккупировала ступени храма, выпила несколько бутылочек крепкого и опьянела. Появились комедианты, гейши с высокими голосами. Люди бродят среди деревьев, люди перемешались с оленями, и так изо дня в день. За храмом с Буддой находится холм высотой в несколько сотен футов. Нет никого, кто бы не влез на этот холм, чтобы осмотреть красивые окрестности вокруг. С собой на холм берут подмышкой пару бутылочек крепкого и вниз уже спускаются подвыпившие.

Нет лучшего создания на свете, чем японец, когда он пропустит стаканчик. Если выпивка действительно подчеркивает характер человека, то тогда японцы вылеплены из самого лучшего теста. Я еще никогда не видел тут драки или ссоры среди подвыпившей публики. Настоящие праведники. Только у евреев в старые добрые времена можно было увидеть такую миролюбивую публику, по праздникам Симхат-Тора или Пурим, когда евреи немного выпивали, складывали руки на плечи и пускались танцевать, безмятежно и отрешенно от всех забот.

И где еще можно чувствовать такое спокойствие и безопасность, как не в парке Нары среди сотен и тысяч людей днем или в тихие ночи, в тени старых деревьев? Садишься на скамейку с книгой в руках или с карандашом — рисуешь и не замечаешь, как вокруг тебя собираются люди, смотрят, что ты делаешь. Поднимаешь глаза, и на тебя глядят улыбающиеся лица, готовые с тобой пообщаться. Тебя пригласят в дом и выкажут тебе максимум приветливости, если ты примешь приглашение.

В парке Нары, где я провожу время в тени кедров, когда я гляжу на тяжелые корни, торчащие из земли, — я чувствую крепкие корни японского народа. Он уже перестал относиться с подозрением к европейцам, а если и осталось недоверие, то оно запрятано очень глубоко. Я, еврей, наслаждаюсь покоем в полной мере впервые в своей жизни.

Нара, май 1926 года

Только одно слово[19]

В своем дневнике я нашел такую запись:

«Нара, 22 июня... Сегодня рано утром, выбравшись из кровати и подойдя к выходящему на лесистый склон горы окну моей комнаты, чтобы увидеть, как выглядит рассвет, к своему большому удивлению я заметил, что из расположенного рядом парка

---

[19] В рукописи: “Bloyz eyn vort” [«Только одно слово»]. *Papers of Peretz Hirschbein.*

пришла мама-олень и выбрала под моим окном место для рождения своего детеныша... В результате сегодня я был вынужден посвятить всего себя моменту рождения и его месту на пороге жизни и смерти. Насколько я понял по виду роженицы, это был ее первенец, и ей было очень тяжело рожать. Когда схватки стихали, она лежала на боку в тени взрослого клена с повернутой в сторону вздувшегося живота головой и прислушивалась, жив ли детеныш в ее чреве. Когда же схватки возобновлялись, молодая олениха вскакивала с земли, несколько раз подпрыгивала от боли и снова падала на бок. Проходил час за часом, но только пара ног — задних ног ее детеныша, обернутых в послед, — вышла наружу. Сам же детеныш будто прирос к ее внутренностям. Время от времени, когда мама-олениха лежала ослабленная, с закрытыми глазами, казалось, что наступает роковой момент: вот сейчас у меня под окном скончается мама-олень, скончается, показав миру лишь задние ноги своего новорожденного детеныша.

Внезапно молодая олениха задергалась в конвульсиях. Казалось, она вот-вот взорвется; ее шкура лопнет из-за безжалостных толчков изнутри. Мама-олень кряхтела. Из ее глаз текли слезы. Со стоном и как-то неожиданно из ее внутренностей динамическая сила выпихнула детеныша, обернутого в послед. Вслед за детенышем из материнского чрева выплеснулся поток крови. Новорожденный детеныш задергался, выпутываясь из кожистого мешка. Мама-олень тут же поднялась, зубами надорвала ловушку своего детеныша, облизала его языком, очистив от приставших к нему остатков последа и проглотив нечистоты.

Снова пришли послеродовые боли. Мама-олень на короткое время прилегла, но после того как из ее тела вышло все «детское место» в виде крови и остатков последа — она снова вскочила и начала пожирать все, что из нее вышло. Прошло около часа, пока она почистила место своих тяжких родов. Она вылизала каждую травинку, пропитавшуюся кровью. Она не успокоилась, пока на траве не осталось ни единого следа от ее тяжких родов... К тому времени новорожденный олененок набрался сил, поднялся на ноги, хотя его коленки дрожали. Детеныш принялся искать молоко у молодой мамы.

В первый час после родов к оленихе вернулись ее силы и вместе с ними недоверие к окружающим, которые могут, не дай бог, навредить ее детенышу. Поэтому уже через пятьдесят пять минут после родов она пихнула своего детеныша, и детеныш понял и по-детски пихнул ее в ответ... Мама и детеныш пустились по склону горы из-под моего окна, чтобы спрятаться среди кедров в расположенном неподалеку диком парке.

Когда я вечером того же 22 июня отправился прогуляться в парке Нары, где бродят сотни оленей и высматривают прохожих, которые по традиции должны их кормить продающимся для этой цели печеньем, — когда я углубился в чащу, я неожиданно наткнулся на ту молодую мать, что несколькими часами ранее родила детеныша у меня под окном. Детеныш шел за ней следом. Теперь она отнеслась ко мне с подозрением, будто я хочу сделать что-то плохое ее детенышу. С гневным ревом она прыгнула на меня, вытянув передние ноги и намереваясь впиться мне зубами прямо в лицо. Я почувствовал на своем лице ее холодные влажные губы...

Да, такая близкая встреча с жизнью стоит многого, очень многого. Особенно когда такой случай открывает мне еще одну дверцу к душе японского народа...»

Прежде чем я перейду к рассказу о своей встрече с молодым хранителем оленей Яшеяки, я приведу такую очень красивую и поучительную японскую пословицу: «Не надейся, что на рыночной площади начнет расти трава».

В пословицах отражаются душа и разум народа; нигде я так не чувствовал настоящего значения вышеприведенной пословицы, как в Японии в те месяцы, что я жил в Наре, в часы моего одиночества среди старых кедров в парке Нары и среди оленей, которые мне частенько преграждали дорогу и страдальчески тянулись ко мне влажными ноздрями.

Тем самым вечером 22 июня, когда я сидел на ступенях знаменитого храма Касуга[20], ко мне подошел скромный молодый японец. Несколько согнув колени, чтобы быть пониже и ближе

---

[20] Касуга-тайся (春日大社) — синтоистский храм в парке Нары, построенный в 768 году, родовое святилище клана Фудзивара.

ко мне, сидящему на ведущих к храму ступенях, он поприветствовал меня: «комбанва» («добрый вечер»)...

Его лицо было мне знакомо. Много раз, когда я бродил по парку, он вырастал на моем пути именно тогда, когда я удалялся от более-менее оживленных аллей. Несколько раз мне казалось, что этот человек уже давно изучил мои привычки, знает о моих путях-дорожках и уже наперед знает, на какой тропинке он меня встретит. Поэтому его «комбанва» я воспринял двояко: с подозрением и удовлетворением. Оба эти чувства ударили мне в голову.

После приветствия настала какая-то неловкая тишина. Вечер вытянул тени вековых кедров и тем самым перерезал залитую теплым светом тропу.

Он улыбнулся и попытался развеять то подозрение, которое он, видимо, прочитал в моих глазах, заговорив на специфическом английском:

— Я вижу тебя в парке каждый день. Твои люди, что приходят сюда, я имею в виду туристов — уже шестнадцать лет, как я вижу их каждую весну. У вас уже знают, что Япония находится там, где восходит солнце... Это и означает Ниппон.

Я не ответил. Я ждал, чего такого он еще скажет.

— Ты не понимаешь, что я имею в виду? — снова сказал он. — Возможно, я неправильно выговариваю слова на твоем языке. Возможно, я говорю не вполне хорошо и не вполне умно. И как это может быть хорошо, если я выпрашиваю по слову у ваших людей, что приходят сюда?.. Некоторые, когда я спрашиваю у них слово, не понимают, чего я хочу... Ты смеешься, наверное, думаешь, что это японец задумал? Ваши мужчины злятся, когда я иногда останавливаю кого-то и спрашиваю, как будет по-английски такое и такое слово. Ваши женщины пугаются, когда я спрашиваю, но затем они отвечают. Вот уже шестнадцать лет, как я собираю слова, одно за другим... Сейчас я хочу тебя попросить сказать мне, как называют на английском вот что.

Он показал мне нарисованные на бумаге два оленьих рога, нарисованные очень точно углем и немного оттененные коричневой краской.

— Ты сам рисуешь? — спросил я его после того, как сказал ему, как называют по-английски оленьи рога.

— Конечно, я сам рисую. Поэтому я могу подойти к любому с рисунком и спросить, как это говорят по-английски... И так шестнадцать лет. Так я учу английский и знакомлюсь с вашими людьми.

На какое-то время он опустил взгляд к земле. В этот момент я подумал, что, может, весь этот рассказ — притворство. Я ведь знал, что хоть меня и принимали так вежливо в высших правительственных кругах, все же очень часто я без удивления ловил на себе взгляд секретного агента, специально приставленного за мной следить. Так сказать, уважай, но не доверяй. Проявляй уважение, но не спускай с него глаз — это сказано об отношении японца к иностранцу. Возможно, у них есть полное право не доверять западным людям.

Я уже собрался увести разговор в сторону, чтобы мой незванный ученик почувствовал себя неудобно и оставил меня в покое. Потому что нигде я так не любил молчать, как в странах Востока. Только в странах Востока становятся лишними девять из десяти мер речи, которую западный человек несет с собой. Не из-за того, что человек Востока молчун. Наоборот, и у человека Востока есть свои девять мер речи. Однако, только попадая в восточные страны и сближаясь с восточным человеком, начинаешь понимать, что и язык, даже если его знаешь, не помогает людям по-настоящему сблизиться. Ведь чему помогло то, что этот молодой японец стоял рядом со мной с целым набором английских слов, которые он собирал по одному шестнадцать лет среди туристов, приезжающих в парк Нары покормить священных оленей, посмотреть на огромного бронзового Будду или послушать звон самого большого колокола в стране, — что в том, что он может показать мне рисунок, как он это сделал сейчас с оленьими рогами, и я могу ему это назвать на нашем языке? Главное — это ведь наше обоюдное молчание в настоящий момент, которое доказывает, что между мною и кедрами есть больше общего, чем между мною, человеком Запада, и им, человеком Востока.

Вдруг он мне говорит:

— Видишь, уже тринадцать сотен лет, как в парке Нары растут эти кедры, вишни и травы между деревьями. Много-много пилигримов приходят в этот парк, а трава остается незатоптанной. Видишь, все растет. Видишь, наши древние деревья...

Он вдруг умолк и снова опустил глаза к земле. Его слова были мне понятны и в то же время непонятны. Я знаю, что в японском народе были в стародавние времена великие мастера, владевшие искусством меча так, как никакой другой народ. Я знаю, что японским мечом самурай мог одним ударом разрубить человека по всей длине, и при этом у этого народа есть сострадание к старому дереву, начинающему усыхать... Такое дерево обсаживают глицинией, чтобы она его обвивала и цвела. Я знаю, что тут не дают упасть дереву, поваленному бурей. Его поднимают и снова ставят в землю; его ствол и корни снова вкапывают в мать-землю. Но я также знаю, что харакири, то есть вскрытие клинком собственного живота и выпускание кишок, это такой способ умереть с честью, как полагается гордому человеку, чья жизнь не стоит ничего, если таким образом можно восстановить потерянную честь. И я знаю, что этот народ приходит поклониться могиле генерала, который в начале нынешнего столетия выбил всю спесь из тогдашней Великороссии...[21]

Но куда клонит этот человек, который хотел от меня сущую мелочь — чтобы я ему сказал, как называют по-английски оленьи рога? И все это в тот самый день, когда рано утром мама-олень тяжело рожала под моим окном, в тот же самый день, когда та же самая мама-олень, в сопровождении ее детеныша, встретила меня в лесной чаще и напала на меня как разьяренная мать, подозревающая, что я хочу сделать что-то плохое ее детенышу. А сейчас рядом со мной стоит человек с нарисованными олень-

---

[21] Речь идет о генерале Марэсукэ Ноги (1849–1912), который командовал войсками, захватившими Порт-Артур во время Русско-японской войны. Чувствуя, что потерял слишком много своих солдат, он попросил разрешения покончить жизнь самоубийством, в чем ему отказал император Мэйдзи. В день похорон императора Ноги с женой совершили харакири. На месте его дома в Токио 1 ноября 1923 года в его честь было основано синтоистское святилище Ноги-дзиндзя (乃木神社).

ими рогами и выглядит как-то подозрительно. Конечно же, он выглядит подозрительно.

Все эти мысли быстро пронеслись у меня в голове. Его молчание длилось лишь несколько секунд. Он снова заговорил, как говорит тот, кому не хватает слов:

— Эти деревья жалуются на вас. Целых шестнадцать лет слышу я их жалобы. Вы ломаете их ветки. Мы отдаем им свои молитвы, а вы ломаете их ветки... Мы ступаем по траве, и трава не мнется; вы ступаете — и трава не может выпрямиться назад...

Я вдруг рассмеялся. Он к этому отнесся нехорошо. Он ничего не сказал, но на его лице я разглядел то недружественное отношению к европейцу, которое человек Востока старается запрятать в присутствии европейца-гостя. А может ли быть по-другому? Ведь европейцы силой проникли в Японию за 60 лет до этого и расселись в ее столицах и портовых городах с особыми правами для выделенных территорий — когда европеец шел тогда по улице, каждый идущий ему навстречу японец кланялся ему до земли, как это делают до сих пор слуги в господском доме. На мгновение, в историческом смысле, японский народ почувствовал себя зависимым, сбросив с себя феодальных лордов и получив в правители белого человека. Разбив русских в начале нынешнего столетия, японец мысленно разбил белого человека.

И хотя от него, от белого человека, перенимаются технические достижения, от него перенимаются знания, но этически и эстетически японский народ все еще пьет из традиционного источника. Именно в Японии у буддизма надежнейший дом. И хоть учение Сакья-муни затуманено в Японии религией «Путь богов» — синтоизмом, выделившим в этом мире солидное место для вознесенных душ, все же жизненная этика питается от буддизма. Статуя Будды в парке Нары оказывает гораздо более заметное влияние на мироощущение японца, чем пустота синтоистских храмов, где витают в полутьме духи праотцев.

Своему ученику, который только что выучил у меня слово, я дал понять, что у нас в западных странах тоже есть красивые парки и что вокруг наших домов тоже есть цветы и деревья.

— Да, говорят, в ваших странах тоже когда-то гостил Будда, он хотел обучить вас пути, который вам следует выбрать в жизни, но вы его подняли на смех... Конечно, и у нас есть христиане, говорящие, что мы прокляты... Но я тебе говорю, что мы благословены.

Разговаривая с ним, я заметил вдалеке опасливо вышедшую олениху с шагающим за ней светло-коричневым пятнистым олененком. К старому кедру, который внизу, у земли, был полым от старости, — туда подвела мама-олень своего детеныша. Детеныш понял ее намерение, быстро свернулся калачиком и спрятался в выемке ствола. Мама-олень отошла от своего детеныша и на какое-то время задержалась вдалеке среди деревьев, глядя в нашу сторону, размышляя, заметили ли мы, что недалеко от нас она уложила спать своего детеныша. Солнце закатилось где-то позади исторического парка, и ночь поползла из-за синтоистских храмов. Разговор между мною и моим учеником исчерпался. Я снова подумал о том, что же свело со мной этого человека на ступенях, ведущих к синтоистскому храму Касуга, построенному тут более 13 сотен лет назад известным влиятельным родом Фудзивара, несколько опасавшимся буддизма в те времена.

Когда я собрался уходить, незнакомец снова попросил меня объяснить ему еще одно слово — но уже не по-английски, а по-русски...

Моя подозрительность выросла еще больше. Я притворился, что не расслышал. И когда он со мной прощался красиво звучащим «саянара», в его лице, в его манере кланяться я разглядел принадлежащую его народу пословицу: «Не надейся, что на рыночной площади начнет расти трава».

Японцы с давних пор знают, что в жизни есть место, которое должно быть подальше от рыночной площади. Я это почувствовал еще глубже, проходя мимо старого иссушенного кедра и видя, как спокойно спит в его полом стволе свернувшийся калачиком олененок.

Осака

Индустриальный центр Японии[22]

У Японии был свой Наполеон в конце XVI века. Звали его Хидэёси[23]. Сам выходец из народа, он достиг позиции великого правителя. Это было в те времена, когда военный лидер, сёгун, управлял страной. Император, или микадо, жил милостью священных богов, будучи сам святым. Хидэёси объединил мечем все разрозненные части Японии, и после него с помощью талантливого генерала Иэясу[24] народ сформировался в одну сплоченную общность. Хидэёси оставил после себя знаменитый замок в Осаке. Замок этот, конечно же, устарел, но и сегодня заставляет восхищаться масштабом этого человека.

Около трех лет длилось строительство этого замка. От 30 000 до 40 000 человек работали день и ночь, погоняемые бичом и мечом. После смерти Хидэёси, когда военную власть захватил генерал Иэясу и решил изгнать из замка наследников Хидэёси, внутренний дворец был сожжен. Но гранитные стены сохранились по сей день. Что это за стены! Что за упорство, что за рабская по-

---

[22] Roykh [Дым] // *Di tsayt*. 03.09.1926; Osaka — der industrieler tsentr fun Yapan [Осака — индустриальный центр Японии] // *Di idishe tsaytung*. 05.09.1926.

[23] Хидэёси Тоётоми (1537–1598) — самурай и феодал, прошедший путь от крестьянина до одного из самых могущественных людей в Японии. Хидэёси стал преемником Оды Нобунаги и продолжил его кампанию по объединению Японии.

[24] Иэясу Токугава (1543–1616) — основатель и первый сёгун сёгуната Токугава, правившего с 1603 года до Реставрации Мэйдзи в 1868 году. Он был одним из трех «Великих объединителей» Японии, наряду со своим бывшим повелителем Ода Нобунага и преемником Нобунаги Хидэёси Тоётоми.

корность могла установить такие стены! Целые скалы были обтесаны и перемещены сюда издалека. Замок — это стены, высокие, стена за стеной в несколько рядов, из гранита. В этих стенах имеются гранитные плиты весом до ста пятидесяти тонн. Стена за стеной тянутся вдаль гранитные ряды.

Как могли люди с их примитивными средствами притащить сюда такие громадные камни и потом взгромоздить их один на другой? Время оказалось бессильно против них. Вокруг замка были еще глубокие рвы, которые, конечно же, потеряли свой вид, а в том, что от них осталось, нет воды — и только гранитные стены стоят как свидетели тех времен, времен великого Хидэёси. Как многие правители и знаменитости Японии, Хидэёси тоже умел писать стихи. Он оставил после себя грустное стихотворение:

Подобно росе я спустился
И подобно росе я исчезну.
Даже замок Осаки
Лишь сон во сне[25].

Он вовсе не спустился подобно тихой, спокойной росе, спускающейся на траву и листья. Достаточно вспомнить его войну с Кореей и Китаем, с которой он послал в подарок своей стране тридцать тысяч ушей и носов поверженных врагов. И вышеупомянутый замок тоже не упал росой на землю. Могу себе представить, как великий Хидэёси поднялся бы из могилы с двумя своими мечами по бокам, встал бы на крепостную стену, где я стоял, и окинул бы взглядом лес фабричных труб, что дымят и дымят, задымляя светлый день. Что бы он подумал? Может, он впал бы

---

[25] “Like dew I came, / Like dew I go. / My life and all I have done at Osaka / Is just a dream within a dream.” См.: Heine Steven *A Dream within a Dream: Studies in Japanese Thought*. New York: Peter Lang Pubs, 1991. P. 34. (Перевод с английского на идиш — Перец Гиршбейн, с идиша на русский мой. — *Б. К.*). Ср.: «Я — как падающая капелька росы, как росинка, что исчезает бесследно. Даже замок в Осака — всего лишь сновидение». См.: Искендеров Ахмед. *Тоётоми Хидэёси*. М.: Наука, 1984. С. 413.

в экстаз, как тот японский купец, велел бы принести себе другие одежды, одним движением сломал бы об колено свои мечи из прочнейшей стали и, простерев руку в западную сторону, благословил бы Запад, откуда пришел огонь, зажегший все эти печи?

А может, он попытался бы снова созвать своих вассалов, чтобы они вышли и вырубили все эти трубы, как вырубают деревья, позволив солнечному свету очистить задымленный день. Не только замок Осаки — все вокруг пока что сон во сне или даже кошмар наяву, когда смотришь на Японию, где у домов нет труб и над безмятежными деревнями и городами не тянется дым, на Японию, где вся печь состоит из горшка с тремя тлеющими углями. В этой Японии вырос такой индустриальный центр, как Осака!

Осака — это крупнейший современный индустриальный центр страны. Самое современное для Японии — это, несомненно, высокие фабричные трубы и столбы дыма, валящего из этого черного леса труб. Все остальное выглядит карикатурно. Город с более чем двумя миллионами душ, где в основном одноэтажные дома, и улицы, большинство из которых еще не вымощены, — такой вот город, у которого нет ни начала ни конца. Наваждение. На улицах — одно на другом, одно наезжает на другое. То, что должно быть снизу, оказывается сверху, а то, что сверху, — снизу.

Японец все еще упрям в своей одежде, бо́льшая часть публики одета в кимоно и деревянные сандалии. Жизнь гонит вперед, но бежать невозможно. Движение на улицах кошмарное, будто это дети, а не взрослые выдумали такое движение. По широким и узким улицам передвигаются в основном на велосипедах. Тысячами проезжают они мимо, двухколесные, трехколесные, с мешками и просто так. Два мальчугана на одном велосипеде несутся без оглядки. Велосипедное течение не прерывается ни на миг. Через это движение продираются грузовые тележки, которые тащат люди, люди согнутые, как будто проклятие приковало их к этим тележкам. Они тащат и тащат, без цели и без вопросов. Иногда верная собака помогает им тащить их груз. Это движение людей-лошадей тоже непрерывное, хоть и медленное. Еще медленнее движется бык, этакий крупный бугай, который в одиночку тащит тяжелую телегу. Его шея идет складками под деревянным выгнутым ярмом. Бык наклоняется то вправо, то влево, шаг за шагом продираясь сквозь быстрое движение. Копыта быка оплетены соломенными башмачками, а между копыт тоже протянута солома, чтобы быку было легче шагать. Редко когда показывается запряженная в телегу лошадь. Что касается автомобилей, их не так много, но шум они создают немилосердный. Как оглашенные, они трубят, квакают и гудят — прям конец света. Весь этот «трафик» якобы регулируется, т. е. все должны держаться левой стороны, однако никакого права-лева нет. Велосипеды пробиваются в каждую прореху, их маршрут прерывист, изломан, перекручен — где можно, там и едут. Точно так же и человек с тележкой, точно так же и автомобиль. В Японии еще нет тротуаров на улицах, и движение происходит от стены до стены, пешеходы и тележки вперемешку. Такое большое движение, очевидно, упало на японца как благословение от всех его богов, которым он служил тысячелетиями.

Редко где увидишь так много фабричных труб, узких и широких, высоких и низких прямо в самом городе, где попало. Дым клубится над головами. Осака затянута облаками и в солнечный день. Японцу это в радость. Токио — столица — слишком спокойна для него. Там — микадо, парламент, правительственные здания. В Осаке — высокие трубы. Осака — индустриальный центр. Японец спрашивает:

— Ты уже был в Осаке? Ты видел наш большой прогресс?

И ты боишься ответить ему, что ты там был и тебе это не нравится. Тоже мне заводы! Японец еще не дошел до строительства заводов современного уровня. Современны пока что фабричная труба и двигатель, который крутит колеса и приводит в движение машины, но не здание, где рабочий тянет свои жилы. Здесь все еще работают по 12–14 часов в день. Здесь работают на заводах по ночам женщины и маленькие дети. Здесь работают в плохих санитарных условиях. Здесь пока еще не успели продвинуться дальше высоких труб.

Конечно, любой, кто видит народный прогресс в современной индустрии, будет впечатлен, если он попадет в Осаку и столкнется с такой большой активностью японского народа в области индустрии. К фабричным трубам нужно еще добавить трубы сотен военных кораблей, дымящиеся тут и там в военных портах. Это и есть мера, которой меряют Японию и определяют ее место среди мировых супердержав.

В Японии, как и везде в мире, правит нынче правительство мелких и крупных лавочников. Осака — это правительственный центр. Потому что уникальное общественное устройство в Японии развивалось тысячелетиями, и народ жил в этом уникальном устройстве почти до наших времен, до 1868 года, когда власть военных сёгунов перешла к микадо. До того времени крестьянин занимал ведущую позицию. Он считался почти на уровне воина. Крестьянин мог носить меч. Ниже крестьянина стоял ремесленник, мастер. За ними за всеми шел лавочник. С ним не якшались, его считали нечестным. Он — тот, кто живет не своим трудом, а чужим. Но за короткий период народная психология изменилась. Конечно, не стоит жаловаться на то, что в современной Японии солдат теперь важен не больше, чем солдат в любой другой армии мира. И хорошо, что меч принадлежит теперь миру искусства. Но это нельзя говорить японскому патриоту, а Япония — суперпатриотичная страна. Здесь все нагромождено одно на другом. Достижения Запада перенимаются здесь не постепенно. Индустрия модернизируется, а студентам запрещено изучать социальные науки. Индустрия модернизируется, а женщины работают в шахтах. То, что мелкое лавочничество захватило здесь власть над всей жизнью, находит выражение в перестройке основ этой жизни.

Расположение развалин средневекового замка, которым восхищались бы в любой стране, среди заводов — это мощный символ сегодняшнего времени. Этот замок тоже является свидетельством тому, как можно было впрячь сотни тысяч человеческих рук, чтобы они тащили стотонные скалы и возводили этот абсурд военной власти. Таков и лес фабричных труб в сердце двухмиллионного города — свидетельство капиталистической власти, вытесывающей сейчас народы на человеческих головах по всему миру.

Когда я стоял на крепостной стене, туда пришла ватага школьников с их учителями. Такие любопытные дети в забавной одежке: полутужурки поверх клетчатых кимоно. Учитель что-то рассказывал, показывая на трубы, из которых выходили в небо кучерявые дымовые облака. Что он им рассказывал? Явно не то, что на этих заводах работают их юные сестры и братья по 14 часов в день, а мамы работают по ночам. Потому что ведь в школах запрещено изучать социальные дисциплины. За студентами, изучающими такое за пределами школы, устраивают слежку. Это уж точно учителя не рассказывают своим ученикам.

Для Хидэёси его жизнь и его замок в Осаке были сном во сне. А для сегодняшнего японца все, что приходит к нему с Запада — это сон во сне. Для меня Осака — это кошмар во сне, потому что всего в 20 милях от Осаки есть еще Нара, где народ живет своей спокойной жизнью на земле, где олени едят из человеческих рук и где мама-олень приходит рожать детеныша у человека под дверью.

Нара, 1926 год

Киото

Царское гнездо[26]

1

Японский народ начинает отсчет истории своих императоров с первого императора Дзимму[27], который царствовал более чем две с половиной тысячи лет назад. Сейчас на троне сидит сто двадцать второй император. Семьдесят из всех этих императоров, или микадо, держали свой императорский дом в Киото, что в префектуре Ямасиро[28]. Более тысячи лет Киото был столицей: с конца VIII столетия и до второй половины прошлого века.

В 1867 году, когда были смещены военные правители династии Токугава, чьим местом проживания был Эдо (сегодняшний Токио), и верховную власть народ передал микадо, — тогда снизилась важность Киото, и микадо переехал жить в Токио. До Киото еще Нара удостоилась быть столицей в течение 75 лет. А до того было заведено, что императоры вдруг переполнялись страхом перед собственным домом и велели строить новые столицы. Можно сказать, что первые императоры блуждали вместе со своими столицами, что довольно легко понять.

---

[26] В рукописи: "Kyoto — di nest fun mlokhim" [«Киото — царское гнездо»]. *Papers of Peretz Hirschbein.*

[27] Император Дзимму — легендарный первый император Японии, правивший примерно с 660 года до н. э. В японской мифологии он был потомком богини Солнца Аматерасу через ее внука Ниниги, а также потомком бога бури Сусаноо. В современной Японии легендарное воцарение императора Дзимму отмечается 11 февраля как День основания страны.

[28] Сегодня префектура Киото.

Японский народ, который с древних времен показал свою способность перенимать и переваривать чужие высокие культуры, все же оставил место для глубокой веры в невидимых духов и зависимости от них. В этом нет ничего удивительного. Нужно узнать эту страну, пережить в ней несколько землетрясений, несколько циклонов или тайфунов, чтобы постичь, как эти катастрофические природные явления заставили примитивный инстинкт попасть в зависимость от сил природы, не дававшим людям спокойно спать. Когда я в Токио, живя в тихом переулке, слышал каждую ночь, ближе к полуночи, дробные шаги ночного сторожа и ритмический месмеризирующий стук, который он извлекал из маленького барабанчика, заверяя тех, кто беспокойно лежит на своем ложе, что можно спать спокойно, тогда я осознал, что представляют собой моменты настороженности японской души. После того как я пережил в Токио посреди ночи, уже лежа в кровати, первое землетрясение, я и сам стал настороженным, и во мне скопилось беспокойство.

До VI столетия, пока буддизм не начал успокаивать душу японского народа, — до того времени ни у кого не было полного покоя со стороны умерших. Их души оставались на улицах среди живых, влияя на настроение всех и каждого. Живые покорялись мертвым. Не было редкостью то, что после смерти старейшины дом оставляли душе умершего, а его родственники отправлялись на поиски тихого уголка где-то в другом месте. Души умерших изгоняли живых, кто бы они ни были, начиная с простого народа и заканчивая императором.

С приходом буддизма народ выработал отчасти пантеистское отношение к природе; люди начали находить в себе самих связь со здоровой природой. До того времени императоры были в постоянном страхе перед умершими предками, преследовавшими их душу. Императоры строили целые города, чтобы позже их оставить. Даже в ранний период буддизма случалось, что императору казалось, что он перегнул палку в своем отходе от синтоизма. В ранний период буддизма императоры все еще не чувствовали большой привязанности к своим дворцам. Так произошло и со столицей Нарой, достигшей за три четверти века миллионного населения, — громадный город для того времени; даже Нара опустела, когда оказалось, что строительство слишком многих храмов в честь веры в Будду привело к ссоре с душами умерших.

Император Камму[29] повелел искать новое место для своей столицы. С Нарой он распрощался. Тогда начали строить Киото. Это совпало со зрелой китайской культурной эпохой, и Киото построили полностью под китайским влиянием. Нара, расположенная всего в 20 милях от Киото, постепенно скукожилась. Скукоженный сегодня и Киото в сравнении со столицей Токио и с индустриальным городом Осакой, расположенным неподалеку. И все же более тысячи лет Киото был гнездом семидесяти императоров, императриц и правящих родов. В Киото выбиты в камнях следы всех этих императоров, и даже землетрясения и пожары не смогли полностью стереть приметы тех поколений. В Наре находится колыбель японского величия, тогда как в Киото уже имеются признаки зрелости и увядания, признаки того, что Япония уже вознамерилась покорить весь Восток, и признаки того, что народный организм уже стал ослабевать, став добычей всевозможных паразитов, вышедших из него же самого.

То тысячелетие было самым красочным в японской истории, и когда ты тихонько бродишь себе по киотским музеям, старинным дворцам и буддистским храмам, каждый из которых сам по себе музей, когда ты рассматриваешь остатки каждой отдельной эпохи — то начинаешь понимать, как шаг за шагом сформировался этически и эстетически характер великого восточного народа.

2

Японский народ относится к императору не как к тому, кто правит от имени Бога, а как к самой божественности. Поэтому редко когда можно найти в истории Японии, чтобы император

---

[29] Император Камму (735–806) — 50-й император Японии, правивший в 781–806 годы. Именно в его правление объем полномочий императора достиг своего пика.

имел полную власть. Правители были рядом с императором, военные или феодальные. Были и императоры-исключения, обладавшие более сильной волей, но именно вместе с этим пришло с буддизмом и то, что стало традицией: император должен быть человеком ученым, покровителем литературы и искусства, и к тому времени очень часто удавалось убедить императора отречься от трона в пользу своего сына или брата, а самому отправиться в монастырь, стать монахом и углубиться в учение Будды. Это позже использовали всевозможные придворные интриганы и влиятельные кланы, которым было удобнее править народом, когда на троне сидел ребенок. В первые 400 лет эпохи Киото страной фактически правил род Фудзивара[30]. Фудзивара означает «поле глициний». Этот род процветал подобно цветам вьющейся глицинии: он пробрался и распространился по всему народному организму. Из этого рода назначали всех высших чиновников, вплоть до премьер-министра и регента при императоре-ребенке. Этот род добрался и до императорского цветка. Они породнялись с императорами, поставляя двору микадо дворцовых дам и наложниц. Император служил чем-то вроде украшения. Киото-столица была заселена представителями рода Фудзивара, которые фактически задавали тон высшему обществу. Император держал священную печать, а правили Фудзивара. Если случались войны среди провинциальных правителей, если возникали новые влиятельные роды и разражались кровавые гражданские войны — к императору это не имело никакого отношения. Обе стороны стремились в Киото — но не с целью захватить трон. Все стремились быть поближе к императору, влиять на него и пользоваться его священной печатью.

В XII веке, когда новоявленные военачальники из родов Тайра и Минамото разбили и уничтожили власть рода Фудзивара, и затем, когда военачальник Ёритомо перенял власть над страной

---

[30] Род Фудзивара — могущественный клан регентов, который доминировал при императорском дворе с VII века вплоть до Реставрации Мэйдзи в 1868 году. См.: Bauer Mikaël. *The History of the Fujiwara House.* Kent, UK: Renaissance Books, 2020.

и велел перенести центр власти в Камакуру под Иокогамой, в сотнях миль от Киото, чтобы окончательно освободиться от больного духа, царившего к тому времени в этом царском гнезде, — уже позже, после него, последующие военные правители постепенно начали возвращаться в Киото. Сёгуны из рода Асикага[31] перебрались в Киото, где началось их увядание, ибо нововявленные властители старались переплюнуть в блеске высокорожденных. В Киото переселялись, чтобы там, в царском гнезде, упрочить свою власть и усилить наслаждение жизнью.

Новоявленные военные правители слишком высоко ценили свой роскошный образ жизни. Случалось, что они уже переставали замечать даже самого императора. Случалось, что у того или иного императора просто не было средств на расходы, и ему приходилось заниматься продажей своих произведений живописи или стихов, которые он сам написал.

Рассматривая аристократию того времени, как мужчин, так и женщин, в том виде, как они дошли до нас посредством тогдашней живописи, видишь, насколько люди в Киото были заняты мирскими наслаждениями. Тогда была мода напяливать на себя как можно больше шелка и парчи, так что было еле видно голову и кончики пальцев. Китай был неисчерпаемым источником мастеров и произведений искусства, хотя великие мастера уже появились и в самой Японии. Киото обедняло страну, высасывая из народа все, что можно, и строя дворцы, храмы и пагоды. Золото выплавлялось безо всякой меры для позолоты храмов и статуй Будды.

Если бы не разрушительные гражданские войны, если бы не частые землетрясения и пожары, время от времени опустошавшие это царское гнездо, если бы не само время, завладевшее деревянными постройками и произведениями искусства величайших мастеров Востока — мы бы сейчас, посещая Киото, ходили бы и поражались тем огромным духовным изобилием, которое на протяжении ряда поколений было излито на это гнездо семидесяти императоров.

---

[31] Род из Киото, династия сёгунов, правившая в 1333–1572 годы.

Примечательно, что в классической японской живописи, где мастера передавали свой дух, рисуя императоров и их окружение, очень редко встретишь императора или военачальника в боевой позе. Конечно, на боку он носит меч, но меч был чем-то вроде святыни. В основном императоры и их люди показаны в позе мыслителей, писателей и художников, поскольку такое образование давали в императорских кругах. Даже военачальники, проводившие бóльшую часть своей жизни в горах, с луком и стрелами, или сражавшиеся на мечах с противниками; как только такой военачальник побеждал противника и достигал Киото — он попадал под тамошнее культурное влияние. Как только военачальник достигал всей полноты власти, он начинал строить дворцы и буддистские храмы.

Художники того времени считались избранными, а те, кому протежировали в Киото, при жизни начинали занимать место избранных: когда бравый солдат и великий военачальник середины XVI века Нобунага, разбивший сёгунов Асикага, взял Киото, он отправился в студию великого художника Мотонобу Кано[32], одного из основателей знаменитой школы Кано. Мотонобу был углублен в свою работу, и хотя он знал, что в его студии могущественный Нобунага, он все же не отвел своих глаз от работы. Это так понравилось Нобунаге, что он заказал художникам школы Кано декорировать свой дворец Нидзё[33]. И по сегодняшний день, когда переходишь из зала в зал в этом дворце, а залы эти не слишком хорошо освещены, то словно через далекие поколения проступают наружу почти прозрачные рисунки — на балках из кедрового дерева и на разнообразных панелях. Школа Кано, с ее приверженностью душе природы, с особым изяществом

---

[32] Мотонобу Кано (1476–1559) — живописец и каллиграф, сын Масанобу Кано, основателя школы Кано и официального придворного художника сёгуната Асикага. Отец обучил его *канга*, китайскому стилю рисования тушью. Благодаря своим политическим связям, покровительству, организации и влиянию он смог превратить школу Кано в то, чем она является сегодня.

[33] Замок Нидзё (二条城, Nijō-jō) — замок в Киото, строительство которого было завершено во время правления Иэмицу Токугава в 1626 году в качестве киотской резиденции сёгунов Токугава.

в линиях и красках передала последующим поколениям разнообразных птиц, в центре которых — грациозный журавль; бамбуковые леса и крадущихся тигров; благородную зелень хвойных деревьев и кроны цветущих вишен.

Стоит рассказать о том, что тот самый генерал Нобунага был в детстве большим озорником и не желал учиться. Его преданный учитель покончил жизнь самоубийством от огорчения. А сейчас, посещая Нагою, я наткнулся на храм, который этот военачальник Нобунага поставил для упокоения души своего учителя. Тогда, уже будучи фактическим правителем страны, он счел необходимым позаботиться о душе своего учителя.

3

Взлет и падение народа во всем его молодом задоре ощущаются сегодня в Киото больше, чем где-либо. Здесь легко различить и ту границу, что отделяет культуру от примитивного инстинкта, и то, что иногда предпочтительнее победа примитивного инстинкта. Тут заметен и вред культурной чрезмерности, вред культуры и цивилизации, опьяняющих примитивный инстинкт. Тут видно, как военные династии, начавшиеся с молодого героизма и неограниченной власти, — как попав в Киото, они оказались под огнем. Культура, цветущая и отцветающая вокруг двора микадо, их отравила, подтолкнула к неограниченной гордыне, а от гордыни — к падению, подобно тому, как учение Торы подорвало силу древних верований.

Здесь, в Киото, видишь, как в конце концов верх в Японии взяла ученость. Ибо о чем говорят синтоистские храмы Китано-Тэммангу около Киото[34], построенные для упокоения души великого ученого, философа и поэта Митидзанэ Сугавара?[35]

---

[34] Китано-Тэммангу (北野天満宮, Kitano Tenmangū) — синтоистское святилище в Киото, построенное в 947 году для умиротворения разгневанного духа ученого и поэта Митидзанэ Сугавара, который был обожествлен.

[35] Митидзанэ Сугавара (845–903) — ученый, поэт и политический деятель периода Хэйан. В 890-х годах он был назначен послом в Китай, но в 901 году в результате политических маневров своих соперников был понижен в ари-

Это было в IX веке, в самом начале долгой эпохи Киото. Власть находилась в руках всемогущего Мотоцунэ Фудзивара[36]. Император Уда явно желал возвысить ученого Митидзанэ до поста премьер-министра. Не решаясь сделать это самостоятельно, он отрекся от трона и посадил на свое место своего тринадцатилетнего сына Дайго. Своему юному сыну он оставил предписание, как себя вести, отметив, что он должен хорошенько прислушиваться к советам больших ученых — в основном он должен прислушиваться к словам великого ученого Митидзанэ. Юный император последовал этому и возвысил ученого до статуса Фудзивара. Тогда Фудзивара подкопались под ученого, возведя на него наветы. Юный император вынужден был сам подписать декрет о высылке великого ученого в далекую провинцию, где он через какое-то время и умер.

Но короткое время спустя молния подожгла Киотский дворец. Три наследника Фудзивара скончались один за другим. Распространилось поверие, что это душа великого ученого пришла расплатиться за причиненную ему несправедливость. Для его души были построены храмы. Каждое поколение и каждый император считали нужным что-то пристроить к этим храмам. Военачальники их украшали, каждое поколение считало нужным как-то улучшить синтоистские храмы Китано-Тэндзин. Осенью там проходят большие народные фестивали. И даже в сегодняшние дни приходят в эти храмы студенты просить у души великого ученого помощи в учебе.

Генерал Хидэёси, который унаследовал как поле боя, так и власть после смерти Нобунаги, даже он, перед тем как построить свою знаменитую крепость и дворец в Осаке, счел необходимым понастроить дворцов и храмов на холмах вокруг Киото. Он хотел, чтобы его дворцы своими украшенными стенами пе-

---

стократическом звании до мелкого провинциального чиновника и умер в изгнании. Сегодня он почитается как синтоистский божественный покровитель наук и учебы.

[36] Мотоцунэ Фудзивара (836–891) — государственный деятель, придворный и аристократ раннего периода Хэйан, первый в истории Японии регент взрослого императора.

рещеголяли дворцы предыдущих правителей. Нельзя сказать, что его усилия окупились. Ему помешала природа. На его пути встали пожары и землетрясения. Целая армия литейщиков бронзы ради него плавила бронзу для статуи Будды, которая должна была быть больше и красивее камакурского Будды, но из этого ничего не вышло.

Он повелел изготовить большого деревянного Будду и возвести вокруг него храм, но землетрясение это здание разрушило. Сам Будда остался нетронутым. Упал, но не разбился. И Хидэёси, в котором солдат частенько брал верх, прийдя позже к разрушенному буддийскому храму и увидев своего несчастного Будду валяющимся на земле, запустил в него стрелу и ушел разгневанным.

В Киото имеется немало неудачных бронзовых и деревянных статуй Будды, которые нравятся народу, но над деревянным Буддой Хидэёси народ и сам потешается.

4

Теперь, когда Япония через свою восточную столицу Токио протянула руку западному миру, и все видят, что это не восточная рука тянет Запад к себе, а наоборот — видно, что на определенных улицах сегодняшней столицы разлилось безумие наших развратных задворок жизни; когда наши дешевые танцы напару с орущим мотивом перекрикивают наивные звуки трехструнного сямисэна, — скромный, тихий и все еще богобоязненный Киото, более тысячи лет бывший гнездом семидесяти императоров, — оттуда идет старая добрая традиция, хватающая сегодняшнее поколение за руку и предупреждающая его:

— Не забывай ни на миг, что Киото выпестовал того ребенка, который родился в предыдущей столице Наре, что в провинции Ямато. Ибо величие японского народа начинается в Киото, а не в Эдо.

Так оно и есть. Киото придает всей стране артистичный характер. Старым, примитивным методом вырабатывают в Киото по сей день тончайшие шелка, покрытые утонченными красками и узорами. Киото диктует стране моду, выраженную не в раскройках, а в узорах и цветах. Прекрасная природа вокруг Киото; старинные вишневые и сливовые деревья; глицинии, ирисы и хризантемы; золото кленов осенью, грациозный журавль и более мелкие японские птицы, их цвет, их порыв и грациозные движения — все это мастера Киото выводят на шелке и парче, в которые еще кутается японский народ. Киото все еще подает пример для бедных тканей, в которые вынуждена кутаться беднота.

Начало эпохи Киото дало японской литературе ее величайших классиков и ее величайших художников. Когда попадаешь сегодня в Киото — особенно когда попадаешь туда из шумного Токио или из соседнего индустриального, задымленного города Осака — натыкаешься на следы великих японских живописцев, скульпторов и поэтов...

Приходят на ум и трогают за живое строки Мурасаки Сикибу[37], придворной дамы при Фудзиварах и величайшей японской женщины-поэтессы всех времен, которая в IX столетии пела тут, в окрестностях Киото, в своей одинокой келье буддистского монастыря; приходят и ласково ложатся на губы ее строки:

Роса, что увлажняет нежные травы,
С рождением солнца исчезает слишком рано;
Никогда мне не увидеть, никогда,
Как грациозно уходит она в небо... [38]

---

[37] Мурасаки Сикибу (973–1014 или 1025) — писательница и фрейлина из Киото, автор *Повести о Гэндзи* о жизни при дворе императрицы Сёси, считающейся величайшим произведением японской литературы и древнейшим в мире полноценным романом.

[38] Гиршбейн перевел это четверостишие на идиш с английского: "The dews that wet the tender grass, / At the sun's birth, too quickly pass, / Nor e'er can hope to see it rise / In full perfection to the skies." См.: Shikibu Murasaki. *Genji Monogatari // The Romance of Genji* / trans. by Suyematz Kenchio. Cambridge, Ontario: In Parentheses Publications, 2000. P. 93. (Перевод с идиша на русский мой. — *Б. К.*).

Праздник весны

Вишня цветет[39]

Существует мнение, что душа народа заключена в различных цветущих деревьях. Эта душа высвобождается, когда деревья зацветают. Вишневое дерево всю весну держит в своей власти дух японского народа. Я приехал туда в конце марта, когда на сотнях и тысячах вишневых деревьев уже наливались почки и розовость на кончиках каждой почки подмигивала мне по утрам: «Ты приехал в нужное время, скоро мы расцветем».

Праздник весны — ни в какой другой стране и ни у какого другого народа я не видел такой душевной преданности весне, как в этой стране. И хотя традиция отсылает много душ в растения и для множества японцев души их дедушек и бабушек находятся в деревьях и цветах — когда цветут вишни, тогда цветет и светится весь народ.

Вишня в Японии особенная. В Европе и Америке с ней незнакомы. Ее ягоды мелкие и непригодны к пище. Есть очень старые вишневые деревья, которым по нескольку сотен лет. Такое старое дерево уважают еще больше, чем молодое. Вишневые деревья бывают разных видов. Каждая область знаменита своим видом. Есть такие, что цветут белым цветом, есть такие, что светло-розовым, а есть и такие, что насыщенно-розовым. В основном вишневые деревья цветут еще до того, как появится признак листка. Небольшая же их часть зеленеет и цветет одновременно.

---

[39] Karshen-boymer blihen (brif fun Yapan) [Вишневые деревья цветут (письма из Японии)] // *Der moment*. 28.05.26; *Di tsayt*. 04.06.1926; *Der tog*. 27.06.1926; *Di idishe tsaytung*. 18.07.1926.

С каким замиранием сердца следит японец за погодой в период, когда вишня должна зацвести. Весь год проходит в ожидании вишни, которая приносит весну. Цветение может продержаться несколько дней при хорошей погоде. Случись вдруг ливень, буря или неожиданный снег — и конец надежде. Нынешней весной погода не задалась: когда вишни переполнились нераскрытыми почками, вдруг выпал снег. Но он не причинил никакого вреда. Почки немного повременили раскрываться.

Но вот пришло время, когда тут и там почки приоткрылись — люди останавливались и смотрели с удивлением, будто в первый раз в жизни это увидели. Дни стояли прохладные, и цветение затянулось до самой середины апреля. И хотя почки еще не совсем раскрылись, в холмистых окрестностях Токио уже можно было заметить розовые пятна среди зелени других деревьев. Много, много деревьев в токийской тесноте. Даже там, где живет бедный класс, имеется тут и там вишневое дерево. Есть, однако, знаменитые места, где вишневых деревьев сотни. Недавнее землетрясение и пожары пожалели деревья в парках Хибия и Уэно. Чем дальше в апрель, тем больше публика тянется в парки. Стар и млад, взрослые и дети, с задранными вверх головами. Глядят и дивятся:

— Вот тут, вон там уже показался листок!

Это не совсем соответствует сегодняшнему Токио, спешащему и занятому городу. И все же десятки тысяч людей находят свободное время и готовятся к Празднику весны, который обычно тянется с 1 и по 20 апреля.

И вот пришли один за другим несколько солнечных дней, и все вишневые деревья зацвели с молодой силой. Какой поток света выдали эти вишневые деревья! Розовое свечение, льющаяся солнечность, будто бы за одну ночь деревья выросли из земли и принесли с собой все это изобилие душистых потоков света. Выглядывая из своего окна, я временами забываю, где нахожусь. На фоне голубого неба и коричнево-зеленых весенних деревьев — заливающий все поток розовых бутонов. В воздухе легкое движение, и мне кажется, что мой дом готовится воспарить в весенний свет. Старые вишни, кривые, с узловатыми ветвями, накинули на свои старые головы покрывало из розовых бутонов:

— Кто б поверил, что такие старики-деревья могут так молодо цвести!

Замершая на зиму жизнь по-утреннему просыпается, будит и заставляет все нервы вибрировать.

8 апреля[40] по традиции является днем рождения Гаутамы Будды. В парке Хибия в Токио собралась толпа из десятков тысяч людей. Будда, отказавшийся от богов и духов, был сам обожествлен и окутан мистицизмом. Легенда рассказывает, что он был рожден у воды, где росли цветы лотоса. Сразу же после рождения, говорит легенда, он начал ходить и говорить. Он взглянул на мир и сказал: «Я буду властвовать над Небом и Землей».

На церемонии, где священники в пурпурных мантиях возились с воскурениями, хватало цветов лотоса. В публике не было заметно особого воодушевления. Публика была больше занята вишнями, чем религиозной церемонией. Отец показывал сыну большое чудо: старое дерево снова зацвело, а дети вели за руку своих старых матерей и показывали им на цветы. Дети, ведущие за руку старых матерей в весенний праздник, выглядели очень трогательно.

В вышине носились аэропланы и сыпали цветами. Это могло бы быть добрым знаком для японского народа, но в этом Япония не отличается от всех других милитаристских народов. Она явно не строит аэропланы для того, чтобы они в день рождения Будды сыпали цветами с воздуха.

Служащий отеля на плохом английском сказал мне:

— Выйди сегодня на улицу, сто двадцать пять аэропланов будут летать над городом в честь вишневых деревьев.

«В честь вишневых деревьев». Это утешение, что народ все еще так думает и чувствует. Аэропланы в сегодняшние времена — в честь весеннего праздника.

В доме не усидеть, да и нельзя в Японии сидеть дома в первые недели апреля. Это было бы грехом по отношению к вишневым деревьям. На дорогах, ведущих в парки, открылись специальные лотки. Паломники стремятся в город со всех сторон. Вся страна сдвигается с места в месяце апреле. Все поезда переполнены.

---

[40] В оригинале ошибочно указано: 7 апреля.

По всем дорогам тянутся люди. Народ уже знает, где цветет такое дерево, а где другое, где белые вишневые бутоны, а где розовые. Не упускается возможность задержаться у синтоистского или буддистского храма, вбросить монету в ящик, стоящий перед храмом, хлопнуть в ладоши и произнести молитву. Храмы эти обычно стоят в красивейших природных уголках, а вокруг них цветут вишни. Религия вплетена в ход времени, в его сезонную игру: храм, где цветут вишни; храм, где к концу лета закраснеет клен; храм, где к концу зимы зацветут сливы. И так вот ходит народ среди цветов природы. Женщины конкурируют с природой. Если самой нет возможности показаться в красивейшем многоцветном кимоно, то хоть ребенка одевают в одежды всех цветов радуги и показывают ему, что вишни уже зацвели.

Я порасспрашивал старшее поколение, как воспринимают весну молодые?

— Это слишком глубокая традиция, — отвечали мне, — она глубоко в нашей крови. Создается впечатление, что молодое поколение отошло от этого, но они вернутся. Поскольку, если забрать у нашего народа такие традиции, он обеднеет.

Конечно же, отними у японского народа такие характерные штрихи, и его образ обеднеет. Тогда начнешь натыкаться на каждом шагу на влияние Китая и Кореи. Сейчас, когда я вглядываюсь в их орнаменты, я вижу, как они постоянно пользуются любимыми цветами в качестве образца. И в печатных орнаментах, и в шелковых вышивках узнаются любимые цветы Японии, любимые деревья этой страны: вишневые бутоны, сливовые бутоны, листики бамбука, глицинии, хризантемы, красные кленовые листья и зеленые сосны.

Когда я гуляю по улицам или прохожу через парки, я легко подпадаю под влияние окружающих и вместе с ними задираю голову и дивлюсь цветущим вишням. Теперь, когда весна дарит мне столько спокойствия вместо беспокойства, которое я ощущал каждую весну в Западной Европе и даже в Америке, теперь, когда цветут вишни, я лучше понимаю особость местного народа и вижу, как тесно связан этот народ с весной.

Токио, апрель 1926 года

ОБЩЕСТВО И ПОЛИТИКА

THE JEWISH TIMES

אַ פֿאָלקס מענש

(ספּעציעל פֿאַר די "צײַט")

פֿון פּרץ הירשבײן

Илл. 15. Эссе Гиршбейна «Человек из народа» в лондонской газете «*Di tsayt*», 25.06.1926

Непокоренная страна

Перед лицом врагов[1]

1

«Апрель, озеро Сёдзи[2], вечер...

Я гляжу на дремлющий вулкан Фудзи — самую священную гору в Японии, с ее холодной серой вершиной вокруг огнедышащего жерла, и на ум мне приходят мысли о происхождении человеческих верований и суеверий. Верующий еврейский и христианский мир смотрит на радугу, что появляется после дождя в игре солнечных лучей, и верит, что это явно Бог посредством радуги подал знак, что он больше не пошлет на Землю никакого потопа, который уничтожит все живущее под небесами... Но огнедышащий, ныне дремлющий вулкан Фудзи, с его холодной серой вершиной вокруг стенок кратера — каждую секунду он напоминает народу, пробудившемуся там, где восходит солнце, что живущий в его глубине огонь не заключал никакого мира с богами. Фудзи — бог Огня у коренного народа Японии айну, он дремлет, но не спит. Он держит начеку японский народ. Народ относится с почтением к этому природному врагу. Перед лицом врагов, с природой не связанных, таких как военные атаки или религиозные веяния, — перед ними народ не ведает страха. Пе-

---

[1] В рукописи: "Yapan — dos nit-bazigte land (fun mayn rayze in Yapan)" [«Япония — непокоренная страна (из моего путешествия в Японию)»]. *Papers of Peretz Hirschbein*.

[2] Самое маленькое из расположенных у подножия Фудзиямы пяти озер: Яманака, Кавагути, Сай, Сёдзи и Мотосу.

редо мной не раз тут хвастались, что Японию еще никогда никто не побеждал...»

Я читаю вышеприведенные строчки из моего дневника, и мне не хочется сейчас пускаться на поиски доказательств того, что народы, пережившие множество поражений на протяжении их истории, несут человечеству семена лучшего будущего. Я твердо верю в хорошие стороны японского характера, но нельзя не заметить тот факт, что хоть японский народ и не был никогда побежден внешним врагом, он несет в себе гордыню в достаточной мере, чтобы взвинчивать сегодня в Японии милитантский национализм.

Надо также отметить, что внедрение католицизма в Японию в XVI–XVII веках — та иезуитская атака была гораздо сильнее, чем вторжение татар в конце XIII века и русская атака в начале XX столетия.

2

Великий монгольский полководец Хубилай-хан[3] — после того как во второй половине XIII столетия он захватил весь Китай и Корею, сместил знаменитую династию Сун[4] и основал в Китае собственную династию Юань — через корейцев, которые уже на протяжении поколений имели торговые и культурные связи с Японией, через них Хубилай-хан узнал о легендарной стране Японии, об этой островной стране, которая тогда называлась Зипангу[5]. Эта островная страна была известна далеко за ее пре-

---

3 Хубилай-хан (1215–1294) был внуком Чингисхана, основателем китайской династии Юань и пятым императором Монгольской империи в 1260–1294 годы. Вторжения Хубилая в Японию в 1274 и 1281 годах потерпели неудачу.

4 Династия Сун — императорская династия, правившая в Китае в 960–1279 годы. Династия делится на два периода: Северная Сун (960–1127) со столицей в северном городе Бяньцзин (ныне Кайфэн) и Южная Сун (1127–1279) со столицей в Линьане (ныне Ханчжоу).

5 Слово Зипангу, вероятно, произошло от произношения «Ниппон/Нихон коку» на китайском языке в Средние века (日本国, буквально «страна Япония») и впервые дошло до Европы через Марко Поло как Ципангу или Чипангу.

делами своими героическими воинами, но еще больше своими богатствами. Япония действительна была в те времена страной золота и меди — двумя магнитами для тогдашних поколений. Несколько раз посылал Хубилай-хан через Корею своих посланцев, предлагая Японии мирно перейти под власть царя царей, который уже превратил в своих подданных все восточные народы и требуя от Японии, как от остальных подданных народов, платить ему подати.

И когда Япония подняла его на смех своим гордым молчанием, он попробовал попытать счастья силой: дважды посылал Хубилай-хан морем, через Корею, свою армию атаковать Японию. Первая армия, состоявшая из пятидесяти тысяч солдат и по тем временам отлично вооруженная, атаковала Японию в 1274 году. Семь лет спустя Хубилай-хан во второй раз атаковал Японию с двухсотпятидесятитысячной армией. Оба раз природа пришла на помощь японскому народу: ужасные штормовые ветра, так часто бушевавшие в Желтом море, оба раза налетели вовремя и разметали вражеские лодки и бо́льшую часть армий.

Те победы над врагом японский народ записывает на счет богов, которые не допустили, чтобы народ и Ниппон склонили голову перед врагом. Хубилай-хан как полководец был намного более продвинут по сравнению с японцами. В то время, когда в Японии главную роль играл индивидуальный герой — бой представлял из себя некое состязание, где сильный принуждал слабого самого покончить с жизнью, — монголы уже тогда научились концентрировать целую армию и атаковать врага единым фронтом, у монголов уже тогда были взрывчатые вещества и они стреляли из металлических стволов.

Легенда рассказывает, что во время последнего монгольского вторжения, продолжавшегося несколько месяцев подряд, во всех буддистских и синтоистских храмах курился фимиам; по всей стране не переставали звонить колокола и не умолкали молитвы. Но легенда выделяет и японских героев, не умевших сдаваться: чудесных лучников, копьеметателей и фехтовальщиков, которые никогда не промахивались. В последующих поколениях Японию больше не атаковали внешние вооруженные враги. Последующие вторжения были уже со стороны Католической церкви. Можно по праву сказать, что римский папа поставил японский народ под большую угрозу — потерять свой характер и самостоятельность, превратить Японию в подобие Филиппинских островов, которые испанцы с помощью католических миссионеров захватили и поработили за несколько поколений.

3

В Европе в то время и не знали бы о стране под названием Зипангу, если бы не знаменитый путешественник Марко Поло, который в дни правления Хубилай-хана оказался в Китае и стал гостем монгольского полководца и монарха. Там Марко Поло впервые услышал рассказы о стране-острове Зипангу, где золото лежит кучами на улицах, и что страна эта находится к востоку от Китая. В своих письмах к друзьям в Европе он описал чудеса и богатства народа, обладающего желтой кожей и поклоняющегося различным богам. Золотая лихорадка уже в те годы начала проникать в кровь множества национальных авантюристов. Впереди всех пошли вооруженные католической верой миссионеры, а за ними — жаждущие золота, готовые уничтожать людей и культуры, лишь бы добраться до золотых запасов неизвестных миров.

Есть мнение, что золотая лихорадка, двумястами годами позже погнавшая Колумба в путь, в то знаменитоое путешествие, которое неожиданно привело его к американским берегам, — что тогда у Колумба как раз было одно из писем Марко Поло с описанием страны-острова Зипангу, где золото валяется на улицах... что тогда Колумб отправился именно на Восток, в ту золотую страну. Как если бы Колумбу было суждено открыть другую золотую страну... Конец XV и все XVI столетие — это время, когда Европа породила гениальных авантюристов. Колумб не был единственным первооткрывателем стран. Намереваясь найти новые земли на Востоке, а обнаружив «Острова Вест-Индии», как он тогда назвал берега Америки, он дал толчок португальским открывателям миров. Португалия через это вышла на первый план как мировая держава, ее представители открыли Индию,

Китай, а позже, когда Португалия уже укрепилась в Южном Китае, то совершенно случайно, когда два португальца по пути из Китая оказались выкинутыми на японский берег в результате кораблекрушения, была открыта и Япония.

Испанские авантюристы к тому времени открыли группу островов по соседству с Японией, которым в честь короля Филиппа Второго дали имя Филиппины. Таким образом, по соседству появился конкурент. Позже прибыли голландцы. Еще позже — англичане. Конкуренция по захвату мира шла на всех морях. На всех морях было полно европейских морских захватчиков. Страны с малочисленными примитивными племенами были покорены; наивные жители истреблены, культуры сведены на нет. Так в Центральной Америке была уничтожена культура инков, так позже Англия шаг за шагом захватила Индию.

По-другому было в Китае и Японии. Эти две страны с их народами было тяжело заглотить. Китай, с его колоссальной культурой, внутренней усмешкой и недооценкой окружающих народов и культур всегда имел особый взгляд на чужих завоевателей:

— Глотай, глотай, в конце концов ты подавишься.

Ибо худших гостей, чем монголы, они не могли заполучить. Татары, которые сами основали в Китае царство и собственную династию, — в течение столетия сами смешались и слились с китайцами. Японцы в этом смысле были намного более осторожными. Пока они разрешали чужакам торговать и вывозить из страны золото, они не чувствовали угрозы. Как только посланцы католической церкви распространились по всем уголкам страны и начали ловить японские души для католической церкви, тогда у настороженных вождей народа появилось недоверие к чужаку, что приходит якобы рассказать историю о Боге, о Богоматери и ее святом сыне, который был распят за человеческие грехи...

4

Первые католики-иезуиты прибыли в Японию из Португалии в середине XVI столетия. Это было время, которое японцы считают темной эпохой. В стране царила полная анархия. Ослабленные, деградировавшие военные правители опустошали народ. Феодальные лорды вели между собой войны. Страна была в раздрае. Каждый правитель бесчинствовал согласно собственной фантазии. Для иезуитов в первое время было очень легко подкупить некоторых феодалов. По распоряжению собственных феодальных правителей японцы массово переходили в христианство.

Это совпало по времени, когда на японскую национальную арену вышли трое знаменитых военачальника: генерал Нобунага с его двумя гениальными сподвижниками Хидэёси и Иэясу. Это были люди с орлиным взором и с сильным, примитивным нюхом на надвигающуюся на народ опасность.

Их характеры так отмечены в народе:

Эти три генерала, будучи добрыми японцами, любящими природу, однажды на поле боя услышали кукушку.

Говорит Нобунага:

— Если кукушка перестанет куковать, я ее убью.

Сказал Хидэёси:

— Если кукушка перестанет куковать, я заставлю ее продолжить.

На это заметил Иэясу:

— Если кукушка перестанет куковать, я буду ждать столько, сколько потребуется, пока она снова не начнет куковать.

Эти вот три генерала, каждый со своей мерой терпения, обратили внимание на католических миссионеров, за которыми стояли наготове правительства и помогающие им торговцы, торговавшие всем на свете: огнестрельным оружием и игрушками, табаком, алкоголем и венерическими болезнями...

Нобунага на первых порах проявил дружественное отношение к христианским миссионерам, поскольку он яро ненавидел буддистских монахов, поначалу выставивших против него вооруженное сопротивление. Он вызвал к себе на аудиенцию христианских представителей и якобы им рассказал, что они ему нравятся больше, чем буддистские монахи. Как я уже рассказывал, Нобунага принял смерть от собственного меча, когда попался в раскинутые предателями сети. Но к тому времени он имел уже совершенно иной взгляд на христианских миссионеров. Представители христианской церкви это тоже поняли, и когда пришла весть о смерти Нобунаги, один из иезуитов прокричал:

— В одно мгновение он попал прямо в ад и его имя навеки будет забыто.

Но этого христианские миссионеры уже не застали.

Хидэёси, перенявший власть от Нобунаги, относился к иезуитам в первое время вполне толерантно. Но очень скоро он узнал, что христиане ввели в некоторых провинциях инквизицию для неверующих. Еще он узнал, что христиане разрушили большое число буддистских храмов и уничтожили великие произведения искусства. Хидэёси также узнал, что при помощи иезуитов португальским купцам удается увозить с собой японцев, которых позже продают в рабы. Хидэёси был первым, по чьему распоряжению произошла большая резня христианских миссионеров под Нагасаки.

До того времени в Японии не слышали о религиозных преследованиях. Когда в VI столетии в Японию пришел буддизм в сопровождении посланцев с учением Будды, тогда это не вызвало никакого сопротивления со стороны синтоистского культа, владевшего народом. По сегодняшний день в Японии буддистские и синтоиские храмы находятся бок о бок. Есть и храмы-двойняшки: в одной половине здания — пустой синтоистский храм, а в другой стороне — буддистский храм, наполненный скульптурами и всевозможными старинными картинами. Католики-иезуиты шаг за шагом ввели в Японии те методы, которыми они распространяли христианство в самой Европе. Они надеялись совершенно спокойно установить костры на японских улицах, как они делали это у себя дома.

Пока голова у военачальников была занята внутренними врагами, миссионеров и христиан не замечали. Но как только страна была объединена и внутренняя угроза исчезла — когда власть после смерти Хидэёси перешла к якобы умеренному Иэясу, тот взял курс на искоренение христиан, подрывавших мораль и этику японского народа. Иэясу, который в 1603 году установил военную диктатуру династии Токугава, продержавшуюся до середины минувшего столетия, был достаточно осторожен в своих отношениях с христианами. Он спокойно изучал, что они собой представляют. Он хорошо понимал буддизм, христианская же вера была ему чужда. Прежде чем он занялся изучением христиан у себя в стране, он отправил посланников в Европу, чтобы те на месте разобрались, как живут люди под христианской верой. То, что посланники там увидели, не вызвало у них большой любви к христианству. Это было темное время в Европе: параллельно с Ренессансом, который уже начался, распущенность и грабеж царили в католических центрах. Среди прочего они узнали, что католическая церковь во главе с римским папой намерена завладеть всем миром. Такая весть с родины католицизма вывела Иэясу из равновесия.

Конечно, наибольшее влияние на могущественного сёгуна оказала конкуренция, которую на всех морях вели португальцы, испанцы, голландцы и британцы. Некие испанские миссионеры, намереваясь ослабить значимость португальских иезуитов, поведали Иэясу буквально следующее: что цель христианских миссионеров — подготовить почву для той страны, от которой они были посланы. Тогда и вышел строгий приказ Иэясу: миссионеры должны покинуть страну. Но не так-то легко было прогнать португальцев. Как надоедливые мухи, которых гонят от окон, а они лезут в двери, так и португальцы каждый раз появлялись с другой стороны...

5

Уил Адамс, так звали того штурмана[6]. Он прибыл с флотилией голландских кораблей, которые отправили в Японию, чтобы изучить положение португальцев и начать плести интриги

---

[6] Уильям Адамс (1564–1620), известный в Японии как Миура Анджин (三浦按針, «штурман Миуры»), был английским штурманом, который в 1600 году стал первым англичанином, достигшим Японии. Он стал советником сёгуна Иэясу Токугавы, получил статус самурая и руководил строительством кораблей западного типа. Продвигал политику религиозной нетерпимости, направленную, в частности, против католиков. Был признан одним из самых влиятельных иностранцев в Японии в начале XVII века.

против их успехов на Востоке. Из всей флотилии спаслось лишь одно судно, на котором штурманом был Адамс. Рассказывают, что когда суровый Иэясу, который тогда был в Осаке, приказал этому штурману прибыть к нему, то все посчитали, что он велит его умертвить. К всеобщему удивлению чужак Иэясу очень понравился. Он не только оставил его в живых, Адамс стал близким другом Иэясу до конца его жизни. Уил Адамс был хорошим математиком и кораблестроителем. Он женился на японской женщине, и кроме того, что он начал строить корабли для Иэясу, он ему многое, очень многое рассказал о хищнической конкуренции, которая ведется в Европе между державами... Он рассказал, что все, буквально все намерены захватить страны Востока, но в самой Европе все ненавидят Португалию. Вот и его страна, Англия, не пускает португальцев на свой порог. Адамс, который был протестантом и ненавидел католиков, обрисовал католиков как темную банду, от которой задыхается вся Европа. Терпеливый Иэясу, который сказал, что может ждать, пока кукушка не закукует, и тут выказал большее терпение, чем более поздние сёгуны.

Иэмицу, третий сёгун, перенял традицию своих предшественников и уже не так терпеливо взялся искоренять христианское влияние в стране. В те времена были провинции, где проживали сотни тысяч крещеных японцев. Про Иэмицу рассказывают, что во время своего правления он истребил огнем и мечом более четверти миллиона христиан. В 1637 году произошло вооруженное восстание христиан, среди которых было множество японских рыцарей, которые умели смотреть смерти в глаза. Двадцать тысяч мужчин сопровождало такое же количество женщин и детей с горящим крестом впереди. Этих японских христиан сбросили в море, чтобы они не стали для народа святыми. Тот же Иэмицу позже закрыл страну — не въехать, не выехать. С тех пор страна осталась закрытой до середины минувшего столетия, когда Америка с помощью ее коммодора Перри заставила ее открыться. Однако то американское нападение японцы считают не несчастьем, а большой удачей. Япония тогда оказалась не разбитой, а заново родившейся. Благодаря тому, что страна вплоть до того времени была закрытой, христианское влияние было по большому счету искоренено.

Победу над христианскими миссионерами японский народ рассматривает как большую победу над сильнейшим внешним врагом, который намеревался захватить народ и страну. Война с Россией уже выглядела мелочью. Японцы могут себе позволить сказать, что их страна никогда никаким внешним врагом не была побеждена.

А я, который лишь в Японии впервые ощутил вкус землетрясения, желаю японскому народу: дай бог, чтобы дремлющая святая гора Фудзи, провозвестник врага внутреннего, заснула навеки...

Сёгуны

Двести шестьдесят лет диктатуры[7]

1

Пару недель спустя после нескольких интересных часов у восьмидесятишестилетнего мыслителя и политика графа Сибусавы[8] в Токио, где для меня была устроена встреча с группой ученых и государственных деятелей, когда я уже был в Наре, мне доставили белый, искусно сделанный ящичек, очень аккуратно упакованный, а внутри — три свитка, каждый по сорок два фута длиной и в фут шириной. На свитках — рисунки известного художника Моринобу Кано (его профессиональное имя Танъю)[9]. На свитках изображены жизнь и войны Иэясу Токугавы. Оригинал этой картины XVII века в цвете. Она была выполнена по

---

7 В рукописи: "Tsvey hundert zekhtsik yor diktatur (fun mayn rayze in Yapan)" [«Двести шестьдесят лет диктатуры (из моего путешествия в Японию)»]. *Papers of Peretz Hirschbein.*

8 Эйити Сибусава (渋沢栄一, Eiichi Shibusawa, 1840–1931) — государственный деятель, предприниматель, «отец японского капитализма». Создал и возглавил Первый национальный банк Японии и десятки компаний в сфере банковского дела, страхования, транспорта, торговли, добычи и переработки ископаемых, химического производства, электротехнического оборудования. Основал и финансировал около 30 колледжей и несколько университетов. С 1916 года полностью посвятил себя общественной и благотворительной деятельности. Сибусава, чей титул обычно переводится как виконт, изображен на банкноте номиналом 10 000 японских иен, поступившей в обращение в 2024 году.

9 Моринобу (Танъю) Кано (狩野　探幽, 1602–1674) — японский художник школы Кано, первый официальный художник сёгуната Токугава с 1617 года.

заказу третьего сёгуна Иэмицу, внука своего знаменитого деда Иэясу. Пять лет работал известный художник над созданием этой феноменальной картины. Ее заказали в качестве святыни для мавзолея в храме Никко[10], куда «перевели» душу великого воина и государственного мужа, который более трехсот лет назад положил начало своеобразной диктатуре над японским народом. Только лишь сёгун, военный диктатор из династии Токугава, раз в год отправлявшийся в Никко, чтобы уединиться с духом Иэясу, мог просматривать эти свитки. Никакой чужой взгляд не мог упасть на это оригинальное произведение. После революции прошедшего столетия, когда диктатура пала, и народ смог свободно дышать и передвигаться, тогда народ и получил доступ к мавзолею Иэясу и картинам Моринобу. Когда исполнилось 300 лет со дня основания храма Никко, то группа аристократов, еще помнящих навеки отменивший диктатуру Токугава 1868 год, отчасти почитателей этой сформировавшей характер народа эпохи и приверженцев традиции заказала копию этих свитков в ограниченном количестве экземпляров. Такую копию я получил в подарок.

В письме, которое старый граф приложил к картинам, он пишет среди прочего, что, углубившись в эти свитки, я смогу многое понять о японском прошлом и ближе узнать характер японского народа на данный момент...

Я уселся на пол, разложил длинные свитки и целый день продирался сквозь сотни и тысячи картин, растянувшихся на 120 футов. Рождение Иэясу изображено по-библейски: мама видит сон, что она родит сына, который приведет народ к величию... Уже с детских лет Иэясу играет в войну. Но он еще и ценитель красот природы. Он любит учение и мудрость. Священники приходят к нему и знакомят его с учением Будды. Затем идут его войны; он сам во главе стотысячной армии, всадники на конях с мечом и луком движутся по японской горной местности. Кар-

---

[10] Никко Тосё-гу (日光東照宮, Nikkō Tōshō-gū) — синтоистский храм в Никко, префектура Тотиги, построенный в 1617 году в честь Иэясу Токугава, основателя сёгуната Токугава.

тина тянется за картиной. Образ за образом возникает и исчезает. Художник изобразил войны, в которых Иэясу уничтожил даже тех, кто привел его к власти, лишь бы самому остаться правителем. Затем идет его болезнь — весь народ молится за его выздоровление. Затем его смерть, и весь народ и даже сама природа оплакивают его смерть. Грандиозные похороны, растянувшиеся на фоне японских гор и долин: его прах несут в Никко. Мир был создан исключительно ради него, Иэясу. Так выглядят горы, когда он, еще живой, проходит со своей армией, так и позже, когда несут его пепел. Так выглядят и картины, на которых Иэясу и его люди смотрят весной на цветущие вишневые деревья у него дома в Цуруге. В таком духе изображает художник и сам город Никко — как избранный уголок Японии, о котором в народ ходит поговорка:

— Не говори *кэкко*, пока не увидишь Никко (не говори, что это великолепно о красотах японской природы, пока не увидишь Никко)[11].

Мои глаза устали. Стремление к познанию ослабевает по мере моего продвижения к концу последнего свитка, где события находят свое выражение в природе; нет больше Иэясу, есть его дух, витающий над японскими горами и долинами. Картина заканчивается снежно-белым водопадом Кэгон-но Таки[12]. Все завершилось. Все уладилось. Вечный покой...

Иэясу, чью жизнь я прочитал по уникальным картинам, человек, поднявшийся до уровня военного диктатора — в японской истории это не новость. И то, что одна династия держится у власти больше двухсот лет, — это тоже можно найти в жизни японского народа.

Но такая необычная диктатура на протяжении 260 лет как диктатура династии Токугава — такого до сих пор не знала ни одна нация на всем белом свете.

---

11 «Никогда не говори кэкко, пока не увидишь Никко» — старинная японская поговорка; *кэкко* означает великолепный, чудесный.

12 Водопад Кэгон-но Таки (華厳滝, Kegon no Taki) расположен на озере Тюдзэндзи в национальном парке Никко недалеко от города Никко.

2

До Иэясу Токугава страна была уже поделена между феодальными лордами. Каждый из них захватил кусок территории, провинцию или несколько провинций, имел собственную армию и высасывал все соки из крестьянства. Но во всех поколениях до Иэясу было множество вспышек нелояльности, гражданских войн, восстаний — вплоть до захвата власти на определенное время. В середине XVI века страна была в состоянии анархии, пока не появился генерал Нобунага с двумя его соратниками — Хидэёси и Иэясу. После смерти Нобунаги, когда Хидэёси перенял от него власть, он взял себе титул *тайко* — великий князь[13]. Большего ему и не требовалось. Он построил себе знаменитый замок в Осаке — одну из мощнейших для того времени крепостей. Перед смертью Хидэёси передал Иэясу не только военную власть, но и регентство над своими сыновьями. В 1603 году, когда Иэясу уже взял под свой контроль всю страну, он добился того, что император провозгласил его сёгуном — военным диктатором. И хотя два года спустя он отказался от этого титула в пользу своего сына, по факту он сохранил власть до последнего дня своей жизни. Уже будучи в возрасте 73 лет, за два года до смерти, он предвидел, что сын Хидэёси, регентом которого он был и который жил в замке Осаки, вырастет слишком влиятельным человеком. Иэясу это не давало покоя. Подкапываясь и интригуя, он довел до войны с наследником Хидэёси. Он разрушил замок в Осаке. Сын Хидэёси покончил жизнь самоубийством[14]. Таким образом Иэясу расчистил путь для династии Токугава.

---

[13] Тайко (太閤, taikō), обычно относящееся к Хидэёси Тоётоми, было титулом вышедшего на пенсию *кампаку* (関白, kampaku), своего рода главного советника императора, но на практике этот титул принадлежал одновременно первому секретарю и регенту, который помогал взрослому императору.

[14] Речь идет о Хидэёри Тоётоми (豊臣　秀頼, Toyotomi Hideyori, 1593–1615), сыне и преемнике Хидэёси, чья мать была племянницей Оды Нобунаги. Он и его мать предположительно совершили ритуальное самоубийство после разрушения замка в Осаке Иэясу Токугавой, но поскольку его труп так и не был обнаружен, ходили слухи, что Хидэёри смог сбежать из Осаки.

В народе ходит поговорка:

— Нобунага приготовил рис. Хидэёси испек рисовое печенье. Иэясу это печенье съел...

Когда Иэясу умер, микадо присвоил ему титул «Свет Востока»[15]. В самой Японии считают, что свет личности Иэясу в последующих поколениях освещал и оказывал влияние на все стороны жизни. Все, что делали его сильные наследники, как, например, его внук Иэмицу, изгнавший из страны всех христианских миссионеров и закрывший страну так, что не войти и не выйти, все это было намечено лично первым диктатором Иэясу. Это считается в Японии благословением. Множество людей Запада из империалистических народов не видят никакого света в личности Иэясу. Для них Иэясу лишь тот, чья тень распространилась на многие поколения, в течение которых правила династия Токугава. Отчасти можно понять эти позиции.

Под правлением Токугава феодальные лорды впервые почувствовали, что значит зависимость. Иэясу повелел им: несколько месяцев в году все мужчины должны были жить в Эдо — столице диктаторского режима, где они были под наблюдением. Он издал для них законы, как им себя вести. Он ограничил их армии. Он запретил феодальным лордам передвигаться по стране со слишком большой помпой. У него им нужно было просить разрешения на строительство дома. Он запретил лордам родниться между собой.

Он издал законы, как людям одеваться, каждый согласно своему статусу. Он не упускал из внимания и крестьянина, указав ему, как жить: если крестьянин имел годовой доход, скажем, в пятьсот долларов, ему нельзя было строить дом длиннее 60 футов. Такой крестьянин, став дедом, мог дать своему внуку не более четырех подарков: дешевую куклу, полотняную одежду и т. п. Среднестатистический крестьянин, имевший со своего поля доход до 50 долларов в год, не имел права строить дом длиннее 30 футов. Когда у такого крестьянина рождался ребенок,

---

15 Первый сёгун Токугава был посмертно обожествлен под именем Тосё Дайгонген (東照大權現), «Великий Гонгэн, Свет Востока».

он мог дать ему подарок, мальчику — глиняную фигурку, девочке — тряпичную куклу.

Распоряжения Иэясу проникают во все уголки жизни — начиная со двора и придворных микадо и заканчивая, как я уже говорил ранее, бедным крестьянином. Сам он ненавидел излишества. Он сам жил в скромном доме. Он хотел заставить жить экономно всех-всех. Как истинный буддист, он высоко ценил учение и знание. Но в своей строгости он больше всего был конфуцианцем.

Вот что Иэясу предписывает своим воинам:

> Литература, оружие, стрельба из лука и верховая езда должны быть устремлением каждого. Но литература должна быть на первом месте. Считается, что называть оружие по имени приносит несчастье, однако каждый должен себе уяснить, что когда придет время взять оружие в руки, никто не в праве остаться в стороне...

Еще он наказывал, что при дворе микадо нельзя возвышать человека, который плохо учился. Он также запретил деревне приближаться к деревне, поскольку в обособленности лежит зерно свободы, а социальная общность ведет к восстаниям, и поэтому, если человек покидал свою деревню и без причины приходил в другую деревню — его туда не пускали.

3

— Не говори *кэкко*, пока не увидишь Никко.

Сам Иэясу призывал жить экономно. Но на душе его не экономили. Все, что его внук Иэмицу был в силах сделать, чтобы устроить храм упокоения «Света Востока» красивее и искуснее — он сделал.

— Не говори *кэкко*, пока не увидишь Никко.

Сама природа в окрестностях Никко постаралась сделать это место особенным. Красоты японской природы народ обожествляет с древних времен. Храмы — как те, что построены для упокоения душ, так и буддистские, выглядывают из прекраснейших уголков природы. Реки, озера и красивые горы вызывают уважение в народе. Святые, великие представители Будды являлись обычно в возвышенных местах. Никко окружают горы, достигающие 8000 футов высоты. Дождей здесь хватает, и горы поросли густыми лесами. Водопады, озера, цветы и древние кедры тянутся аллеями через священную местность.

На страже Никко стоит Нантай-сан, святая гора, которую еще в VI веке увидел во сне священник Сёнин и пустился на ее поиски[16].

Поэтому здесь, в Никко, находится священный мост, покрытый красным лаком и украшенный черным с золотым орнаментом, который когда-то очень давно был создан чудесным образом: когда священник Сёнин подошел к водной стремнине, где сейчас находится мост, и остался стоять в раздумье — перед ним вдруг оказался некий святой, перебросивший через реку две змеи. Так был сотворен мост для священника Сёнина, основавшего в Никко первый буддистский храм.

XVII век в Японии был богат художниками, архитекторами, скульпторами, резчиками по дереву и мастерами по бронзе. Золотым и красным выглядывают храмы сквозь зеленые кедры. Множество резных элементов принадлежат величайшему резчику Японии, левше Дзингоро[17]. В храмах — рисунки школы Кано и скульптуры как собственных мастеров, так и лучших мастеров Кореи и Китая. Сокровищам культуры, находящимся во владении этих храмов, нет цены.

Как священен храм Исэ, ибо в нем поселили души императоров и императриц[18], так священен для народа и храм Никко, ибо в нем пожелала поселиться душа Иэясу. И в этом нет ничего удивитель-

---

16 Гора Нантай (男体山, Nantai-san) с момента первого известного восхождения на нее буддийского монаха Сёнина Сёдо (勝道上人, Shōdō Shōnin, 735–817) в VIII веке н. э. стала священной горой и местом паломничества в буддизме и синтоизме.

17 Дзингоро Хидари (左甚五郎, Hidari Jingorō, ок. 1596–1644) был, возможно, вымышленным японским скульптором, плотником, художником, архитектором и актером.

18 Великий храм Исэ-дзингу (伊勢神宮, Ise Jingū) в префектуре Миэ — синтоистский храм, посвященный богине Солнца Аматэрасу. Представляет собой храмовый комплекс, состоящий из множества синтоистских святилищ. Является одним из самых важных мест синтоизма.

ного. Что бы ни думали о нем в странах Запада, какие бы преступления ему ни приписывали, какие бы деспотические черты в нем ни находили — в Японии Иэясу считают тем, кто сформировал на Дальнем Востоке великий и могучий народ... Народ, который за одно поколение встал в один ряд с большими мировыми державами.

«Тот, кто принимает только успех и не способен иногда принять поражение, тот никогда в жизни не создаст ничего великого и полезного»[19].

За то время, что я провел с государственными деятелями в Токио, мне несколько раз цитировали это высказывание Иэясу. И все же современный японец с большим нетерпением гонится, догоняет и стремится перегнать народы Запада, которые на сегодняшний день не намечают никакого пути в лучшее будущее.

4

В революцию прошедшего столетия, когда была сломлена диктатура клана Токугава, продержавшаяся двести шестьдесят лет, новые лидеры создали конституцию по английскому образцу. Две палаты: парламент и Палата пэров. Во время моего посещения Японии председателем Палаты пэров был князь Токугава, который тогда, когда разразилась революция, был еще маленьким мальчиком. Если бы диктатура продержалась, возможно, он бы еще попробовал на вкус, что такое самому быть диктатором.

Когда я получил приглашение на встречу с ним, я представил себе, что увижу человека с традиционным строгим выражением лица, как у многих изображений представителей клана Токугава, знакомых мне из японской живописи. Секретарь Палаты пэров, позднее ставший секретарем двора микадо, д-р Каваи[20], пришедший подвезти меня к князю Токугава, у которого был личный

---

[19] См.: Storry Richard. *A History of Modern Japan*. London: Penguin Books, 1982. P. 60.

[20] Яхати Каваи (1877–1960) в 1953–1956 годах стал президентом Палаты советников (преемницы упраздненной Палаты пэров), верхней палаты Парламента Японии.

кабинет в Палате пэров, — когда я рассказал ему, как я представляю себе князя из рода Токугава, добродушно рассмеялся и сказал, что сегодняшний Токугава — это милый и скромный человек.

В этике Иэясу есть такое место, где он говорит самураю:

— Если к тебе приближается человек и выглядит не так, как ты ожидал, — немедленно отруби ему голову...

Конечно же, человек низкого происхождения под его диктатурой дрожал как осиновый лист, стоя перед человеком высокого происхождения, перед человеком, знакомым с острием меча. Во время моей встречи с князем Токугавой я уже не видел перед собой человека меча. Тихо и скромно он проговаривал свои слова, спрашивая о чем-то иностранного гостя. Он очень часто обращался к секретарю, чтобы тот ответил гостю, поскольку ему самому уже сложно говорить об актуальной политике.

— Чего я желаю сегодня? Мне бы лишь хотелось, чтобы мир воцарился среди всех народов. Когда я был у вас в Вашингтоне на конференции, которую созвал ваш президент, чтобы обсудить ограничение вооружения[21], — я тогда говорил только о большом всеобъемлющем мире...

Наставления Иэясу о том, что учеба — это самое важное и что упоминание названий оружия приносит несчастье, можно было бы приписать тому Токугаве, что сидел рядом со мной триста двадцать лет спустя и скромно описывал добрые намерения своего народа, ищущего сегодня мирные пути для присоединения к большой семье народов мира, для его гостя, сына народа, связанного с народами мира не посредством военных соглашений. Для такого гостя эти миролюбивые речи звучали, как те цветастые выражения, которые слетали с уст восточных дипломатов во все времена и которые перекочевали на языки наших современных радетелей и благодетелей на Западе. Потому что то, что его прадеды делали для отделения Японии от остального мира, сегодняшние внуки уже делать не могут.

---

[21] Речь идет о Международной конференции в Вашингтоне в 1921–1922 годах во время правления президента Уоррена Гардинга, целью которой было ограничение гонки военно-морских вооружений и выработка соглашений о безопасности в Тихоокеанском регионе.

В 1603 году, когда у Иэясу созрели намерение и силы захватить всю власть для клана Токугава и положить начало своей небывалой диктатуре, — тогда микадо присвоил ему титул «Генерал, победивший варваров». Микадо пригласил его на аудиенцию в Киото. В то время лошадей еще не запрягали в повозки. На лошади скакали верхом воины. Особенно же почетным считалось при такой оказии прибыть на воловьей упряжке.

На разрисованных свитках Моринобу Кано есть картина пышного выезда, где Иэясу едет к микадо в Киото. Священники, аристократы, представители армии растянулись по японскому вулканическому ландшафту, а Иэясу Токугава, первый сёгун, сидит в резной, увешанной парчой повозке, в которую запряжен вол.

Хороша разница! Тот выезд на воловьей упряжке и сегодняшние скоростные минные тральщики, крейсеры и броненосцы, аэропланы и цепеллины, и поездка теперешнего Токугавы через Тихий океан в Вашингтон для участия в конференции, на которой ломали голову как ограничить вооружение и ---------------

После того как Хидэёси победил у себя в стране, он послал большую армию на завоевание Кореи и Китая. Когда Иэясу Токугава пришел к власти, он заставил армии вернуться домой. Он искал мира у себя дома и не заглядывался на далекие страны. Поэтому все двести шестьдесят лет диктатуры клана Токугава считаются годами мира.

Однако те в Японии, кто склоняются в военную сторону, говорят: от слишком долгого мира кровь в венах начинает застаиваться...

Только лишь великий мастер школы Кано, который пять лет рисовал жизнь Иэясу, только он понял, к чему его народ должен стремиться: шаг за шагом этот художник оставил позади военных, всадников, мечи и луки и приблизил нас к богатой, красивой природе, где вчерашние воины ходят в образе просветленных людей, в образе мудрецов, для которых пролить каплю крови все равно, что разрушить целый мир.

И даже тогда, когда Моринобу рисует Иэясу на поле боя, видно, как художник старался освободить Иэясу от битв и ввести его в прекрасную весну, где великий полководец будет побежден тем умиротворением, что царит среди цветущих вишневых деревьев.

Революционеры

Человек из народа[22]

Он лидер крайне левого рабочего движения. Как дорога мне встреча с этим человеком! Только в странах Востока можно найти такую просветленную задумчивость и такой чистый идеализм. В Японии его люди жестоко преследуются, поэтому я не хочу называть его имени, хоть он все равно готов идти в тюрьму[23]. Ко мне уже и так приходила полиция, интересуясь множеством ненужных вещей и записав названия газет, с которыми я сотрудничаю. Так что наш открытый сердечный разговор вполне может ему навредить.

Часов в одиннадцать утра он ждал меня у себя дома. На узенькой улочке в Токио я нашел его жилище, состоящее из двух комнат одна над другой и лестницей между ними. Дверь мне отворила его жена, женщина с очень интеллигентным лицом, и, как водится, низко поклонилась. На пороге я снял свои туфли, надел тапочки и по узким, чистым ступеням поднялся на второй этаж. Ожидая в дверях второго этажа, он низко поклонился, и так я вошел в его библиотеку и рабочий кабинет. Очень скромно, чистые соломенные маты на полу с подушками для сидения вокруг четырехугольного низкого письменного стола. Передняя стена, как принято, заклее-

---

22 A yapanisher revolutsyoner [Японский революционер] // *Literarishe bleter*. 11.06.26; A folks mentsh [Человек из народа] // *Di tsayt*. 25.06.1926; *Di idishe tsaytung*. 01.08.26.

23 Речь идет о Тосихико Сакаи (堺利彦, Sakai Toshihiko, 1871–1933), одном из основателей Социалистической партии Японии (1906), Коммунистической партии Японии (1922) и Центристской социал-демократической партии Японии (1930). В 1923–1924 годах в тюрьме, с 1929 года — депутат городской ассамблеи Токио.

на белой полупрозрачной бумагой с тремя маленькими оконцами посредине. На трех остальных стенах — полки с книгами. Над полками — портреты Карла Маркса, Ленина, Троцкого и еще портрет некого молодого японца с вдохновенным лицом. У стола стоял большой горшок с огнем, выполняющий зимой в Японии функцию печки. Этот большой медный горшок наполнен отборным песком, в котором тлеют три длинных древесных угля. Искусно сделанные щипцы торчат из песка рядом с двумя острыми прутьями, которыми поправляют огонь. Но в комнате нет тепла.

Мы опустились на пол и какое-то время молчали. Он смотрел на меня без слов, а я на минуту задумался о его внешнем виде. Из его несколько округлого желтоватого лица проглядывало нечто похожее на образ Будды: задумчивость Будды, просветленный взгляд Будды, падающий на землю и освещающий его подножие. Ему лет пятьдесят, не больше, но он полон тревоги за мир.

Какой контраст представляет собой его тревожность с теми графами, принцами и просто людьми из правительства, которым общественное мнение в Японии заглядывает в рот! Те говорили много и мало молчали, он же много молчал и мало говорил. Для тех Япония — это великая держава с войсками, военными кораблями, мировой политикой, а для него Япония — это мир большой бедности, нищеты и дегенерации. Для тех Япония — это страна, где модернизация индустрии создала ряды заводов с высокими трубами, и вот-вот она сможет конкурировать даже с Америкой. А для него Япония — это страна, где маленькие дети работают за мизерную плату на текстильных фабриках и где слабые женщины, запроданные и опустошенные, работают непрерывно по многу часов на ткацких фабриках. Для тех Япония — это восьмидесятимиллионный народ, живущий в тесноте, где нужно искать место для лишней публики, а для него большая часть этих миллионов — это рабы, которые на протяжении поколений склоняют голову перед каждым, кто лучше одет.

Медленно, на довольно чистом английском он обрисовал картину того, как живет крестьянин в большой бедноте, как землевладелец дерет с крестьянина шкуру и как крестьянин с женой и детьми уходит с поля в город, на фабрику, где обнаруживает еще более тяжелую жизнь. Из народа выдавливают достаточно средств на непропорционально большое вооружение. Он рассказывает, как правительство всеми средствами разрушает любую организацию, где только есть намек на социализм, а лидеров сажает в тюрьму.

— Нет у нас социалистической партии в общепринятом смысле, — рассказывает он, — правительство все подавляет. Движение в глубоком подполье. Есть рабочая партия, напоминающая Американскую рабочую федерацию. К ней примыкают крестьяне. Сегодня не у всех мужчин есть право голосования. Только на следующих выборах уже все мужчины будут допущены на выборы, и это изменит официальный статус рабочих. Может, тогда и мы будем иметь слово в парламенте.

Его рассуждения напомнили мне Россию в период первой русской революции и позже, в период Думы. И тут мне стало ясно, почему сегодняшняя Россия — за тот новый Восток, о котором я говорю, откуда идет мудрость и освобождение. Я искал схожие черты между портретами Ленина и Троцкого у него на стене — Ленин в залихватски нахлобученной кепке и Троцкий с очень агрессивным видом — и лицом японского революционного лидера, что сидит рядом со мной на полу в мягком шелковом кимоно, наполненный восточной традицией и восточными мечтами.

Нет никакого сомнения, что Япония еще в наше время переживет серьезную революцию — кровавую или бескровную, это сегодня не вопрос. Скорее всего бескровную, что продиктовано внутренним восточным пацифизмом. Капиталы находятся в руках нескольких старинных родов высокого происхождения. В их руках страна, правительство, парламент и Палата пэров. Микадо ни на что не влияет. Старейшина семьи традиционно правит семьей, против чего бунтует молодежь.

Он говорит совершенно спокойно:

— До недавнего переворота в России у нас не было рабочего движения. Сегодня к нам приходят оттуда и теория, и практика.

Он немедленно спохватывается и добавляет, что в Японии — другой народ, и что в Японии революция будет носить иной характер, чем в России.

Он не объясняет мне, в чем его народ другой, но, глядя на его лицо Будды, на его изысканные руки, на его мягкое темное шелковое кимоно, я вижу разницу.

Японцы — народ дисциплинированный. В японцах отчасти сидит немец. Не только в смысле милитаризма, но и в общем образе жизни, в экономности, в стремлении не дать ничему пропасть, в чистом содержании улиц и домов и даже в свертках еды, которые каждый берет с собой в дорогу.

Именно внутренняя немецкая дисциплина помешала в Германии рабочим удержать то, что у них уже было в руках. А здесь, в Японии, сильно боятся, как бы во время разрушительной революции не произошло то, что в Китае, от которого каждый сегодня рвет куски. Это ведь тот самый Восток, на который звериный Запад точит зубы.

Две основные религии, частично слившиеся в сознании масс — синтоизм и буддизм, воспитали в народе невероятную умиротворенность из-за органической связи этих религий с природой. Люди сидят не в храме, а снаружи, перед храмом, под цветущими вишнями весной, потом под пахучими глициниями, а в конце лета под красным кленом. Это и есть причина того, что народ здесь обладает таким оптимизмом в условиях подневольной жизни. Сложно представить ту степень одиночества и несчастья, при которой японец должен достичь абсолютного недовольства. Это не христианское учение, которое можно подорвать в народе. Это некая живая мудрость, органически связанная с каждым легким шагом, который делает японец. В русском человеке во все времена бытовал этакий злой дух, разбивавший зеркала, когда тот напивался. А японец — напьется, и на него снисходит полная мера безмятежности и спокойствия.

И все же сложно предсказать, на что способен такой народ, как японский, когда ему на шею ляжет веревка. Все зависит от того, как много времени пройдет, пока крестьянину и рабочему покажут и докажут, что веревку на его шее затягивает чужая рука. Современное развитие индустрии, западные идеи и много еще более глубоких причин будят в народе недоверие к тому, что называют традицией.

— Когда объявляется забастовка, — рассказывает мне хозяин дома, — приходит полиция и забирает всех бастующих в тюрьму.

В Японии полно полиции и полно штрейкбрехеров, желающих занять освободившееся место на фабрике.

Он сам готовится отсидеть большой срок в тюрьме. Он должен был идти туда еще зимой, но всевозможными уловками он оттянул это до весны.

— Тюрьмы тут совсем холодные, — говорит он с грустной улыбкой, — я с ними хорошо знаком. Сейчас холодная тюрьма сделала бы меня совсем больным. Летом мне будет там легче.

Его жена принесла чай на подносе, поставила его на стол и сама уселась на подушку рядом с нами, прислушиваясь к разговору. Я спрашиваю ее, как обстоит дело с правами женщин в Японии. Она покраснела, а он ответил:

— Женщина у нас в стране гораздо более отсталая и, в сущности, совсем бесправная.

Я интересуюсь портретом молодого японца на стене. Он рассказывает мне, что это был его близкий друг, которого повесили более десяти лет назад[24].

Спустившись с верхнего этажа, они провели меня в нижнюю комнату. Характерная черта японцев — показывать свой дом. На солнечной стороне — маленькая веранда с миниатюрным садиком. Разнообразные деревца и цветы в горшках, а среди растений грелась на солнце большая желтая кошка. Они мне с любовью показали каждый листик, раскрывающийся навстречу солнцу, и миниатюрное вишневое деревце, на котором уже завязалось несколько почек. Я смотрел на его красивую голову Будды и на его нежную тихую жену и видел в них все самое лучшее, что есть в японском народе.

Весна играла среди цветов, выращенных с большой любовью, и было больно думать о том, что он должен идти в тюрьму из-за его глубокой тревоги и преданности своему народу.

После недолгого молчания в его цветочном саду мы распрощались.

---

[24] Это был Сюсуй (Дэндзиро) Котоку (幸徳 傳次郎, Kōtoku Denjirō, 1871–1911) — журналист, анархист, переводчик Маркса, Энгельса и Кропоткина. В 1910 году Котоку был арестован по подозрению в планировании покушения на императора и вместе с десятью соратниками повешен после тайного судебного процесса.

Женщины

С опущенными ресницами[25]

Женщина в Японии отличается от своих сестер на Востоке. Религия и традиция не закрыли ее лица, как у матометанок. Но религия и традиция, не обеспечившие женщине равной доли во всем мире, согнули голову японки, запретили ей смотреть прямо вперед.

Когда я присматриваюсь к высшему классу, не к поднявшимся из низов, а к представителям «голубой крови» — князьям и дворянам, входящим в императорский двор, — у них глаза открыты. У мужчин больше, у женщин меньше. Низший класс, тянущий через поколения свою нищету и унижения — у него глаза узкие, почти закрытые. Иногда поражаешься, когда видишь разрез глаз, начиная с аристократов до самых простых выходцев из народа. Тогда кажется, что потомки поколений, живших с опущенными ресницами, впоследствии родились с более узким разрезом глаз. И потому в Японии у мужчин глаза более открыты, нежели у женщин. Ее ресницы постоянно опущены, скрывают прямой взгляд.

Все же, когда видишь в Японии женщин наедине, на улице, в парках, особенно в праздничный день, когда даже бедные работницы одеваются в пестрые цвета — можно думать, что женщина властвует в жизни. И потому дома здесь миниатюрны, очаги такие уютные, сильно развита любовь к цветам, и шаг у женщив тихий, скромный. Напротив, когда видишь мужчин

---

25 Mit aropgehongene bremen [С опущенными ресницами] // *Di tsayt*. 27.08.1926; *Di idishe tsaytung*. 25.09.1926. Здесь с небольшими поправками по публикации: Гиршбейн Перец. С опущенными ресницами // *Красная нива*. 1926. № 10. С. 10–11 / пер. Элиазара Магарама.

наедине, в стороне от городского шума, также в праздничный день или на банкете (куда не берут с собою жен), когда он одет в свое темное длинное кимоно с открытой шеей, с непокрытой стриженой головой, прямыми плечами и устремленным вперед взглядом, можно думать, что здесь поддерживается культ древних римлян.

Но когда видишь мужа с женой вместе, становится досадно. Он идет впереди с деспотическим выражением на лице, она шагает позади с поникшей головой и опущенным взором. Он одет в темные цвета, она в пестрые. У шеи гармонически выделяются цвета каждого кимоно отдельно. Поверх своих кимоно женщина одета в более короткое кимоно, заменяющее здесь пальто или накидку. Но нижнее кимоно, подпоясанное широким поясом — оби, завязывающимся на спине, как солдатский ранец, делает фигуру японки согбенной и горбатой. С одной стороны, оби скрывает ее грацию, с другой — подчеркивает ее рабскую подчиненность на всем протяжении ее жизни. Иногда создается впечатление, что красиво завязанное оби на спине — сознательный придаток, занимающий место ребенка, предназначенного женщине носить на спине. Ибо совсем свободной ей запрещено быть. Удивительно, как можно было допустить в красивой одежде японки такой дефект! Вместе с полной гармонией цветов и линий, которые способствуют выражению грациозности японки, сзади накрутили широкий бант из тяжелой парчи, длиной около пяти аршин, завязывающийся подушкой на спине. Возможно, что рабский инстинкт выявился в красиво завязанной оби на спине. Это становится ясным, когда видишь женщин с привязанными детьми на спине и женщин без детей. Оби на спине так и просится, чтобы туда посадили ребенка.

Женщина в своем собственном доме у мужа находится в тени тестя и тещи, шуринов и невесток, прародителей мужа — она обязана выносить капризы всех. Женщина в Японии всегда приходит в семью мужа. Ее родной дом умирает для нее после свадьбы. По традиции устраивают живые похороны дочери после ее выхода замуж — она окончательно уходит из дома. Обычно выметают дом, зажигают огни у ворот для ее души, одевают белые похоронные одежды. Белый цвет — выражение печали у японского народа. Она на веки ушла в чужой мир. У нас это был бы *свой мир*, но в Японии она сразу попадает в семью мужа и не имеет больше над собой своей власти. Даже муж не может привлечь ее на свою сторону. Между женою и родными мужа, из которых каждый требует своей доли уважения, стелется ее тяжелая жизнь. Родители никогда не получат зятя для дочери в собственном доме. Никакой зять не пойдет в дом жены. Народная поговорка говорит: «Если у тебя имеется хоть горсточка рису, не иди жить к родителям твоей жены».

Во всем мир статистика показывает, что количество женщин больше числа мужчин. Иногда процентное отношение довольно высоко. Это объясняют тем, что мужчина подвержен более тяжелой и напряженной жизни, нежели женщина, несмотря на то что она обречена вынашивать детей и рожать. Мужчина работает в шахтах, ходит на войну, социальный порядок сокращает его дни. В Японии напротив: мужчин на миллион больше женщин. Это доказывает, что женщина здесь подвергается большему гнету, который сокращает ее дни. Она с детства воспитана религией и традицией к послушанию и терпеливо переносит все невзгоды. Мало того: она так воспитана, что с неизменной улыбкой на устах переносит издевательство со стороны семьи мужа. Она не может жаловаться, ибо разведенная жена считается опозоренной на многие поколения. Женщина вносит радость в жизнь мирным отношением к окружающим, Но жизненное колесо размалывает ее, как зерно на мельнице. Она принимает участие во всех тяжелых работах. Занятия, которые не по силам женщине даже у самых отсталых народов Запада[26], в них впряжена здесь японка. Она работает в угольных копях, тянет тяжелейший груз, с детства работает на всех фабриках.

На 47 000 фабрик и заводов, которые официально числились в Японии два года тому назад, работали свыше 800 000 мужчин и 900 000 женщин. Среди последних 224 000 девушек моложе 16 лет. В настоящее время в шахтах работают 84 000 женщин. В темных закоулках угольных копей можно встретить женщин.

---

[26] В переводе Магарама: Востока.

Среди них огромное количество девушек-подростков младше 16 лет. Становится понятным, почему количество женщин в Японии меньше количества мужчин.

Наблюдаю здешнюю жизнь. В присутствии мужа, когда он разговаривает с кем-нибудь, жена стоит вдали. Когда появляется третье лицо к столу, где супруги сидят, жена поднимается и низко кланяется, а муж остается сидеть. На всем своем жизненном пути женщина робко шагает позади. У нее нет права голоса. У нее вообще нет голоса. При разводе у матери отбирают детей. Иногда *семья мужа* дает ей развод, когда она имеет сильное влияние на него или когда тот чересчур сильно любит ее. Два года тому назад в Японии было свыше полмиллиона венчаний и в том же году свыше 50 000 разводов. Причем не женщина уходит от мужа, а муж *отсылает* жену. Когда видишь скромность и подчиненность японки, только тогда начинаешь понимать, как жестоко опутывают женщину в средней семье, куда она приходит прожить свою жизнь. Тещи, которые в молодости сами натерпелись от своих тещ, садически мучат невесток. Муж не имеет права заступиться за жену в присутствии матери. В присутствии тещи жена всегда неправа. В отдаленном углу он лишь может приласкать ее. Японская пословица говорит: «Сестры мужа для молодой жены — сеть тысячи врагов». Действительность вызвала к жизни эту пословицу.

Казалось бы, что Япония, перенявшая с таким широким размахом западную культуру, могла бы поучиться на Западе и отношению к женщине. Япония так много берет в Америке, но не замечает личной свободы, которой пользуется американская женщина. В этом отношении Япония берет лишь пример со своих ближайших соседей на Востоке. Религия, внушающая не бояться смерти, которая учит, что страдания — ничто, религия, сплетавшая в жизни потустороннии души и души, сидящие у своего порога, — в этой колыбели духов закачали женщину и всех тех, кто идет с поникшей головой.

Живя в Японии и наслаждаясь спокойным миром вокруг, многое проглядываешь. Женщина здесь не выносит свою печаль на улицу, на ее лице не видно слез. Она выплакивает их в широком рукаве своего кимоно и когда поднимет голову, на вас смотрит ясное лицо, а в узком разрезе миндальных глаз чудится свет затуманенного утра.

Я встречал весною группы девушек-работниц, которые очень тяжело работают [на прядильных фабриках[27]] за ничтожную плату. Меня удивила чистота их одежды и то, как они радовались весне[28]. Можно быть одетой в прекраснейшие одежды, а ребенок, завернутый в узле огненных цветов и птиц, едет на спине матери, не то орлом, не то маленькой обезьянкой. Малыши здесь долго разъезжают на спинах матерей, ленятся идти пешком, когда уже могут ходить. Они также разъезжают на спинах старших братьев и сестричек. До последнего времени матери кормили детей грудью до трех лет. Теперь закон запрещает кормить ребенка грудью после двух лет. Однако не редкость видеть и теперь, как здоровый паренек со всеми зубами — хоть орехи грызть — лезет к матери, вытаскивает из кимоно ее грудь и привычным движением сует себе сосок в рот. Молодое поколение, кончающее новую школу, смотрит свободнее на жизнь. Он и она стремятся вырваться из традиционного плена семьи, державшей в кабале молодежь. Об этом открыто жалуется старое поколение. Среди рабочих масс растет более широкое сознание окружающего, свободное от многих вещей, с которыми традиции связали жизнь японского народа и поставили его в тени примитивных благ и стремлений.

Несмотря на то что представители страны в беседах говорят мне, что «все в Японии меняется согласно намеченной программе, а не так, как Европа для них наметила» и, в частности, относительно положения женщины они стараются меня убедить, что она лишь красива в узкой раме японских традиций и тяжела будет жизнь, когда женщина будет свободной, я — гость, вижу, как их захватывает, словно тайфун, западное влияние, хорошее и плохое. Освобождение женщины несомненно принесет много хорошего японскому народу, а скромный характер японки еще более украсит путь к ее освобождению.

Нара, 1926 год

---

[27] В переводе Магарама эта деталь пропущена.

[28] В переводе Магарама: их наивная радость природой.

Цветок лотоса[29]

1

Как шелковичный червь моей матери,
Что лежит, спрятавшись в своем коконе,
Так и я лежу наедине со своей грустью,
И некому мне доверить свои печали,
Хотя в глазах моих блестят капельки слез.

Японская песня

Цветок лотоса поднимается с неподвижного дна и тянется вверх на своих зеленых, сочных стеблях к поверхности воды. Наверху он раскидывает свои круглые, сочные листья, над которыми восходит белоснежный цветок с восемью лепестками. Из вязкого ила поднимается он во всей своей чистоте к водной глади, еще более чистый и незапятнанный.

В очень давние времена — времена, давно оторвавшиеся от человеческой памяти, цветок лотоса появился в болотистых, заливаемых монсонами тропических долинах Индии. Индийский народ верил, что Шива, великий бог и разрушитель, сидел на раскрытом листе лотоса и наблюдал, как потоп заливает весь мир. Великий бог Шива избрал именно лотос местом своего сидения в тот ужасный для грешного мира момент.

Позже, когда в жизнь в пыль униженного народа спустился из дома своего правящего отца великий утешитель и избавитель всех гонимых и униженных Гаутама Будда, он указал на цветок лотоса и сказал:

— Вот видите: цветок лотоса выходит из вязкого ила, но поднимается на поверхность незапятнанный, светлый и чистый. Так и человек может подняться над своими грехами просветленным, если он вознесется над страстями и ненужными желаниями...

Народная фантазия в Индии позже принесла светлый, распустившийся цветок лотоса в дар просветленному Сакья-муни,

---

29 В машинописной копии: “Di lotos-blum” [«Цветок лотоса»]. *Papers of Peretz Hirschbein.*

чтобы тот мог на нем сидеть и править суд над этим грешным миром. В последующие поколения образ Будды перекочевал из Индии в Китай вместе с народной фантазией. Учение Будды перекочевало в Китай и Корею вместе с образом Будды, сидящим со сложенными руками на распустившемся цветке лотоса.

В VI веке, когда японский народ перенес учение Будды к себе, посадив его в свою вулканическую почву, он перенес и его сидящий на раскрытом цветке лотоса образ... Тогда-то и сам цветок лотоса привезли в Японию, выискивая для него место в вязком иле. Для него создали священные озера вокруг буддистских храмов и вокруг дворцов микадо и сёгунов. Тогда и крестьянин отгородил на своих залитых водой рисовых полях священный прудик, где посадил цветок лотоса.

Конечно же, крестьянин редко сам ест свой рис. Для него слишком расточительно самому наслаждаться тем лучшим, что приносит земля его стараниями. Но кто ему не позволит в начале весны наслаждаться цветущими вишнями под собственными окнами? И кто ему не позволит с удовольствием распрямить свою согбенную спину, когда соленый пот на его лице уже смочил его губы? А когда пересаженные рисовые кусты уже высоко поднялись над водой — кто не позволит его взгляду отдохнуть на зеленеющем, раскинувшемся над священным прудом, поднимающемся из вязкого ила чисто вымытом, самим по себе очищенном цветке лотоса?

И кто мог запретить тихой Танами, дочери бедного крестьянина Цуцуки, успокаивать свои разгоряченные чувства в зелени и белой чистоте цветка лотоса на скромном рисовом поле своего отца?..

2

Танами, когда ей было двенадцать лет, хоть она и была единственной дочерью, все же на ее узкие плечи легла ноша крестьянской бедности. Сказать, что Танами глядела с затаенной дрожью на цветы лотоса на рисовом поле ее бедного отца, когда они тянули к солнцу свои тонкие зеленые шеи, — это не было бы особой похвалой Танами. Цветы в Японии, а в особенности цветы лотоса — воплощение просветленной чистоты. Каждый японский ребенок знает, что в цветах нужно искать собственную душу, поскольку в каплях росы на цветах частенько купается душа народа.

Если Танами и искала в лотосах, что в пруду на поле ее бедного отца, если она и искала в них смысл собственной жизни, то в этом повинен нездешний ветер, прилетевший издалека, разворошивший круглые сочные листья и обнаживший напитанный зеленью сочный ил под неподвижной гладью священного пруда.

Конечно же, в ее доме царила бедность, как и полагается японским крестьянам, арендующим кусочек земли и оплачивающим его половиной плодов, которые приносит их тяжкий труд с ранней весны и по позднюю осень, когда затопленное поле уже собирается замерзнуть. Танами росла, как и все другие сельские дети в Японии. Как только ее маленькая детская спина смогла принять на себя ее младшего братика — мама его к ней и привязала. Как и другие девочки в Японии, она уже к восьми годам могла танцевать в хороводе со своим младшим братиком за плечами. Ее научили чтить не только всех взрослых людей, но и всех, кто был ее старше в доме. В деревенской купальне, куда мужчины и женщины, свои и чужие приходят омыть нагое тело в кипящей воде, Танами мыла и свое тело среди других тел, среди отцов и матерей, своих и чужих.

Конечно, человеческое тело — это не что иное, как тело лотоса, что выходит на белый свет в благородной наготе. Сказано про японца: он видит тело нагой женщины, но не смотрит на него... Так было и с Танами. Когда в ней начала созревать женщина, то из Танами-ребенка вытянулась юная голова, прямо как цветок лотоса поднимает на рассвете свою голову, еще украшенную жемчужными каплями росы. Так и женщина в Танами вытянулась, светлая — как цветок лотоса, хотя и не такая, как цветок лотоса, гордая. Женщину учат еще с детства, что она не должна поднимать голову слишком высоко. То же самое и для глаз, они должны направлять взгляд на собственные шаги, тогда как вся жизнь женщины принадлежит человеку, которому она должна будет отдать свою покорность за право быть женой, за право быть женой того, кто заберет ее из отчего дома. Она уже к двенадцати годам знала, что когда она уйдет из дома отца, ее будут считать умершей. Под своим собственным именем ей в дом отца уже не вернуться. Но в этом Танами не была исключением. Это знает каждая девочка-ребенок в Японии с раннего детства.

3

Однажды к ним в деревню пришел чужак, одетый в черное. Танами предположила, что этот чужак из тех, про которых рассказывают, что они собирались забрать Ниппон на свои корабли, увезти с собой всех людей с их родины Ниппон далеко-далеко и бросить их в море...

Чужак поприветствовал на их собственном языке, на котором говорят мать с отцом и все в деревне. Более того, если бы его лицо не отличалось так от других, если бы его лицо не было так похоже на тех людей, которых ей показывали в книжках о дальних странах, на людей, которые живут где-то далеко по ту сторону широкого моря, то по языку этого чужака она могла бы подумать, что он пришел из соседней деревни или из города. Была середина лета, вечер; она и мать вернулись домой, неся за спиной охапки рисовых кустов, которые до времени засохли. Ее отец пришел позже. Младшие братики окружили чужака и молча на него глядели. Все долго молчали, пока чужак не попросил позволить ему остаться переночевать, поскольку ему еще далеко идти, и туда, куда ему нужно, ему сегодня не дойти.

В тот вечер чужак долго-долго говорил с ее отцом. Многие слова, которые до нее донеслись, были ей не ясны. Он рассказывал о Боге, который в небе. Отец на это ничего не ответил. Еще он говорил о грешных людях, причинивших тому Богу много зла, и что люди в Ниппон должны много мыться, чтобы смыть грехи перед тем человеком... Он еще кое-что сказал — что купальни, где моются люди в Ниппон, делают человека нечистым... Ибо, если мужчина и женщина моются в одних водах — оба совсем голые, то тогда они становятся еще более нечистыми... И так он сказал:

> Тело женщины становится нечистым, если на него падает взгляд чужого мужчины, а глаз мужчины начинает плохо видеть, если он напитался нагим телом женщины...

Она ясно услышала, как чужак это сказал, и еще она услышала, как ее отец на это рассмеялся. Она тогда тоже бы рассмеялась, пойми она речь чужака в целом.

Чужак, ночевавший у них, ушел очень ранним утром, оставив после себя какую-то недосказанность. Ее отец какое-то время раздраженно что-то говорил сам себе. Ее матери он сказал: это большая глупость быть добрым к этим чужакам, которые приходят и якобы просятся на ночлег, а в качестве оплаты оставляют тебе свою непрошенную мораль, рассказывая сказки о Боге, что пострадал за людские грехи.

— Почему он мне не рассказал что-то, что облегчило бы мою бедность? — злился отец. — Почему нынешней зимой мне снова нужно будет отдать весь рис до последнего зернышка, а когда зацветут вишни, моя бедность встанет у меня слезами в глазах? Пусть он идет со своими разговорами к горожанам, пусть он им там рассказывает о Боге, что пострадал за людские грехи и из-за этого попал на небо...

Так отец ворчал, а мать ничего не отвечала. Это было поздним летом, когда цветы лотоса уже вытягивают свои шеи из стоячей воды наружу, тянутся на зеленых шеях из вязкого ила и покрываются блестящими каплями росы.

4

«Тело женщины становится нечистым, если на него падает взгляд чужого мужчины, а глаз мужчины начинает плохо видеть, если он напитался нагим телом женщины...»

Почему Танами именно эти слова чужака восприняла так ясно? Почему с тех пор, как чужак в черном одеянии сказал эти слова ее отцу, почему она сама начала думать о своем теле всякий раз, выходя из деревенской купальни, когда на ее юном теле выступала теплая роса, подобная той росе, что иногда поднимается с рисовых полей, той росе, что иногда поднимается с их скромного священного пруда, где цветок лотоса вытягивает свою шею из стоячей зеленоватой воды?

«Как цветок лотоса выходит из вязкого ила такой чистый, такой светлый — так и человек должен подняться над своими страстями просветленным и чистым...»

Чем ее тело отличается от тела цветка лотоса? Понятно, что лотос, как и многие другие цветы, не выносит, когда трогают его наготу пальцами. Есть цветы, которые вянут, желтеют, когда дотрагиваются пальцами до их лепестков. Но взгляд? Есть цветы скромные, стеснительные. Есть цветы, требующие любоваться собой в разгар их цветения. Так цветок лотоса вытягивается высоко над водой; он тянется вверх на своей тонкой шее, чтобы его благословляли взглядами...

Когда-то просветленный Будда сидел на раскрытом цветке лотоса и утешал униженного в пыль человека. А когда-то, очень давно — рассказывают верующие в Индии — на цветке лотоса сидел бог-разрушитель Шива во время потопа, сошедшего на Землю, чтобы затопить и уничтожить все живое на Земле.

И еще: слова чужака, указавшие ей на ее тело и велевшие ей прикрыть наготу от чужих глаз, — эти слова позже разбудили в совсем еще юной Танами такую женщину, которая была матери Танами совсем не известна. Танами часто прижимала к сердцу свой бедняцкий сямисэн, щипала струны и не очень удачно извлекала звуки из его трех струн. Этим звукам подпевало ее сердце:

Как шелковичный червь моей матери,
Что лежит, спрятавшись в своем коконе,
Так и я лежу наедине со своей грустью...

В Японии в качестве хорошего образца для жизни принято еще брать вишневые цветки, которые опадают с дерева на землю до того, как они начинают вянуть. Никаких славословий не пелось в старые времена тому, кто увядал на виду у всех, и по сегодняшний день все еще заложено с рождения в японской крови не выказывать слишком заметно боль и не вздыхать слишком громко от болезни, съедающей тело и саму эссенцию жизни.

Тоска охватила юную крестьянскую девушку Танами, внезапно почувствовавшую, что ее нагое тело становится запятнаным, когда его задевает взгляд чужого мужчины. А собственное тело, которое отражалось в цветке лотоса, сам лотос стал в чем-то подозревать...

Это не иллюзия: если не полениться и приблизиться с рассветом к священному пруду, где растет с древних времен почитаемый великими восточными народами цветок лотоса; если приложить к нему свое ухо в то время, когда наливается цветом созревший бутон, — то слышен сочный хруст. Это бутон открывается навстречу солнцу, касающемуся его своими горячими пальцами... Хруст этот — знак того, что скрытая жизнь больше не может оставаться скрытой...

Не случайно появилась в стародавние времена грустная песня о цветке лотоса, считающемся самым чистым и светлым цветком, который показывает миру, что жизнь должна быть просветленной. Поэтому-то этот цветок и выставляет на белый свет капельки росы, заставляя нас принимать их за жемчуг и бриллианты:

> О, светлый цветок лотоса!
> Как же ты нас обманул!...

До самой истины Танами так и не докопалась. Но она нашла путь, который привел ее из отцовского рисового поля в большой город, на улицы, где цветок лотоса уже больше не служит примером человеческого просветления...

Она добралась до того места, где мужской взгляд, дотрагиваясь до нагого женского тела, становится подобен вишневому цветению, до времени опадающему с дерева...

Страна огородов

Японские поля[30]

Что еще можно требовать от мамы-земли? Как лежащая на боку мама-свинья, к животу которой прижимаются десяток ее малышей и жадно тянут молоко из ее сосков, так, распластавшись, лежит и мама-земля, а крестьяне тянут из ее гористой груди свое пропитание. Это то хорошее, что мама-земля может дать своим сынам, если те искренне привязаны к ней.

Я с раннего утра в пути из Токио в Киото. Скоро уже стемнеет, и все тянутся и тянутся огороды за огородами вдаль и вширь, в гору и с горы. Вверх по склонам гор зеленеют террасы. С гор вниз — как широкие ступени к здешним храмам. Лучшая из домохозяек не нарежет так круглый пирог, когда у нее полон дом гостей, чтоб каждому достался маленький кусочек, как мама-земля дала тут себя поделить на разные участки: угловые, трех- и четырехгольные, каждый по-особенному обработан и по-разному засеян.

В Японии нет полей, а только огороды. То, что у нас ржаное поле, тут ржаной огород. У нас пшеничное поле, тут пшеничный огород. То же самое с рисовыми, просовыми и овсяными полями. Здесь нет места диким травам, ягодам и колючкам. Нет такого растения, чтобы японец не смог бы уговорить маму-землю дать ему растить его в ее теле.

Если б не было видно людей в поле, если б не было видно крестьянина или крестьянку за работой, то глядя на ровные,

---

30 Yapans felder (brif fun Yapan) [Поля Японии (письма из Японии)] // *Di tsayt*. 05.07.1926; *Di idishe tsaytung*. 08.08.1926.

высокие грядки и на чистые всходы колосьев или зелени, можно было бы подумать, что здесь живет волшебный народ, который обрабатывает землю умными машинами, движимыми электричеством или какой-нибудь другой уникальной силой. Идет себе человек с тросточкой, напевает песенку, а работа делается автоматически сама по себе. Ибо голыми руками так не обработать землю, чтобы она откликалась таким образом. Но с большим удивлением и с большим сожалением смотришь тут на человека за работой и понимаешь, что теснота, бедность и нищета — это та сила и та машина, что завладела японским крестьянином.

Ни лошадь и ни вол не помогают крестьянину в его работе. О лошади вообще речь не идет. Редко-редко увидишь даже в городе, чтобы лошадь тащила груз. Человек — это тот, кто тащит узкую и длинную тележку с грузом, балансирующую на двух колесах посредине. Чтобы катить ее с горы, существует доска, выходящая из-под тележки. Человек наклоняет груз так, чтобы эта доска терлась о землю, тормозя тележку. Изредка тележку тащит один вол с круглым ярмом на шее. Часто на помощь приходит верная собака или даже две собаки, помогающие человеку тащить тележку с грузом. В поле в течение дня я видел лишь несколько раз, чтобы вол тащил узенький плуг, распахивая рыхлую землю. В основном же это сам человек, мужчина или женщина, и сложно понять, кто работает тяжелее. Мне кажется, что женщина работает в поле тяжелее.

Та область, о которой я пишу, снабжена каналами. Из рек по каналам вода идет в поля. Область эта горная, и вода доходит повсюду. Это лучшая система из тех, что я видел. Прежде чем начать вскапывать землю, на нее пускают воду. Земельный участок окружен земляным валом, так что вода остается стоять, размягчая почву. До колен в жиже стоят мужчины и женщины с большими примитивными мотыгами — длинными изогнутыми железяками на палках. Ими разрубают массы земли шаг за шагом и переворачивают глыбы. Если у каждого крестьянина, как мне говорят, в среднем по четыре акра земли, то это довольно много работы, чтобы таким инструментом вскапывать землю несколько раз в году, ведь крестьянин обрабатывает в сезон землю не один раз.

Вот я вижу, как тянутся узкие, высокие грядки, а между грядками глубокие канавы. Такие ровные, такие чистые, невозможно содержать чище земельный участок размером со стол. В канавах посеяно что-то другое, тогда как на грядках уже выросли колосья. Когда урожай на грядках будет готов, на его месте снова что-то посеют. И что только не делает крестьянин, чтобы все это росло! Тут он прикрывает тонким слоем соломы, там он посыпает землю селитрой, тут у него растет что-то под рогожей, а там вьются растения на шестах. Всюду при работе — собственное усердие и спокойная систематичность.

Что еще можно требовать от человека? Что еще можно требовать от земли? Я с удивлением смотрел на красивые поля, на сотни акров огороженной земли в Северной и Южной Америке, в Новой Зеландии и в Австралии, где моторы тянули ряд плугов шириной в десять футов, где машины сеяли, а потом большие косилки и молотилки снимали урожай, перемалывали и наполняли мешки. Теперь же я вижу, с каким потом достается хлеб здесь.

В этом нет ничего удивительного. 80 000 000 душ проживают в Японии на территории ровно в семьсот тысяч квадратных миль. Не только земля здесь дорогая — каждое зернышко риса ценится здесь у народа. Поэтому-то я часто вижу, как приносят Будде в дар несколько зернышек риса. Что еще может принести крестьянин своему великому учителю и богу? Что еще, если не плоды своего горького труда? Если бы крестьянин обрабатывал свой собственный земельный надел, будь он даже пару акров, это было бы уже неплохо. С неприхотливостью, с огромной самоотдачей работе, с помощью жены и детей — он бы имел свой заработок. Но земля крестьянину не принадлежит. В стародавние времена земля принадлежала государству. Я не знаю, насколько тогда лучше было положение крестьянина. Тогда были другие времена. Сейчас, со времен новой эры 70-х годов прошлого столетия, эры Мэйдзи, когда Япония повернулась лицом к западной цивилизации, земля попала в руки частных владельцев, и крестьянин землю арендует. Он платит землевладельцу 50 % урожая. Это грабительская эксплуатация, если взять в расчет то, что крестьянин получает от маленького участка земли на протяжении года. Это ведь не только вспахать, засеять, дождаться дождя вовремя, вырастить все милостью природы, обработать машинами и отдать хозяину его долю. Нет. Это значит круглый год вставать засветло и уходить с поля с заходом солнца, вместе с женой и детьми тянуть жилы. Это значит орошение, когда нужно работать по колено в жиже, когда ранней весной в суровые холода крестьянину приходится стоять на красных опухших ногах по колено в воде. Неудивительно, что крестьянин страдает от разного рода болезней. Неудивительно, что у него боли в ногах.

Меж полей тянутся узкие тенистые тропы. Крестьянин несет свое богатство на плечах при помощи коромысла с двумя корзинами. И он, и она взвалили на себя связки соломы, ветки, охапки дров, и я поражаюсь тому, как хрупкие люди могут тащить такую ношу? На ум приходят муравьи, которые таскают на себе грузы намного тяжелее и намного больше их сосбственного тела. Обработка поля таким способом в сегодняшнее время связана с человеческим прогрессом. С полной мерой цивилизации в поле придет прежде всего полная мера нищеты. Это уже здесь: крестьяне бегут с поля на фабрику.

За всем этим видишь в поле и характер японского народа, его лучшие черты. Как бы скупа ни была эта страна, как бы дорог ни был для крестьянина каждый клочок земли, все же видно, что он постарался посадить еще и деревья, исключительно ради красоты. Деревья, которые цветут, но не плодоносят.

Между полями не видно никакой скотины. Нет и овец. По крайней мере, в провинции Ямато, о которой я веду речь сейчас, это редко где увидишь. Ибо как можно здесь содержать корову или овцу? Где взять для них пастбище? Иногда кажется, что здесь вообще нет никакого домашнего скота. Есть только люди и человеческие руки, способные на чудеса.

Японский ландшафт — самый необычный из тех, что я до сих пор видел. Культура обработки земли заставляет его выглядеть иначе. Из природы тут изгнали все дикое и примитивное, на всем лежит печать этой культуры. На каждом склоне горы, даже на холмах высотой в пару сотен футов тянутся зеленые террасы.

Каждое растение, каждый росток имеет свой особый цвет листьев, цветов и почек. Мягкие цвета меняются с ландшафтом. Тут и там растут деревья — сосны, клены, разбивающие монотонность ландшафта.

Каждые десять минут — деревенька. Сотня или больше домов тесно прижатых один к другому. Между домами узкие чистые улочки. Дома: тонкие стенки, тяжелые кафельные крыши, часть покрыты тяжелой, ровно нарезанной рисовой соломой. Меж полей тянется высокая тенистая тропа. Чистая тропа. По этой тропе человеческая энергия растекается вправо и влево, размеченная разными углами и неровными квадратами. Поля не отделены друг от друга проволочными заборами.

Иногда слышно с поля пение. Несколько полутонов, вырвавшихся из узкого горла. Иногда слышно бренчание трехструнного сямисэна, такой гитары, и кажется, что это не играют, а настраивают струны. Доносятся глухие звуки, которые кто-то выбивает на кожаном барабанчике, тона, говорящие очень мало европейцу. Но обычно в поле тихо. Только из этой своеобразной, многоцветной тишины кричит человеческий труд. Это страна, где без тяжелого труда поле ничего не выдаст.

В поле кричит многоцветный и многогранный призыв к человеку, чтобы в свете своей работы он взглянул на свои руки, благословенные и проклятые мамой-землей.

Нара, май 1926 года

Разочарование

На пороге[31]

Мне уже скоро уезжать из этой страны, и те впечатления, которые я получил за пять месяцев, охватывают большую территорию. Япония была той страной, которую мне хотелось увидеть. Сразу же после Русско-японской войны у меня проснулось любопытство к этой части Дальнего Востока, где живет народ, ведущий свою родословную от самой богини Солнца. В последующие годы Япония разочаровала многих идеалистов тем, что в ее лице было видно, как Восток просыпается в милитаризм и технический прогресс, который привел к недавней Мировой войне.

Восток представлял собой магнит, но для всех по-разному. Для империалистов — в виде большого неохраняемого сада, куда можно прийти и сорвать, что хочешь. Для христиан всевозможных направлений — мир язычников, чью душу нужно спасти. У нас, евреев, есть природная, хоть и не явная, склонность к Востоку. Для некоторых идеалистов Восток был, и, наверное, все еще остается единственным уголком на Земле, где народы еще не совсем проснулись, где они живут и дышат старыми традициями и где они проснутся, разбуженные совсем другими ветрами, и перейдут на иной образ жизни, который взойдет новым солнцем для западного человека. Эти идеалисты недооценивают западного человека со всей его культурой, пускай даже речь идет о материальной культуре, называемой «цивилизация». Есть такое старое правило: хорошо там, где нас нет.

---

31 Baym shvel [На пороге] // *Di idishe tsaytung*. 17.10.1926.

К разочарованию Японией, несомненно, в большой степени привело то, что она получила доступ к современной мировой власти. Достижения Японии — естественны. Мы еще не знаем, как другие части Востока распорядятся своим будущим. Я предполагаю, что для многих из них Япония — успешный образец. Китай сегодня явно завидует Японии. Но когда живешь здесь, в этой стране, иногда странно наблюдать местное язычество на фоне современной техники, овладевающей жизнью: дети кладут камешки богам; мамы натирают деревянных идолов, гладя своих привязанных к бокам детей; священнослужитель приносит в жертву идолу фрукты, вино, рисовые галеты; народ обожествляет императора, ведь он ведет свой род аж от самого солнца и поэтому полагается кланяться его дворцу и хлопать в ладоши, как это делают перед Богом, — все это происходит в то время, когда в небе гудит аэроплан и жужжат пропеллеры воздушных судов.

Но, в принципе, какая разница, одному Богу служат или сотне? Недавняя война доказала это со всей наглядностью. Именно Япония воспряла через свои последние войны. Я не хочу сейчас разбираться, насколько отличалась ее война с Китаем в конце прошлого столетия от ее войны с Россией в начале нынешнего большими победами на поле брани. Однако через эти войны Япония вошла во вкус крупномасштабного вооружения, и это придало Японии престиж среди народов. Хотя, например, Китай опасается японской военной силы и досадует, почему бы Японии не быть этаким полицейским у китайских ворот в силу мудрости и знаний, полученных Японией у Китая. Но кто платит за мудрость? Это как раз евреи прекрасно знают. Если бы в нынешней Мировой войне великие державы не обожгли руки, они бы сейчас уж точно нашли путь в Китай. Они бы это уже сделали совместно с Японией. И хотя сегодня такое делается ради некоторого рода идеализма, чтобы подорвать влияние революционной России, у современной Японии нет никаких идеалистических устремлений. На данный момент, когда современный капитализм развивается здесь в гармонии с мировым капитализмом, многие явления местной жизни вызывают досаду, обнажая отсталость японских устремлений.

Старое не отступает. Я имею в виду широкие народные массы, которые, как и прежде, загружены нескончаемой работой — как в поле, так и в городе. Их поле явно выглядело так же на протяжении поколений. Реставрация[32] не задела внешнего вида земли, обрабатывали ли ее раньше для помещика, обрабатывает ли ее сегодня крестьянин для себя — орошение полей, высокие насыпные валы вдоль рек, чтобы вода не затопила долины в сезон сильных дождей, это не ново. Как сейчас, так и когда-то крестьянин со всей своей семьей был на работе с рассвета до позднего вечера, он, его жена и дети. Они перещупывали каждый колосок, каждую травинку, хорошо ли растет. Довольствуясь грошами, они в большинстве своем содержали себя в чистоте. В Японии народ работает как пчелы в улье, и все это с добрым юмором, с улыбкой на лице. Это самое позитивное в японском характере. Последние несколько десятилетий не смогли сломать характер, выкованный на протяжении поколений. Только живя в большом городе, выросшем за счет поля, видно, в каком направлении движется жизнь, видно, как ломается народный характер. В этом плане Япония — часть Востока, находящегося в процессе вестернизации.

Здесь все еще ходит женщина, так не похожая на женщин Запада, и она, возможно, единственная, кто дольше всех выдержит давление снаружи. Но не является ли призыв времени к женщине во всем мире освободиться и на пути к освобождению подняться на новую высоту, где у мужчины нет никакой власти? В таком случае в Японии это наверняка отрицательно повлияет на женщину. Потому что здесь, как и во всем мире, женщина будет эмансипирована посредством избирательного права и права носить длинную или короткую одежду.

Мы, евреи, превратили самое простое и человечное в нашем учении в целую гору. То же самое произошло с Японией. Те уче-

---

[32] Речь идет о «Реставрации Мэйдзи» 1868 года, которая привела к огромным изменениям в политической и социальной структуре Японии. См.: Jansen Marius B. The Meiji Restoration // Jansen Marius B. (ed.): *The Cambridge History of Japan*. Vol. 5. New York: Cambridge UP, 1989. P. 308–366.

ния, которые перекочевали сюда и были тепло приняты, — это простые и человечные установки Конфуция и буддизма в сопровождении гор комментариев. Именно Япония оказалась деятельной в отношении ее религий. О буддизме в японской национальной сокровищнице есть ни много ни мало две тысячи томов! Народу ничего не остается как оставлять визитки или тряпицы в храмах. Мамам остается только приносить детские платочки, детские фотографии и вешать их перед храмом. Поэтому-то все деревья вокруг храмов увешаны визитками и всевозможными записками — кому?

Христиане верят, что найдут здесь золотое дно. Миссионеры бьются здесь как рыба об лед. С начала Реставрации императора Мэйдзи миссионеры получили неограниченный доступ в страну. Однако японец, язычник по своей природе и в некоторой степени пантеист, любит попробовать от всего. Он заигрывает с христианством и усмехается за его спиной.

Я спрашиваю миссионера:

— Чего вы добиваетесь здесь?

— Что значит чего? Привести их под защиту христианской церкви.

— И что тогда?

— Когда весь мир станет христианским, тогда придет великое избавление.

— От кого тогда избавится мир?

— От всего злого, даже от большевиков.

— А что насчет евреев, их ты тоже приведешь к христианству?

— Конечно, без них не придет избавление.

В начале XVII столетия христианских миссионеров изгнали из страны, а в 1853 году, когда Америка с помощью коммодора Перри и его военных кораблей заставила Японию открыть ворота миру, тогда и для миссионеров открылась дорога. Но как это выглядит на деле? Ни в какой христианской стране я бы сегодня не смог высидеть пять месяцев, не будучи ассоциирован со своим собственным народом. А здесь — если кто-либо и пронзил меня злым взглядом, это всегда был перебравшийся сюда христианин.

Именно от христианского мира Япония получила хороший совет, как себя вести, когда придет время и непрошеные гости постучатся в дверь, сначала попросив пустить их переночевать, а потом начав хозяйничать с наглостью жестокого управляющего.

В то время, когда Япония сбросила с себя старый имперский режим и решила подражать Европе или Америке — мудрый государственник бросился в Европу за советом, что делать в вопросе «открытых дверей»? Насколько нужно открыть и насколько захлопнуть эти двери? А может, нужно ассимилироваться с иностранцами, приблизиться к ним при помощи смешанных браков? Японцы обратились к Герберту Спенсеру[33]. Лучшего советчика им было не найти. Это было в 1892 году. Спенсер дал совет в письменной форме графу Ито, на то время премьер-министру в отставке[34], попросив держать этот совет в тайне и не публиковать это письмо вплоть до его смерти.

Спенсер умер одиннадцать лет спустя, после чего его письмо было опубликовано. Неудивительно, что это письмо взбудоражило общественное мнение Англии. Насколько я знаю, это письмо стало первым важным руководством для Японии с тех пор, как в страну в VII веке пришел буддизм.

В своем письме Спенсер наказывает держать иностранцев на расстоянии и насколько возможно не допускать их укрепления в Японии[35]. Как пророк Самуил предостерегал народ, когда тот

---

33 См.: Howland Douglas. Society Reified: Herbert Spencer and Political Theory in Early Meiji Japan // *Comparative Studies in Society and History.* 42.1 (2000): 67–86.

34 Хиробуми Ито (伊藤博文, Itō Hirobumi, 1841–1909) — политик, премьер-министр Японии с перерывами в 1885–1901 годах. Ведущий член *гэнро*, группы высокопоставленных государственных деятелей, диктовавших политику в эпоху Мэйдзи. Даже находясь вне должности главы правительства, Ито продолжал оказывать огромное влияние на политику Японии в качестве постоянного советника и президента Тайного совета императора.

35 Гиршбейн имеет в виду письмо Спенсера 1892 года, в котором он призывает Японию развиваться самостоятельно и исключить иностранцев из всех прав собственности, добычи полезных ископаемых и торговли. См.: Spencer Herbert. Advice to the Modernizers of Japan // J. D. Y. Peel (ed.). *On Social Evolution: Selected Writings.* Chicago: University of Chicago Press, 1972. P. 253–257.

просил назначить царя, рисуя жизнь при царе, который наложит на народную шею ярмо, и весь народ окажется у царя в рабстве — так Спенсер рисует положение Японии, если она допустит, чтобы представители великих держав сумели найти опору на ее земле. Самое главное, он предостерегал Японию от его собственной страны [Британии] и от Америки. Если возникнет необходимость торговать с другими странами, покупать у них различную технику, то в своей стране нужно отдать эту торговлю только в руки своих людей. Иностранцам нельзя разрешать покупку земли и давать им какие-либо концессии на природные богатства страны. Если же Япония не последует его совету, предупреждает Спенсер, ее ждет тот же конец, что и Индию, куда проникла Англия. Спенсер не устает предостерегать, что нужно опасаться в основном великих держав.

Я полагаю, что и сегодня здесь свято следуют в политическом плане тому, что советовал Герберт Спенсер. Спенсер также запретил японцам мешать свою кровь с кровью европейцев, ибо смешение крови рас, резко отличающихся друг от друга, ведет к дегенерации — но в этом случае, я думаю, японец бы сдался, если бы не было препятствий со стороны европейцев.

Сегодня Япония могла бы забыть письмо Спенсера. Я думаю, европейцы сами хорошо понимают, что с японцами невозможно конкурировать. Да и что мог бы тут делать европеец при всей природной бедности местной почвы? Кто еще, кроме японца, мог бы тут извлекать прибыль из каменистой почвы? Разве что построить здесь большие заводы и эксплуатировать местного рабочего, где его еще можно купить за дешево на целых четырнадцать часов в день — но на это и у самого японца хватает мозгов, в этом ему письмо Спенсера очень даже пригодилось.

Это единственная страна, где я за все свое путешествие не нашел значительного числа евреев. В Иокогаме были беженцы, но землетрясение их начисто вымело. Не найти и следа от них. В Токио их нет, нет и в Осаке. С десяток евреев имеется в Кобе. Это что касается больших центров. В менее крупных городах не стоит и искать. Это тоже показатель того, насколько это государство при всем своем современном развитии не оставляет никакого места для чужого. В общем и целом, в Японии имеется около двадцати тысяч иностранцев различных национальностей. Может, и это преувеличение. Может, и меня пять раз посчитали и пересчитали.

Тот, кто захочет отыскать хорошие стороны в народном характере, сможет это легко здесь найти. Оптимизм — это живой источник японского народа, тогда как пессимизм процветает в западных странах.

Кобе, июль 1926 года

Тихоокеанская война

Политические группы[36]

1

В Японии рвутся увеличить территорию. В то время, когда империализм — все еще факт, это похоже на имитацию сильных западных народов. В этом контексте Япония построила один из сильнейших флотов, а также хорошо вооружила и подготовила к войне одну из сильнейших армий. Из более 60 млн японцев, проживающих на нескольких окруженных морем островах, собственная страна стала мала только для тех, кто смотрит далеко за море. Основные острова гористы, и работа на земле, которую так тщательно делает японский крестьянин, производится как в долине, так и на склонах гор. Орошение в горах очень примитивно. Внизу, где есть вода, ставят высокое колесо с черпалками. Крестьянин крутит колесо ногами, черпалки набирают воду и выливают ее на расположенную выше террасу. Так перегоняют воду наверх. Таким образом крестьянам в большинстве своем не нужно арендовать свой земельный надел, и они могут себе позволить иметь больше земли. Поэтому я уверен, что крестьянин не смотрит за море, чтобы завоевать чужие страны. Крестьянин поколениями связан со своей японской землей, и тот небольшой процент японцев, эмигрировавших в Америку, не в счет. Это ничтожный процент тех, кто пустился в путь. Северная Америка

---

[36] В рукописи “Politishe grupn in Yapan (gedanken vegn Yapan)” [«Политические группы в Японии (размышления о Японии)»], приблизительная дата: 1942 год. *Papers of Peretz Hirschbein.*

и Бразилия — это дальние пункты, куда направлялся японец, которому было легко сняться с места и пуститься в путь. И если японские власти решили захватить чужие территории, как они заняли остров Формозу, Корею и Маньчжурию, то это были аппетиты крупного капитала, который рвался туда из-за природных богатств, таких как найденные там сталь и уголь. Там, где Япония поставила ногу с империалистическими намерениями, она показывает свою способность брать, но не давать. В этом плане японцы серьезные империалисты. В Маньчжурии работают на японцев в шахтах китайские кули. У японцев нет желания ехать туда работать, как у них вообще нет желания селиться в Китае, где их ненавидят лютой ненавистью. То же самое с Кореей. Они заняли Корею, но ничего туда не принесли. А если нужно оттуда что-то вывезти, они это делают руками нанятых корейцев. Традиция привязала японца к его собственной земле, где живут души его родителей и где царит его атмосфера, в которой можно жить собственной жизнью. Стремление овладеть Китаем — это прежде всего разработка и вывоз из страны ее природных богатств, а также в некоторой степени создание рынка для производимых в Японии товаров. И хотя китаец — это последний, кто покупает японские товары, в стране, где проживают 400 млн душ, уж точно найдется, что вывезти, и найдутся покупатели, которые обрадуются даже японским товарам.

А если японцев тянет в индийские воды, то это в связи с тем, что там есть достаточно природных ресурсов, необходимых для современной индустрии. В этом японские капиталисты не отличаются от западноевропейских денежных мешков. Это та ситуация, когда люди не могут удовольствоваться тем, что имеется, и вместо того, чтобы искать счастья у себя в стране, они стремятся туда, где все можно заполучить бесплатно. Ведь те туземные примитивные простые люди, которые голодают и ходят в прямом смысле нагишом, их можно заполучить за гроши, пусть они делают ту работу, за которую «наши» люди содрали бы кожу живьем. В этом смысле Япония на «верном» империалистическом пути. Ради этих империалистических целей тут готовы уничтожать собственную молодежь и заставлять народ голодать. Захват всего Дальнего Востока в глазах японских империалистов — вовсе не далеко идущий план. Меньше всего этих людей заботит бедность в их стране. Меньше всего их заботит улучшение положения собственного крестьянина и собственного рабочего. Живут один раз и умирают один раз. И что можно урвать на этом свете, что можно нахапать для себя — берут и нахапывают. На мою скромную долю выпало объездить все уголки на Земле, где ступила нога империалистского аппетита. Я хорошо видел, как живется местному уроженцу там, где привольно разлегся мировой капитализм. Конечно же, и среди империалистов есть умные и глупые, мягкие и жестокие. Есть такие, кто не погнушался отрезать груди у женщин, что не послушались приказов иностранных денежных мешков. То, что я видел, выглядело кошмарным сном. Заботиться о том, чтобы местные не поднимали головы, чтобы примитивные не развились — это задача тех, кто захватывает чужие страны, кто захватывает землю и людей. На этот путь рвется сегодняшний японский крупный капитал. Но началось это в эпоху, когда империализму придется отступить.

2

Когда я жил в Японии, у меня была возможность встретиться как с представителями правительства, так и с представителями крупного капитала. И хотя это было более десяти лет назад, мне было ясно, что Япония лихорадочно готовится напасть на страны, которые все еще частично «свободны».

Естественно, что Америку в моем присутствии не упоминали, зная, что я американец. Много горечи держали они в своем сердце против Австралии, куда не допускали ни японцев, ни китайцев. По поводу этого запрета в Австралии мне объяснили во время моего визита там, что японцы известные шпионы и их переселение в Австралию — это не более чем разведка территорий и информирование японского руководства. Теперь мы уже знаем, что на Австралию японцы имели конкретные виды. Теперь мы знаем, что цель Японии — захватить Австралию. Но тогда, когда я встречался с графом Сибусава, скончавшимся несколько лет назад, — на той встрече я услышал различные мнения. Мне стало ясно, что в Японии есть старая политическая школа, считавшая, что к Китаю не стоит цепляться. Ибо все те, кто намеревались забрать даже часть Китая, в конце концов больно обожглись. Китай — это зыбучие пески, которые могут засосать живьем. А более молодая политическая школа бросала взгляды на Сибирь и разработала планы, как напасть на Советскую Россию и отрезать от Сибири хотя бы то, что доходит до озера Байкал.

— Откуда это у страны берется наглость распространять свою власть от Балтийского моря до Тихого океана? Мало им территории до Уральских гор?

Из этого я понял, что первое нападение Японии должно быть на части Сибири, граничащие с японскими водами. Вполне возможно, что оккупация Маньчжурии, граничащей с Советской Россией, была осуществлена для того, чтобы оказаться поближе к российской границе. Такие тогда были планы у более молодого поколения политиков. Между тем теперь мы видим, что со временем аппетит вырос. Может, они со временем обнаружили, что с советской армией не так уж легко сражаться, и что победив Китай, они в любом случае окажутся у советских границ.

Как бы то ни было, у нас сильно недооценили японскую силу. Недооценили и их организаторские способности. Теперь уже всем ясно, что Япония в течение трех десятков лет хорошо готовилась и сильно укрепилась. Не понять только, зачем Запад помог ей вооружиться. Даже наша страна наделала глупостей. Остается только верить в выдержку и стойкость союзников. В ходе теперешней войны, после освобождения от Гитлера и нацистов и объединения всех сил против Японии, тогда Япония не сможет долго вести войну. Но пока что Япония сумела за довольно короткое время захватить в Тихом и Индийском океанах намного больше, чем ей нужно. Она сумела закрепиться даже в Бирме, то есть на входе в Индию. Аппетит приходит во время еды. Люди в Японии, имеющие аппетит захватить не только Китай и богатые острова в Индийском и Тихом океанах, они смотрят в сторону Австралии и Новой Зеландии. Теперь уже понятно, что Дальний

Восток выпестовал свою Германию, перенявшую от западного мира кусок фальшивого вождизма. Фактически сегодня в Японии диктатура, которая тяжело легла на согбенные голодающие массы.

Японские мудрецы, включая и денежные мешки, мало чему научились в последние годы. Они не осознали, что мир просыпается, что народы просыпаются в ожидании тех рук, что принесут мир на землю. После их последней революции, когда они скинули диктатуру сёгунов, они могли проложить для себя совсем другой путь. Путь мира со всеми признаками культуры, унаследованными от Китая. Но кто полон гнева, тот слеп. Слепы были те лидеры, что послали самых способных сынов в Европу и Америку обучаться военным хитростям.

Проклятие и благословение

Пробудившийся народ не сломить[37]

1

Во время войны врага видят в образе врага вечного. Я сейчас не хочу говорить о Германии, где гитлеровская муштра превратила народ в ржавый болт, который вращается в ту сторону, куда его крутит ненависть, куда его посылают сеять смерть — туда он и идет с нечеловеческим лицом. Сейчас я говорю о Японии, которую в последнее время называют «Дальневосточной Германией». То позитивное, что есть в народе, никуда не исчезнет.

Когда речь идет о новом для Японии времени, когда она начала готовиться к захвату Дальнего Востока, а также к овладению тихоокеанским регионом, нужно держать в уме, что всего десять лет назад, когда я там жил, я обнаружил там и радикальное движение, и частично революционное движение. Тамошние рабочие на современных заводах были организованы по западному образцу, вынашивая планы на лучшее будущее. Несмотря на то что труды Карла Маркса были под запретом для университетских студентов — за такое сажали в тюрьму как в царской России, — все же в молодежных кружках запоем изучали произведения социального плана. Я тогда приобрел себе друга среди молодых

---

[37] В рукописи: "A dervakht folk geyt nit unter (gedanken vegn Yapan)" [«Пробудившийся народ не сдается (размышления о Японии)»], написано после 1939 года. *Papers of Peretz Hirschbein*.

писателей Японии, который побывал в Советском Союзе и вернулся оттуда окрыленный[38]. Мы с ним часто беседовали о его родине, и он меня уверял, что Япония идет в гору в области социальных реформ. Несмотря на то что реакционеры ведут народ к кровавой бане, он сильно надеялся на то, что еще в наши дни в Японии разразится социальная революция, и народ получит еще в наши дни все то, что он по праву заслужил. Его пророчество пока еще не сбылось.

В те времена правительство выпустило из тюрьмы лидера рабочего движения[39]. Мне представилась возможность встретиться с ним в его скромном жилище и провести с ним несколько часов. Мне тогда стало ясно, что радикальные идеи, охватившие рабочих по всему миру, не обошли стороной и японский рабочий класс. Он меня убеждал, что то, что происходит с мировым рабочим движением, находит свое отражение и на Дальнем Востоке. Он меня убеждал, что японский крестьянин, так тяжело работающий, чтобы извлечь из земли все, что только можно, но сам не имеющий возможности накормить свою жену и детей, что этот самый крестьянин очень продвинулся в своем развитии. И если дело в стране дойдет до социальной революции, то поддержка японского крестьянина, явно заслуживающего лучшей жизни, несомненно обеспечена.

Кстати, шпики следили за мной в Японии, зная о каждом моем шаге. Уже на утро ко мне заявился их начальник и спросил, что я делал у врага страны:

— Скажи мне, — он ухмыльнулся, — как это получается, что сегодня ты проводишь время у графа Сибусавы или у председателя нашей Палаты пэров князя Токугавы, а назавтра ты уже у врагов нашей страны?

---

[38] Речь идет о Корэхито Курахара (蔵原　惟人, Kurahara Korehito, 1902–1991), литературном критике марксистского толка, работавшем в 1925–1926 годах специальным корреспондентом *Miyako Shinbun* в СССР. Автор статьи «Современная японская литература и пролетариат» (1927), соредактор сборника «Ленин об искусстве» (1930).

[39] Тосихико Сакаи (堺利彦, Toshihiko Sakai, 1871–1933).

Я ему дал понять, что не считаю лидера рабочих врагом его страны, поскольку я сам из богатой страны, в которой есть все, что пожелаешь. Я из Северной Америки, а там рабочее движение легально. У нас не сажают в тюрьму лидеров рабочего движения. Каждый борется за лучшую жизнь, и рабочий в нашей стране тоже человек, имеющий право работать меньше часов и получать достаточно, чтобы жить достойно.

— То, что происходит в твоей стране, подходит для твоей страны. У нас нет возможности дать рабочему больше, чем у него есть, мы бедны, наша страна все еще в процессе развития.

Все это я рассказываю, чтобы подчеркнуть, что народ, привыкший работать и молчать, уже тогда смотрел в сторону Запада. Конечно, мы сейчас хорошо видим, что произошло с рабочим движением в Германии, Италии, а также во Франции. Но я придерживаюсь мнения, что там, где можно, нужно разделять народ и власть. Япония, где народ хоть и воспитан работать, молчать и гордиться теми, кто выдавливает из него трудовой пот и кровь, все же является в моих глазах тем Дальним Востоком, который стоит сегодня на пороге своего пробуждения. В отношении Японии многое также зависит, как будет выглядеть после нынешней войны человеческое сообщество на Земле. Если Запад будет в состоянии перестроить мир на мирных основах и начать заботиться о том, чтобы всем всего было достаточно; начать заботиться о том, чтобы те богатства, которыми располагают недра Земли, стали общенародным достоянием, а возможно, и всех народов на Земле, тогда это обязательно захватит и Дальний Восток. Тогда и Япония, конечно же, не останется отсталой в плане перестройки своей социальной структуры.

2

Человечество находится, на мой взгляд, в процессе разрушения. Как человек, выросший в народной гуще, кто бы это ни был, евреи или неевреи, я ясно вижу зависимость народа от тех, без кого, по его мнению, жизнь невозможна. Так было с царем в России, правившим по воле Бога, так это и с другими правителями, в которых народ верит вплоть до их падения.

В Японии женщина редко выходит на люди с ее скромностью и зависимостью от сильного, который зовется мужчиной. Она работает с утра до ночи. На ее плечи возложена тяжелейшая работа; на строительстве дома она таскает кирпичи на своих плечах на третий-четвертый этаж. В моих глазах, она — это самое позитивное в жизни японского народа. Когда придет час освобождения, у японской женщины будет что привнести в народный прогресс. Если есть внешняя красота в японской жизни, если есть в ней порядок и чистота, то это благодаря женщине, которая уделяет этому внимание. Когда я жил в Японии, в движении за лучшую жизнь я заметил, что тут и там женщине уже есть что сказать. Когда после нынешней мировой катастрофы начнется перестройка мира, японской женщине будет много, что сказать. Ей также будет нужно освободиться от многих устаревших законов, которые сделали ее зависимой. Достаточно того, что в Японии никакая женщина не может привести мужа в свою семью, она почти всегда должна жить в семье мужа. В Японии происходит больше разводов между мужем и женой — из-за того, что развод обычно дает жене муж. Очень часто это свекровь, недовольная своей невесткой, кто побуждает к разводу. Это негативное явление в жизни японской женщины. Среди молодежи возникло движение, чтобы сразу же после свадьбы молодые жили отдельно, а не с его или ее родителями.

Эти совсем не мелкие недостатки в социальной жизни необходимо исправить. Это те недостатки, которые привнесло в жизнь учение Конфуция и которые со временем были еще больше искажены — до такой степени, что у них уже не осталось ничего общего с этим учением. Проблема в том, что Япония еще в стародавних поколениях разделилась на правителя, верившего, что велением богов ему можно все, и тех, чьей судьбой выпало быть его подданными. Со стародавних времен и мужчина сделал женщину зависимой от него, будучи уверенным, что его дела намного важнее. Женщина должна делать то, что удовлетворяет его. В первые дни, попадая в Японию, все выглядит прекрасно и естественно. Вокруг ощущается порядок, хозяйская рука, что на улице, что в доме. Это видно и в поле. Это видно и в те дни, когда рабочий свободен заниматься тем, чем ему хочется. Но когда поживешь там подольше, глазам открывается и позитивное, и негативное. Становится видно, что это в какой-то степени рабство. Хотя такова ситуация во всем мире. Таков образ мыслей грешного человека, полагающего, что ему можно все, что кто-то должен все за него делать, а его функция — получать удовольствие от жизни.

Освободится ли человек от всего этого? Придут ли верхи к осознанию того, что и у народа есть чему поучиться? Может, мы еще доживем до тех времен, которые мы, евреи, называем мессианскими. Таковы мы, верующие — всегда, когда приходит на Землю большое несчастье и нам, евреям, перепадает сильнее всех, мы начинаем верить, что человек все же возьмется за ум.

Если империалистическое проклятие превратится после войны в благословение, если после войны наступит понимание, что Дальний Восток, как и Ближний, не менее важен, чем Запад, что на Востоке живут великие народы, которых не нужно считать отсталыми, то тогда вполне вероятно, что у нас будет прекрасный бесконфликтный мир. В этом плане Японии есть что дать, если дойдет до того, что Восток и Запад объединятся. Потому что то, что думается во время войны — забывается во время мира. То, в чем мы обвиняем врага, когда он сильнее и яростнее, в большой мере стирается с приходом мира. Так это обязательно будет после нынешней войны, если только те, кто сейчас заводят народы в тупик, и дальше не останутся стоять у них во главе. И те, кто по своей воле довели до нынешней войны, прямо или косвенно, если эти лидеры очнутся и прислушаются к голосу правды, если такое произойдет, то будет у нас прекрасный мир.

Конечно, о мире не может быть и речи после нынешней войны, если и сейчас продолжится усиленное вооружение, ведь нужно быть сильным и не спускать глаз с того, кто вооружается тайно. Если такое будет и после нынешней войны, то сильные народы будут вынуждены иметь флот и армию согласно последним требованиям ведения войны, мы же, наивные люди, не сможем даже мечтать о лучших временах. В этом плане и в Японии есть умники, которые будут делать то же самое, что они делали до сих пор. И тогда, не дай бог, повторится то, что было в наши годы, то, отчего самые лучшие люди страдали во всех поколениях.

Будем же надеяться, что нынешняя война, которая несомненно уничтожит все самое лучшее и дорогое, что есть в жизни, в конце концов заставит человека опомниться и начать строить лучший мир. Тогда и в Японии обязательно появятся люди, которые протянут руку мира и помогут строить мир на Дальнем Востоке.

ИСКУССТВО И РЕЛИГИЯ

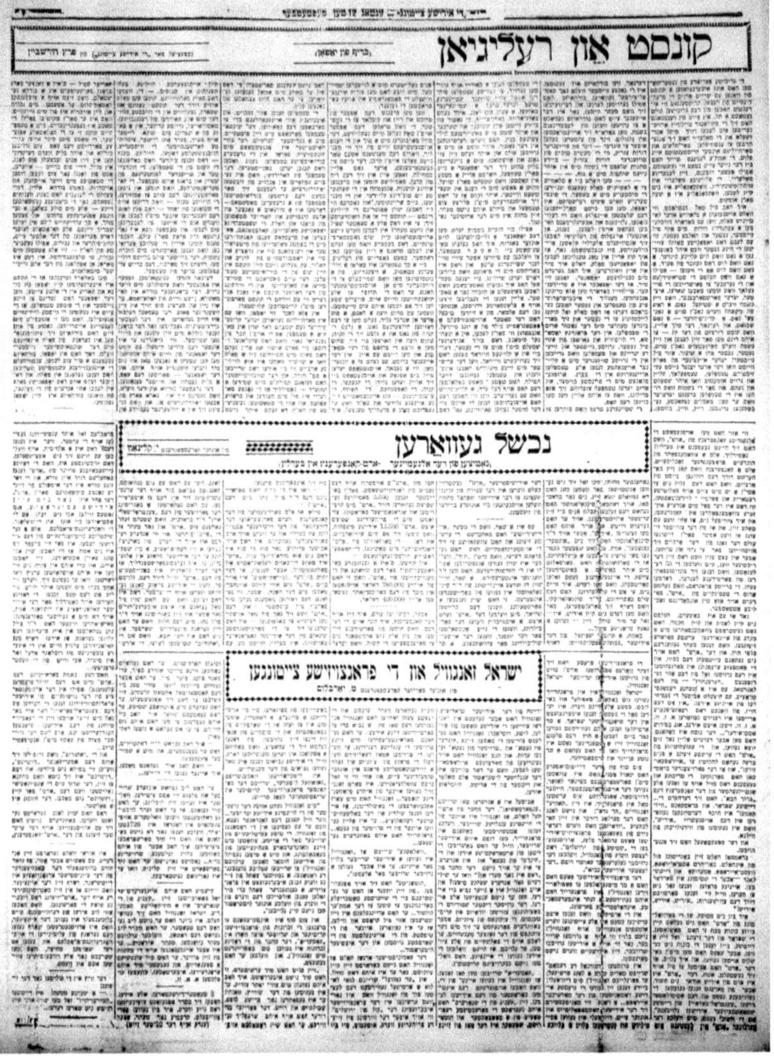

קונסט און רעליגיאן

(ספּעציעל פאר „די אידישע צייטונג") פון פרץ הירשביין

נכשל געווארען

ישראל זאנגוויל און די פראנצויזישע צייטונגען

Илл. 16. Эссе Гиршбейна «Искусство и религия» в буэнос-айресской газете «*Di idishe tsaytung*», 12.09.1926

Живопись и литература

От кисточки для туши до масляной кисти[1]

Разбросаны по столетиям солнечные зайчики, которые японские художники оставили после себя. Как бы выглядели многие поколения рабского существования, если бы не произведения искусства той эпохи, смотрящие на нас и оправдывающие поколения жестоких властителей, рабства и подавления личности? Мы бы блуждали во тьме.

С XVI века и до второй половины прошлого столетия Япония оригинальна в основном своей живописью, где самое красивое до сегодняшнего дня — это цветные оттиски. Япония не ставила своих художников в один ряд со своими избранными. Их настоящий статус был между крестьянами и лавочниками. И все же к художникам обращались с заказами высшие круги. Вышеупомянутые поколения известны тем, что военные правители собирали произведения искусства, строили красивые храмы и превращали храмы в музеи. Школа Кано многое оставила после себя. В Европе и Америке можно увидеть множество японских произведений искусства, но произведения искусства как живые сущности нуждаются в собственной среде и собственной атмосфере. Лучшие рисунки — цветные оттиски — на какэмоно или на панелях разделяют не в Японии судьбу тропических цветов, которые привозят в северные страны. Только в Японии обретают свое истинное место в мире как содержание картины, так и ее форма. Японские герои с их воинственными позами, элегантные женщины с их дробными, хорошо рассчитанными движениями,

[1] В рукописи у этого эссе нет названия. *Papers of Peretz Hirschbein*.

ландшафты, птицы и цветы — все это нарисовано слишком бледно для западного человека, который уже так привык к тяжелым масляным краскам. Как поверхностно смотрят на японские картины в музеях Европы или Америки! На них бросают косой взгляд, проходя мимо, не больше. В Японии, где эти картины находятся в своей среде, можно углубиться даже в иллюстрированные исторические свитки с тысячами фигур и деталей, вырисованных и раскрашенных с большим терпением.

Главный художник был создателем рисунка. Тот, кто позже комбинировал краски, уже принадлежал к простым ремесленникам. Поэтому в японских произведениях искусства нужно остановиться на рисунке и на мелких деталях. Нет никакого противоречия в том, что художник с одинаковой серьезностью нарисовал цветок рядом с императором, героем-воином или придворной дамой. Это ни в коем случае нельзя принимать за ненужный реализм. Если за пределами Японии на картинах странно выглядит то, что художник все время был занят временами года, птицами и насекомыми, то, живя в Японии, это вполне понятно. Сейчас, когда я сам провел несколько месяцев среди японских ландшафтов и сам пережил ту пору, когда цвели слива и вишня, отцвели глициния, пион и ирис, и жду уже вместе со всем народом, когда зацветут лотосы, — сейчас я уже тоже потерял границу между человеком и цветком, человеком и деревом. Японский народ живет с природой, и названия вышеупомянутых цветов не сходят с уст всех, от мала до велика. В каждом разговоре с японцем он хочет узнать, жил ли гость в стране весной, был ли он тут и там, где цветут те или иные цветы. Народ точно знает, где можно захватить пару «глав» весны или лета. Природа для японца — это прежде всего прекраснейшая книга, которую он читает с детских лет.

В храме Никко[2], на иллюстрированных исторических свитках художника Моринобу Кано, который в начале XVII века на заказ

---

[2] Никко Тосё-гу (日光東照宮, Nikkō Tōshō-gū) — синтоистский храм в Никко, префектура Тотиги, построенный в 1617 году и посвященный Иэясу Токугаве, основателю сёгуната Токугава.

рисовал жизнь генерала Иэясу, первого сёгуна Токугава, его войны, его великие деяния на благо страны, — характерно, что после ряда картин длиной в десяток футов, на которых изображены битвы около Осаки, где, может, более тысячи героев на конях он нарисовал в мельчайших подробностях, — изнуряющая война, в которой переплелись убитые лошади и люди — эту войну Иэясу выиграл! Мечи тут прямо звенят на бумаге. Кони несутся со всадниками в воздухе. И после такой большой победы идет длинная картина, нарисованная с той же любовью, где Иэясу со своими людьми смотрят на сад с цветущими вишнями. Лучшего и более красивого перехода от картины войны он не мог найти. Какой контраст от картины к картине. Иэясу на своем коне с брутальным выражением лица, галлопирующий в окружении самураев, — и сразу же бесконечная весна под вишневыми деревьями!

У широкой публики в предыдущих поколениях не было возможности пробиться ни к каким картинам. Художник не имел права принять заказ ни у кого, кроме как у правителей и у буддистских храмов. Правители и сами заказывали картины для храмов. Художник своими тонкими штрихами и нежными линиями облагораживал и идеализировал правителя, которого он изображал. Рукоятка меча с ее гравировками и жемчужной оправой не вызывает страха. Забываешь, что в ножнах лежит опасный японский меч.

Конечно же, в те времена крестьянин уже стоял по колено в воде на рисовых плантациях — он, его жена и их дети. Художник потерял бы свою жизнь, возьми он долю крестьянина за свою тему. До второй половины XIX века, когда у раба хватало наглости поднять руку на своего господина, его со всей семьей должны были с корнем вырвать из жизни. Это тяжкое наказание в картины не вошло. Живопись должна была не заметить и мужчину либо женщину, которые тогда, точно как и сейчас, тянули грузовую телегу со вздутыми, готовыми лопнуть жилами на шее. Такая живопись аристократична до абсурда, в чем народ убеждается до сегодняшнего дня:

— Это так аристократично! Видите, как аристократично выглядели наши мужчины в былые времена! Жаль, если это исчезнет.

И так вздыхает тот, кто ведет свою генеалогию от рабов.

Новое время тоже прорвалось в искусство. Точно как Япония посылает своих сынов обучаться в Америке современной технологии, так и молодые художники едут в Европу изучать современную живопись. Пока что результат слабый, переход к масляным краскам неудачен. От маленькой кисточки для туши до масляной кисти — большое расстояние. Уже одно это означает переход в новый мир. Я видел несколько выставок современных картин, где в глаза сразу бросается беспомощность. Независимость сегодняшних художников уступает зависимости художников прошлого. Сегодня в Японии считается революцией, когда художник рисует нагое тело женщины. Переход Японии к современной индустрии отражается в живописи в основном в форме плаката.

В этом смысле и литература находится сегодня в переходном состоянии под влиянием нового времени. В литературе это влияние намного сильнее. Ровно 60 лет назад, когда был отменен феодализм и была провозглашена свобода личности, на первый план вышла именно та личность, которая ничем не выделяется и которую шаги к свободе личности еще больше обтесали. За эти ровно 60 лет был подавлен самурай, человек меча, и воспрял богатей. Раньше он не имел права выстроить себе дом по образцу господских домов. Это было запрещено, как вообще было запрещено рабу быть похожим на господина. Но как только личность приобрела лицо богатея, а дом стало можно строить по собственному вкусу и усмотрению, началось подражание бывшим правителям. Поэтому традиционность сохраняется у богатых и по сей день. То, что подсматривалось во дворцах наместников, вводилось и у себя. Для них литература — это сплошное дилетантство. Точно как при дворах военных правителей и в домах у аристократических правящих семей развивалось искусство стихосложения, так и нувориш старается сегодня сделать из собственных детей поэтов. Классическая литература и сегодняшние писатели, идущие по стопам прежних классиков и все еще описываюшие жизнь героев прошлого, идеализируют и по сей день тот класс, что исчез навеки из-за своей брутальности. Воспевается каждая ненужная война между родами и каждое бравое выступление самураев.

А более молодое поколение литераторов, взявшееся описывать жизнь широких масс, забитых крестьян, заводских рабочих и обитателей городской скученности, такие писатели считаются балаганщиками, низшим обществом, отбросами, не гнушающимися воспевать жизнь бедных классов.

Сегодняшняя литература несет в себе мало ориентализма. Широкие массы читают дешевые романы, сфабрикованные на европейский манер. Множество заграничных романов переделываются и японизируются. Это произошло с романами Виктора Гюго, где лишь поменяли имена, не указав происхождения содержания.

Прежняя Россия и сегодняшняя революционная Россия имеют большое влияние на литературу Японии. Есть маленькая группа молодых литераторов, часть из которых обладает существенным талантом, совершенно освободившихся от старой традиции. В их произведениях уже отражается современная жизнь и та большая борьба, которая ведется между классами. Но их произведения читают очень мало. Широкие массы ненавидят литературу, в которой отражена бедность. То же самое видишь в кино и в театре. Народ, выбирая себе мелочи для украшения дома, ищет обычно отражение прежнего блеска у правителей. В этом даже бедняк остается эстетом, не желающим видеть собственное лицо.

Японец по природе своей аристократ, хотя поколениями подавляющее большинство учили быть учтивыми и покорными — учтивыми между собой и покорными по отношению к тому, от кого зависишь. И все же его характер аристократичен. Мало что изменилось в новое время. Вежливость одного к другому и покорность тому, кто занимает более высокое положение в жизни, накладывается на жизнь. Поэтому бросаются в глаза все те формы искусства, что накладывают отпечаток на жизнь в прямой связи с искусством феодального периода. Японский театр в основе своей застрял в том времени. Сидя в классическом театре, люди переживают эпоху древности и Средневековья. Но это уже отдельная глава.

Нара, июль 1926 года

Религия

Духи, боги и полубоги [3]

Греческий период многобожия оставил нам искусство, кричащее радостью жизни. Христианство и иудаизм полностью разрушили греческий культ. Во времена Ренессанса скульптура частично прорвалась к жизни посредством Микеланджело, а живопись начала кое-как развиваться под освящающим его влиянием христианства. Настоящая радость жизни до нового времени была почти немой. Даже Питер Рубенс — его живая, плотская живопись остается мертвенно-странной. Вакханалия — это не жизнь, вакханалия — это преддверие умирания.

Я много раз задумывался, как бы выглядел какой-нибудь славянский или латинский народ, если бы ему пришлось прожить с десяток поколений с таким множеством духов, богов и полубогов, как у японского народа? Среди местных божеств вы встретите бога, который хранит маленьких детей, бога, который хранит здоровье лошадей, бога, который хранит дороги, и даже бога, который помогает пугалам в садах отгонять наносящих вред птиц. А еще каждый умерший, чья душа превращается во что-то вроде бога. Глава рода превращается после смерти в настоящего бога. Военачальник — всем богам бог. А уж сам император, напрямую ведущий свое происхождение от солнца, — ему поклоняются при жизни, а его душа обожествляется после смерти. Боги, боги без конца и края. А сколько духов! Любой представитель народа знает, где обитает тот или иной дух. Храмы и храми-

---

[3] Kunst un religyon [Искусство и религия] // *Di tsayt*, 20.08.1926; *Di idishe tsaytung*. 12.09.1926.

ки, большие и маленькие, на каждом шагу. А обитающим в этих храмах душам каждый приносит, что может: вареные и печеные блюда, овощи, рис, вино, цветы. Позже, с приходом буддизма весь этот мир духов еще более усложнился. И хотя буддизм велел учиться и приобретать как можно больше знаний, однако в то же время он придал слишком большое значение живой душе. Стоит вдуматься в учение о переселении душ. Грехи родителей переходят к детям — грехи тысячелетней давности, как и добродетели тысячелетней давности — и тот и другой дар тащит с собой душа в своем новом сотрудничестве с телом.

У славянского или латинского народа всю эту мистерию нужно было бы ножом резать из-за удушающей дремучести. В Японии нельзя отрицать то дурное влияние на жизнь, которое имели религии, верования и суеверия. Достаточно того, что под влиянием религии развились всевозможные классы, от привилегированных до рабства. Но когда я вглядываюсь в повседневную жизнь японского народа, я не перестаю удивляться. Я беседовал с образованными японцами, которые мне сказали, что японец — это вольнодумец. В какой-то мере это заявление можно принять. Вероятно, «перепроизводство» храмов и богов привело к тому, что народ смотрит на богов легкомысленно, больше идентифицируясь с природой вокруг храмов. В провинции Ямато, колыбели и «рассаднике» множества богов, великих духов и их исчисляющихся многими тысячами обителей и храмов, — все эти храмы за редкими исключениями воздвигнуты высоко в горах. Вокруг каждого из храмов, обсаженных красивейшими деревьями, расцветает такая весна, что только перед ней одной стоит склонить голову.

Каменные ступени, ведущие к храмам, свидетельствуют об огромном терпении. К некоторым храмам ведут иногда две тысячи каменных ступеней. Каждая ступень — каменное «бревно» длиной футов в десять. Вы идете в гору, все выше и выше, и природа с обеих сторон все красивее и красивее, и вы доходите до скромного деревянного здания, утопающего в природе. Вы приходите в массе посетителей — и вы видите их приход и уход. С любопытством склоняется японец перед храмом, бросает монету в ящик у входа, хлопает в ладоши и шепчет какие-то слова. Вы видите, как он поворачивается боком к храму и перестает его замечать. Его сердце с окружающей природой.

Даже при поминовении душ усопших японец выглядит равнодушным по нашим понятиям. Я видел отца и мать у храма Хасэ, к которому ведут наверное две тысячи каменных ступеней и который известен своими пионами, цветущими там каждую весну[4]. У этого храма я видел отца и мать, заказавших поминовение по своей дочери. Сами они остались сидеть на платформе снаружи, напротив алтаря. Развернув шелковый платок, отец достал фотокарточку девочки, одетой как при жизни в красивое кимоно, и поставил ее лицом к богам. Из маленького кадила курился дымок. Пока священник с его певчими пели внутри храма свою молитву, отец с матерью прислонили головы к земле. Это длилось недолго. Когда они подняли головы, глаза матери были заплаканными, но лицо освещала светлая улыбка. С любовью завернув назад фотографию, они ушли осматривать окрестности.

При жертвенном подношении богам фруктов, риса и печенья несущие жертвенные подносы облачены в белое, рот завязан платком, а руки вытянуты насколько возможно далеко от себя, поскольку человеческое дыхание не должно падать на жертву. Дух умершего или бог собственной персоной вдыхают в себя запах жертвы. Такие жертвы приходят приносить семьями, одевшись в самые красивые праздничные одежды. Глядишь на людей, как они приходят, — и уже после того как они совершили ритуал, и удивляешься: неужели это всего лишь театральная игра? В реальности не ощущается никакой богобоязненности. То, что видишь в реальности, носит в лучшем случае чисто этический характер, почти без связи с религией.

При многих храмах имеется деревянная статуя сидящего добродушного мужчины с вытянутой рукой, улыбающегося

---

4 Хасэ-дэра (長谷寺, Hase-dera) — один из знаменитых храмов в районе Нары, сейчас служит главным храмом буддистской школы «Бунзан». К главному залу ведет крытый коридор с 399 ступенями (а не 2000). С середины апреля до начала мая здесь цветут около 7000 китайских пионов, посаженных вдоль ступенек.

посетителям. Оказывается, у него есть снадобье от любой болезни. Около него останавливаются в основном крестьяне. У кого болит рука, нога или другой орган, подходят к этому деревянному божку. Прикосновение к его колену и прикосновение к собственному колену. Если болит сердце, прикасаются к груди статуи и потирают собственную грудь. Подходит убогий молодой человек, лобызает каждую часть идола и лобызает все у себя: лодыжки, колени, лопатки, горло, локти. Хорошо помассировав свои собственные части тела, он тут же попытался исполнить радостный танец. Я так и не понял, то ли он вот так сразу излечился, то ли он так посмеялся над всем этим делом.

Храмы построены и организованы внутри так, чтобы поразить наивных. Синтоистский храм захватывает своей незаполненностью, своей густой пустотой. Буддистский же напичкан произведениями искусства. В больших буддистских храмах есть достаточно вещей, способных вдохновить каждого. Храм Хорю-дзи, построенный в начале VII столетия[5], считается одним из самых ранних крупномасштабных буддистских храмов — там целый музей старинных китайских и корейских статуй из бронзы и дерева. Более поздние японские рисунки — какэмоно, панели и фрески — могут конкурировать с лучшими произведениями живописи Средневековья и Ренессанса как с точки зрения грации, так и в рафинированности линии и цвета. В буддистских храмах хватает искусства. Публика обозревает скульптуры и живопись, и влияние этого искусства совсем другое чем влияние искусства, связанного с христианской церковью.

В такой стране, как Япония, где освящен каждый военачальник (в Токио уже даже возведен храм на могиле генерала Ноги, разбившего русских у Порт-Артура[6], и туда ходят люди со своими молитвами), у народа, у которого изготовление меча является

---

5 Хорю-дзи (法隆寺, Hōryū-ji) — буддийский храм в Икаруга, префектура Нара. Считается, что храм был построен в 607 году.

6 Синтоистское святилище Ноги-дзиндзя (乃木神社, Nogi-jinja) в честь генерала Марэсукэ Ноги (1849–1912) было основано на месте его дома в Токио 1 ноября 1923 года.

таким же святым ремеслом, как у евреев написание свитка Торы, когда мастер произносит молитвы, выковывая меч, — естественно, что вся живопись полна героями в бравых позах. Таковы и вырезанные из дерева статуи. Здесь не увидишь изможденных святых, измученных постами и умерщвлением плоти, — те, кого освящает народ, видятся этому народу сильными и здоровыми, одетыми в самые дорогие одежды всех цветов радуги. Самураи, великие воины в позе броска на врага, всадники на конях, кони без всадников, цветущие вишневые деревья, глицинии, высокопоставленные дамы, религиозные танцы — все это картины, которыми увешаны стены храмов. Сотни и тысячи фонарей из камня и бронзы вокруг храмов, комедианты, устраивающие представления для развлечения публики, религиозные танцы, отображающие времена года, — все это делает живого живым, настраивает его глаза на реальный мир. В самом же храме совсем нет места для публики. Внутрь заходят максимум несколько людей, связанных с поминовением мертвых. Широкая публика остается снаружи, напротив широко открытой стены храма.

Духи, боги и идолы различаются по своим размерам. Бронзовый Будда в Камакуре, что недалеко от Иокогамы, — его высота 49 футов в сидячей позе. Храм при нем был разрушен недавним землетрясением. Остался лишь бронзовый Будда со своей мудрой широкой улыбкой. Как он грандиозен под синим небом! Японец приходит издалека, чтобы увидеть его. Один может простоять целый день, не уставая смотреть на него. А другой — задрал голову, взглянул и пошел дальше. Самый большой в мире Будда, что находится в парке Нары еще с VIII века в деревянном строении в корейском стиле, — это целая гора бронзы в обличии сидящего в раскрытом цветке лотоса Будды. Он дышит мужеством, а его вид полон мудрости. Что значит он для простого люда? Толпа по-язычески вглядывается в колоссальных идолов. Вот мама с ребенком на боку запрокидывает голову, глядя на огромного Будду, и ее взгляд теряется в его голове длиной в 16 футов со ртом шириной в три фута и ушами длиной в восемь футов! Такие статуи всем своим видом и выражением призывают к жизни и только к жизни. Хоть сам Будда, как рассказывает легенда, немало постился, однако его бронзовые образы — всегда с полными щеками, здоровой открытой грудью и жирным животом. В каждом его штрихе много приземленного. Колоссальные легендарные фигуры прошлого — военачальники и герои, даже вырезанные из дерева, — все они дышат мужеством, жаждой жизни. В этом слышится отзвук древнегреческой мифологии.

Нужно помнить, что искусство пришло в Японию из Китая и Кореи в стародавние времена, когда японец служил своим духам в пустых храмах. Когда пришло время наполнить эту жуткую пустоту, ее наполнили живыми образами. И хотя, с одной стороны, буддизм слился в народном сознании с синтоистским миром духов, все же в Японии буддизм открыл дверь в реальность и развил врожденные эстетические черты, заложенные в народе. Поэтому японский народ выглядит в жизни настолько отличным от тех народов, от которых буддизм пришел в Японию.

В тени святых душ[7]

1

Христианский миссионер в Японии пожаловался мне:

— Слишком уж японский народ остался верен душам умерших предков, поэтому не хотят они понимать живого учения нашего великого избавителя Христа.

Это ли причина того, что японцы подшучивают над христианским учением — сложно сказать. В этом случае скорее это связано с японским рациональным мышлением, умеющим верно оценить христианский дух; дух, который позволяет довести себя от тех, кому это надо, к захватам стран и подавлению народов; дух, который якобы намеревался освободить народы во имя христианского господства — его ненавидят все народы Востока.

Однако тут нет никакой связи с верностью японского народа душам умерших. Синтоизм, или «Путь богов», древняя, прими-

---

[7] В рукописи: “In shotn fun heylike neshomes” [«В тени святых душ»], примерно вторая половина 1930-х годов. *Papers of Peretz Hirschbein.*

тивная вера, владеющая до сегодняшнего дня сущностью японского народа, — этот «путь» просто-напросто подразумевает путь душ, который оказывает влияние на живущих. Души умерших предков, как японцы это называют; когда японец пару раз хлопает в ладоши, приходя к храму в честь какой бы то ни было известной души, он верит, что душа эта отзывается и приходит ему на помощь.

Существуют три вида душ, имеющих власть над народной жизнью. Самые близкие души — это те, что относятся к собственной семье. К ним японец обращает свой взгляд чаще всего. У себя дома он держит на полке такие дощечки, маленькие надгробия с именами предков. Каждый день этим душам предлагают немного еды, которую готовят для живых. Души членов семьи — это семейное дело. С ними уютнее. С ними можно часто общаться без слов.

Еще есть великие души, принадлежащие общине или области. Великие правители, великие благодетели — их душа никуда не девается после смерти. В их честь община возводит храм, к ним приходят, чтобы хлопнуть в ладоши и поклониться. Им приносят подарки, всевозможную еду и начатки урожая.

Самые же святые — это души умерших императоров, императриц и принцев. Святы те места, где покоятся души военных правителей, начиная с древних времен. Ибо император становится святым еще при жизни. Императоры ведут свое происхождение от Аматэрасу — от самой богини Солнца. Я уже как-то рассказывал, как народ в Токио приближается с большим благоговением к стене, за которой обитает живой микадо, и хлопает в ладоши, чтобы таким образом привлечь к себе внимание души великого благодетеля... Япония полна храмами в честь великих душ. Достаточно вспомнить, что в Японии есть около 196 тысяч синтоистских храмов! Каждая область уже обеспечила себя в достаточном количестве великими душами, неусыпно присутствующими в народном сознании.

Народные взоры, однако, особенным образом обращены к храмам Исэ, что в провинции Исэ, или, как ее еще называют, Ямато. Здешние души и их жизненные пути народ обожествляет.

В Исэ идут пешком. Сюда тянутся пилигримы со всей Японии. Каждый японец обязан хоть раз в жизни посетить храмы Исэ, точно как каждый настоящий индус должен раз в жизни побывать в Бенаресе, священном городе на священном Ганге. В честь богини Солнца Аматэрасу в Исэ был основан ряд храмов еще в середине VI столетия. К внутренней святая святых нет доступа. Мастера, которые должны что-то починить в этих храмах, сначала омывают свое тело. На белых одеждах, которые они носят во время работы, не должно быть никакого изъяна.

Еще здесь находится храм в честь Тоёукэ-бимэ — богини, которая заставляет прорастать все семена[8]. Поэтому-то и тянется так часто в Исэ японский крестьянин. Он идет пешком, и клип-клап его деревянных высоких сандалий оживляет дороги, ведущие в Исэ. Японский крестьянин приходит сюда, чтобы вымолить урожай для его рисовых полей.

Японский крестьянин на рисовых полях... С тех пор как я впервые увидел его стоящим по колено в воде, склоненным, с руками по плечи в воде, — и когда он сажал в затопленную водой почву юные рисовые кусты, и когда он согбенно копошился вокруг этих кустов; с тех пор как я почувствовал дурной запах, тянущийся с японских полей, где земля удобряется человеческими испражнениями, — с тех пор я потерял вкус к рису. Ибо когда мне подают блюдо из риса — передо мной сразу же встает утро по пути в Исэ, где крестьяне работают особенно тяжело на земле. Именно на пути в Исэ я видел, как крестьянин пользуется помощью преданных, послушных собак, которых он запрягает в своеобразный плуг или тележку. Правда, дух Тоёукэ-бимэ не всегда в помощь крестьянину области Исэ, и вообще крестьянину Страны восходящего солнца, где земля настолько камениста, что только 16 процентов от нее японский крестьянин обработал за все поколения вплоть до сегодняшнего дня.

---

[8] Тоёукэ-бимэ (豊受気媛神, Toyoukebime no kami) — богиня сельского хозяйства, ремесел, еды, одежды и жилищ в синтоизме. По преданию, она была призвана в Исэ около 1500 лет назад, чтобы поставлять священную пищу богине Солнца Аматэрасу.

Дух Тоёукэ-бимэ, витающий над крестьянской долей и помогающий семенам прорастать в землю, всходить и превращаться в долгожданный вымоленный росток, — этот дух меня тут никак не вдохновил. Все эти синтоистские храмы дышат пустотой на живого человека. Живя в Японии, я не один раз подходил к синтоистскому храму, хлопал в ладоши и пробуждал великие души японского народа, ставшего загадкой для западного человека. Случалось, что японцы смотрели на меня косо за то, что я нарушал покой душ их предков...

2

Почти так же, как священные храмы в честь богини Солнца, здесь, в Исэ, почитаются народом и храмы в честь тех, кто ведет свое происхождение напрямую от богини Солнца, — праотцев микадо. Поэтому вполне логично то, что японский народ возвел тут по-соседству обелиски в ознаменование своего великого триумфа двадцатипятилетней давности над русскими в крепости Порт-Артур.

Здесь, в Исэ, на священной земле, рядом со святилищем Найку[9] установили большую пушку фирмы «Крупп», захваченную японцами у русских в Порт-Артуре. И именно здесь, в таком священном месте, как Исэ, эта пушка притянула меня к себе. Я не знаю, как это произошло. В тени святых душ все может случиться. Мне показалось, что царская пушка мне подмигнула, попросила подойти к ней поближе, поскольку и я был из тех, кто тогда желал... Но к чему мне сейчас рассказывать, что я тогда, во время Русско-японской войны, чувствовал?..

Мне ужасно захотелось приблизиться к этой пушке, похлопать по ее тяжелому проржавевшему дулу, заглянуть в ее темное дуло... Россия... Священный Исэ... Порт-Артур... Виленская еврейская улица более двух десятков лет назад, где я писал стихи...

— Здравствуй!.. — совершенно неожиданно прервал мои мысли голос. Здравствуй — чисто по-русски...

---

[9] Найку (内宮, Naikū) — внутреннее святилище храмового комплекса Исэ.

Я оглянулся. Передо мной стоял крестьянского типа человек средних лет, низкорослый, укутанный в бедняцкое поношенное коричневое кимоно, в деревянных сандалиях. Он не был один. Рядом с ним, с опущенными глазами и по-простому зачесанными наверх волосами, в кимоно с голубыми и розовыми цветами стояла девушка лет семнадцати.

Он глубоко поклонился и с широкой улыбкой снова меня поприветствовал.

Я не ответил. Это русское приветствие мне было не совсем по сердцу. Здесь, в священном Исэ, у русской пушки, «здравствуй» по-русски — как описать то чувство неловкости, которое охватило меня в тот момент? Путешественник частенько бывает рад неожиданным, странным встречам. Мне же в пути всегда неловко, когда во время встречи с незнакомцем тот с первой улыбкой показывает, что он умнее меня, что он узнал меня и даже знает мой язык.

Его улыбка не произвела на меня должного впечатления. На его лице была та характерная черта, что встречается у людей, живущих у границы: люди, знающие языки с обеих сторон границы и знающие, что происходит по обеим сторонам границы... Я понял, что встреча со мной у пушки, которую Япония установила в своем самом священном месте в ознаменование народного триумфа, — это то, что подвигло этого японского крестьянина, явно бывшего солдата на маньчжурском фронте, поприветствовать иностранца по-русски.

Из-за того, что я не ответил, он почувствовал себя неловко. Это чувство передалось и его дочери. Она еще ниже опустила глаза. Я заметил, что девушка держала завернутыми в *фуросики* — японский платок — кусочки коры кедровых деревьев и несколько белых деревяшек: пилигримы уносят с собой кусочки коры от священных деревьев и щепки или куски досок, оставшиеся от некоторых храмов, которые тут перестраивают каждые двадцать лет. Такой кусок доски приносит, согласно народному поверью, большую удачу и благословение.

Тут я прервал неловкое молчание и спросил по-русски:

— Это твоя дочь?

— Да, это моя дочь Акари. Меня зовут Ямамото из Ямато. А как тебя зовут?

Я назвал ему мое имя. С серьезным лицом он несколько раз попытался повторить мое имя. Он велел повторить его своей дочери — она лишь подвигала губами, но громко не произнесла. Она сделала несколько шагов в сторону, чтобы не стоять передо мной, и еще раз поклонилась.

Я спросил его:

— Ты, конечно же, пришел к храму Тоёукэ-бимэ попросить урожая на твоем поле; как там у вас на рисовых полях?

На мой вопрос он не ответил. Он приоткрыл верхнюю часть своего кимоно на груди, где с правой стороны у плеча оказался шрам от зажившей круглой раны, и сказал:

— Это мне твои сделали под Мукденом. Штыком от ружья меня твой проткнул. Потом меня твои взяли в плен. Увезли далеко, очень далеко... Может, был в Москве, а может, и не был... В плену было плохо, не мылся в плену. Часто было много вшей в плену. Там научился говорить по-московитски. Московиты — хорошие люди и плохие люди. Иногда они были плохими людьми. Сейчас они уже стали хорошими людьми...

Он говорил при помощи жестов и отдельных русских слов. Его жесты и слова уводили назад в то великое время, в то знаменитое время — в дни великих свершений для его народа. Пушка, у которой мы стояли, была свидетелем того времени, когда московиты дали обманом завести себя так далеко — аж в Маньчжурию.

Ямамото дотронулся до проржавевшего дула пленной пушки, а его дочь Акари повторила это движение. Показывая на свою дочь Акари, он с некоторой грустью в глазах сказал, что у московитов хорошие *мусумэ* (девушки), очень хорошие...

3

У всех народов в мире простой народ ищет пути, уводящие от действительности, и всегда было легко направить широкие народные слои в тот темный уголок, где случаются чудеса.

В Японии в давние времени крестьянина держали на более высокой общественной ступени. По своему общественному статусу крестьянин в Японии стоял сразу же за самураем. За крестьянином шел ремесленник, затем человек искусства. На последней ступени стоял лавочник. По некоторым признакам, у японского народа крестьянин обладал социальной значимостью просто потому, что крестьянин в Японии более чем где-либо в другом месте во все времена перебивался на каменистой вулканической почве. С установлением феодальной эпохи положение крестьянина значительно ухудшилось. Однако нельзя сказать, что новые времена намного облегчили положение японского крестьянина. Под властью капитала его положение в какой-то степени осталось таким же тяжелым, как и в феодальный период.

Поэтому неудивительно, что Ямамото несколько позже сообразил, что я спросил его насчет рисовых полей, тогда как он все вел со мной разговоры о той войне его отечества, на которой его тело проткнул голубоглазый, светловолосый чужак. Те несколько русских слов, которые он выудил из памяти, на мгновенье его подвели, и ему в присутствие дочери захотелось поговорить с чужаком о московитских мусумэ. Я заметил юношеский огонек, который в тот момент загорелся в его глазах.

Он что-то вспомнил; он искал слова и как назло весь его словарный запас истощился. Он принялся искать слова вокруг себя, показывал на землю, затем на дверь и снова упомянул московитов... С большим трудом он дал понять, что от меня ему нужно узнать, правда ли, что московиты, что когда-то воевали с его отечеством, те самые, что держали его в плену и допустили, чтобы на него нападали нелюди... что там, где у мусумэ глаза как небо — правда ли, что там крестьянин забрал себе землю?..

И вместо того чтобы снова показать мне свою рану, полученную когда-то на русско-японском бранном поле, он оголил часть своей ноги под коленом и показал нездоровые пятна, рассказав, что это у него от стояния по колено в воде на рисовом поле. Он показал мне, что страдает от ревматизма, ему ломит руки и ноги — все из-за рисовых полей. Он даже себе позволил посмеяться над собой, рассказав, что из года в год он приходит сюда, в Исэ, и с каждым годом ему ломит руки и ноги сильнее, а удачи и благословения все меньше на его рисовых полях.

При прощании Ямамото посмотрел на меня с тоской в глазах. То же самое и его дочь Акари. Он попросил, что если я пробуду дольше в районе Ямато, чтоб я его отыскал. Он дал мне название своей деревни.

В парке Исэ есть священные места: идущие туда пилигримы должны прежде искупаться в протекающей здесь реке Исузу. Тут находятся священные конюшни, в которых содержатся священные лошади.

Когда я несколько задержался у старого кедра, ствол которого был обернут платками и обвязан соломенными веревками для защиты от суеверных пилигримов, отрывающих кору в качестве талисмана, мне снова встретился Ямамото с дочерью, который осторожно показал мне, что у его дочери завернут в фуросики кусочек коры с этого самого кедра...

Путь воина

Душа меча[10]

1

Перед тем как рассказать о том, как совершенно неожиданно покончил с собой не очень известный провинциальный актер Атака, я процитирую японскую пословицу, которая гласит:

Прекраснейшее среди деревьев — это вишневое дерево,
А прекраснейший среди мужей — это воин.

Эта пословица демонстрирует, что Япония, которая как-никак в течение пятнадцати столетий так много насыщалась учением и традициями Китая, все же не считала слишком мудрым то, что говорит китайский народ:

Из хорошей стали не делают гвоздей,
А из хорошего человека не делают солдата.

Япония не переняла от Китая и такую неглупую идею: «Герой тот, кто побеждает своего врага без удара».

Или: «Лучший солдат — это тот, кто не воинственен».

О нет. В Японии как раз ковали мечи из самой лучшей стали; а лучший человек, что живет в народной фантазии, это тот, кто отличился в схватке на мечах. Никакой народ на свете так не развил искусство выковки мечей, как японский народ. Японские

---

[10] В рукописи: "Di neshome fun a shverd" [«Душа меча»]. *Papers of Peretz Hirschbein.*

кузнецы-мечники в Средние века, в период Камакуры, превзошли великих дамасских мастеров. Создание меча приравнивалось к сотворению живого существа с особой душой. В процессе изготовления меча кузнец обычно производил окунания и очищение тела. Мастер возносил молитву богам, чтоб они помогли ему придать мечу дополнительную душу: у меча должно хватить сил разрубить надвое высокую стопку медных монет и при этом не получить зазубрин... Меч должен был быть способен разрубить врага сверху донизу; если же гордость требовала от воина вскрыть мечом свои собственные внутренности, без стона испустить дух, как следует воину, — тогда меч должен был так же легко войти во внутренности, как воин во время покоя и любви вдыхал чудесный запах цветущих вишневых деревьев...

Японский меч! Он был святыней с давних времен и все еще где-то в глубинах японской сущности остается таким и поныне. Множество мечей известных японских мастеров висят в национальных галереях Японии, множество искусных ножен и рукояток мечей украшают японские художественные коллекции — но при этом все еще есть знаменитые мечи, помещенные в храмы в качестве подношения богам.

«Путь воина», *бусидо* по-японски, — это путь, на который указал воину меч. Очень часто меч был вынужден следовать велению Конфуция:

Не жить тебе под одним небом
И не ступать по одной земле
С врагом твоего отца или господина...[11]

Именно это завещал один из военачальников клана Тайра, великий полководец Киёмори[12], уже лежа на смертном одре

---

[11] См.: Декларация ронинов Асано Такуми-но-ками (Declaration of Asano Takumi-no-kami's Retainers) // Tucker John A. *The Forty-Seven Rōnin: The Vendetta in History.* Cambridge: Cambridge University Press, 2018. P. 98.

[12] Киёмори Тайра (平　清盛, Taira no Kiyomori, 1118–1181) — военачальник позднего периода Хэйан. С 1153 года глава клана Тайра, фактически управлявшего страной. Установил первое в истории Японии администра-

и зная, что его враг Ёритомо из клана Минамото[13] все еще жив. Это было в XII веке. И такими вот простыми словами наставлял Киёмори своих детей:

> Единственное, о чем я сожалею перед смертью, это то, что не увидел головы Ёритомо. Поэтому я прошу вас — когда я умру, не приносите жертв Будде, не читайте по моей душе никаких молитв из святых писаний... Вас, моих детей и друзей, я прошу: отрежьте голову, голову Ёритомо из клана Минамото... Повесьте его голову над моей могилой...[14]

Меч получил дополнительную душу позже, в XIV веке, при жизни больших мастеров, среди которых был и великий Окадзаки Масамунэ из Камакуры[15], величайший среди кузнецов-мечников, чье имя до сих пор священно для японского народа.

2

Японский народ не знал бы сегодня так много о славном добром прошлом, сияющем своим многоцветием сквозь череду поколений, если бы не традиционный театр, который ежедневно воспроизводит те великие времена, когда меч правил свой триумф... На помощь приходят и всевозможные культурные памятники, оставленные после себя тогдашними поколениями, где образы различных воинов отражаются в блеске меча на фоне весеннего цветения вишневых деревьев. Народ относится сенти-

---

тивное правительство, в котором доминировали самураи. Короткое время спустя после смерти Киёмори клан Тайра потерпел поражение, проиграв клану Минамото.

[13] Ёритомо Минамото (源 頼朝, Minamoto no Yoritomo, 1147–1199) — основатель и первый сёгун сёгуната Камакура, первый правящий сёгун в истории Японии.

[14] См.: *The Heike Monogatari* / trans. by A. L. Sadler // *Transactions of the Asiatic Society of Japan.* XLVI / II (1918). P. 277–278.

[15] Масамунэ Горё (五郎正宗, Gorō Masamune, ок. 1264–1343) был широко известен как величайший кузнец-мечник Японии, создатель мечей и кинжалов *тати* и *танто*. В некоторых историях его фамилия указана как Окадзаки.

ментально даже к тем военачальникам, которые совершали ошибки, которые подвели Японию и довели ее до края бездны. Зритель проливает слезы в театре на смерть жесточайшего из сынов Японии, когда актер исполняет на сцене трагический уход героя-воина через харакири.

3

Жизнь коротка. Лишь для глупца жизнь — это иллюзия.
Лишь глупец пугается смерти.
Но что есть жизнь, если рано или поздно
Нужно умирать? Единожды, только единожды
Умирает человек — так пусть же умрет он яркой смертью.

Японская поэзия увенчала каждую героическую смерть поэтическими речами в изысканных формах. После самых жестоких и хладнокровных военачальников остались изысканные стихи. На провинциального актера Атаку произвели сильное впечатление слова великого воина нации Нобунаги, одного из трех великих генералов, спасших в XVI веке цельность Японии. После Нобунаги остался приведенный выше философский стих. Он его носил в течение всей жизни на своих устах. Нобунага, уже победив почти всех внутренних врагов, неожиданно попался в ловушку, устроенную его врагами в буддистском храме. В него попала ранившая его стрела. Но его собственный меч нашел путь к левой части его живота, обеспечив ему достойную смерть. И не столько жизнь и смерть Нобунаги повлияли на Атаку, сколько оставшийся после него философский стих, побудивший совсем неизвестного провинциального актера Атаку совершить харакири со всеми нюансами, как это делали в те времена, когда меч разговаривал с воином языком жизни и смерти.

Эти строки влились в кровь Атаки еще в детстве, когда он был учеником у провинциальной театральной звезды. Сидя в театре в то время, когда этот большой трагик, поглаживая холодный меч перед тем, как вонзить его во внутренности, декламировал эти слова со сцены, — тогда-то Атака сжился с этими словами и потихоньку начал мечтать о сцене, которая в определенный момент превратится для него в реальность, где язык меча перекричит все и вся.

Те, в чьих жилах течет самурайская кровь, должны встречать смерть с внутренней радостью. Это тот час, которого требовал меч. Это было великим моментом для того, кто на самом деле ощущал, что умирают только один раз, и только для глупца жизнь — это иллюзия. Если самурай наносил ущерб чести своего господина — достаточно было одного строгого взгляда сюзерена, чтобы тот понял, что на Земле ему больше нет места. Исходом такого воина было харакири. Ни стона, ни возгласа, когда меч вонзается в левую часть живота.

Актер японской сцены воспроизводит акт харакири с религиозным пиететом. Идущему навстречу смерти нельзя это делать неуверенными движениями. Под верхним красочным кимоно приговоренное тело носит белую траурную одежду. Когда герой на сцене приоткрывает эту белизну, слабые сердцем уже заранее утирают слезы.

В такие моменты, наблюдая своих коллег на сцене, Атака чувствовал в себе чисто женские слезы... и стыдился этого. Более того, в нем просыпался требовательный мужчина, говоря: «...глупец тот, кто думает, что жизнь — это иллюзия».

Атака обратился к своему директору, который, кстати, сам играл исторические роли; трагический актер, почти в каждом спектакле он вызывал слезы у публики — к нему Атака обратился и так сказал:

— Ты знаешь, случается, что мужчина во мне стыдится и порицает меня. Женщина — это женщина, а мужчина — это мужчина. Невозможно навсегда задушить в себе гордый характер мужчины. Нельзя вечно носить на лице женский грим. Пойми, иногда хочется почувствовать в руке резную рукоятку меча, как это чувствует отважный самурай. Доверь мне когда-нибудь роль самурая. Я хочу вызвать слезы у театрального зрителя — не материнскими слезами, не слезами обиженной гейши, а постепенным приближением к концу жизни... Вот как умирает на сцене отважный самурай. Он это делает спокойно, и у зрителя в театре перехватывает дыхание. Дай мне хоть сыграть одного из сорока семи ронинов (отважные самураи, которые в знак преданности умертвили убийцу своего господина и были вынуждены сами расстаться с жизнью через харакири...).

— Хорошо, мой юный друг, — похлопал его директор по плечу, — я дам тебе сыграть роль одного из трех братьев, которые были вынуждены покончить самоубийством по приказу Иэясу, первого сёгуна из династии Токугава. Ты сыграешь роль одного из старших братьев, а я посмотрю, сможешь ли ты своей речью к младшему брату заставить зрителей плакать, как ты это делаешь, играя оскорбленную мать. Вот так я позволю мужчине в тебе почувствовать меч.

4

Смерть братьев, которые в этой драме пытались отомстить первому сёгуну Токугаве за убийство их отца, — эта смерть становится еще патетичнее из-за приказа Иэясу, чтобы вместе со старшими братьями, Саконом и Найки, покончил самоубийством и младший восьмилетний брат[16].

Много слез было пролито в театре, когда всех трех братьев, открыв их траурные белые одежды, поставили на колени в ряд, готовых выполнить приказ сёгуна.

Трагической была сцена, в которой Сакон, самый старший, сказал самому младшему, восьмилетнему:

— Ты, брат мой, начинай первый, ибо я хочу увидеть, что ты делаешь это с должным спокойствием.

Отвечал младший брат:

— Я еще никогда не видел, как делают харакири. Когда я увижу, как это делают мои старшие братья, я повторю за ними.

Старшие братья усадили младшего посредине. И когда самый старший вонзил меч себе в левую часть живота, он так сказал:

---

[16] См. эту легенду в книге: Nitobe Inazō. *Bushido: The Soul of Japan*. Tokyo: Teibi Pub. Co., 1907. P. 111–113.

— Видишь, мой младший брат, не вонзай меч слишком глубоко, ибо ты можешь упасть назад. Лучше наклонись вперед и держи колени крепко, как полагается...

Атака играл роль второго брата, Найки. Его колени будто приросли к земле. Его тело замерло как влитое. Когда он отыскал подходящее место в левой части живота и начал вонзать в него меч, то так он сказал младшему брату:

— Когда придет твое время, мой младший брат, ты должен держать глаза открытыми, как я. Ибо, совершая харакири с зажмуренными глазами, ты можешь выглядеть как старая слабая умирающая женщина... А если меч наткнется на что-то внутри и пойдет назад — крепись и с удвоенной силой разрезай свои внутренности... Ибо только один раз умирает человек, а не два раза... Так что умирай...

Последние слова Атака не произнес, потому что это был последний, он же и первый раз, когда Атака не понарошку сыграл роль отважного самурая.

Театральное искусство

Японский театр[17]

Японский театр с его древними традициями влился в сегодняшний день во всем своем большом объеме. Между тем, само театральное искусство не было доведено до более высокой ступени в том, что касается поиска чего-то нового. Содержание осталось устаревшим. А в смысле формы и техники, в какую бы сторону японский театр сегодня не склонялся, его ждет упадок.

В центре японского театра находится актер. Обстановка — это только лишь приложение к нему. Актер — это первосвященник на сцене. Он играет с глубокой серьезностью, и представления потрясают зрителя. Японский театр далек от реализма и натурализма. Экспрессия носит особый японский характер. Там, где у нас перевернулись бы небо и земля, там у японцев затишье перед бурей.

В помощь актеру дается музыка, пение и декламация: в ложе у сцены сидят два-три музыканта и наигрывают мелодию на трехструнных сямисэнах, а в стороне два-три певца-декламатора. Когда актер на сцене изображает глубокие переживание, когда он замирает бездвижно с выражением страдания на лице, тогда в тишину врываются музыканты и декламаторы. С экстазом и удивительной мимикой рвет музыкант струны своего сямисэна, а декламатор бросает слова со сцены. Вся атмосфера в театре становится наэлектризованной.

Актер выходит на сцену в нанесенной на лицо маске из резких характерных мазков. Его маска подчеркнуто брутальна своими

---

[17] Yapanish teater [Японский театр] // *Di idishe tsaytung*. 03.10.1926; *Di tsayt*. 15.10.1926; *Literarishe bleter*. 12 (23.03.1928): 243–245.

цветами и штрихами, если он играет интригана, и белая как мел, если в процессе трагедии он должен будет погибнуть. В этом случае актер ходит с обреченным выражением на лице, и все его передвижения в процессе игры ведут к смерти. Все вокруг указывает на то же самое. Флейта неожиданно обрывает далекую мелодию за кулисами во время появления актера — провозвестник того, что горек его путь.

Традиция властвует надо всем. Те же самые костюмы, которыми пользовались на сцене сотни лет назад, — все их детали сохраняются по сегодняшний день. Сам актер — прямой наследник череды актерских поколений. Есть такие, что ведут свой актерский род более пятидесяти поколений. У ведущего актера — своя собственная труппа. В пьесе, где он играет, он и есть режиссер. Так он и гастролирует со своим ансамблем. На картинах средневекового художника узнаваемы лица и костюмы актеров-современников. Глядишь сегодня на сцену и думаешь, что перед тобой герои тех картин. И хотя переход к светскому театру произошел постепенно от религиозных танцев и кукольных представлений, все же до сих пор вызывает удивление, что пантомима и по сей день органично вплетена в игру. Расстановка актеров в определенные моменты тоже напоминает о кукольном представлении. Может показаться, что грациозная группа, замершая в молчании, — это всего лишь группа фарфоровых фигурок.

Именно театр кабуки сохраняет традиции японского театра. В нем выступают величайшие трагики нашего времени. Самый характерный штрих театра Японии — это то, что в нем нет актрис. Все женские роли играют мужчины. Так это ведется с древности. В старые времени считалось неподходящим для женщин играть на сцене. Эта традиция так укоренилась, что теперь, когда уже возможно использовать женщин-актрис, как это происходит в кино, театр кабуки все же этого не делает. Я поинтересовался причиной, мне ответили, что сложно найти женщин с таким солидным видом и с таким талантом, каким обладают «мужчины-женщины». В исторических трагедиях сегодняшняя женщина не может произвести впечатления, у нее не хватает темперамента. Актеры-мужчины, играющие женские роли, очень знамениты.

Утаэмон Накамура — самый знаменитый из них[18]. Он уже старик, ему за семьдесят, и он насчитывает за собой семнадцать актерских поколений — все играли женские роли. Всем своим образом жизни они больше похожи на женщин. Они больше находятся в женском обществе, чтобы не потерять среди мужчин женские манеры. Единственная вещь, которую они не могут замаскировать на сцене, — это голос. В ролях молодых дам или гейш чувствуется ненатуральность. Но поскольку в театре реализм и естественность удалены на второй план, а основу впечатления создает величественное действие, то на голос не обращают внимания.

Действие происходит не только на сцене. Иногда все здание превращается в арену сильных переживаний. Два широких моста тянутся через партер на сцену по обеим сторонам театрального зала. Актеры, как и публика, попадают в зал в основном по этим мостам, и уже при первом их появлении на мосту начинается действие. Театр кабуки в Токио имеет вращающуюся сцену. Это, естественно, принадлежит уже новому времени, и если необходимо поменять сцену, то занавес не опускают: сцена вращается перед глазами публики прямо во время действия. Даже суфлеры, являющиеся одновременно и реквизиторами, помогающими актерам переодеться, — эти люди поднимаются на сцену во время игры. Они выходят во всем черном, в черном капюшоне и шарфе на лице, прокрадываются, делают свое дело и отходят в сторону или остаются сидеть в глубине сцены спиной к публике. Суфлер — это никто на сцене[19]. Его не замечают. Он не разрушает иллюзию.

Я был приглашен на премьеру в токийский театр кабуки[20]. Представление началось в два часа дня, а закончилось в десять вечера,

---

[18] Утаэмон Накамура V (中村歌右衛門 [5代目], Nakamura Utaemon V, 1865–1940) был пятым поколением знаменитой династии актеров кабуки. В описываемое время актеру было чуть за 60 лет.

[19] Пильняк называет этих незаметных работников японской сцены «никтошки». См.: Пильняк Борис. *Корни*. С. 74 (глава «Театр и живопись — элементы формулы шара»).

[20] 露文豪ピリニヤク氏が歌舞伎座を見物 [Ro bungō biriniyaku-shi ga kabu jì-za o kenbutsu / Знаменитый русский писатель Пильняк посетил ‘Кабуки-дза’] // *Asahi Shimbun*. 02.04.1926: 6. Театр «Кабуки-дза» в Гиндзе — главный театр

и я не знаю, как пробежало это время. Я бы не устал даже если бы представление длилось до рассвета. Давали несколько пьес: трехактную трагедию, две длинные одноактные исторические трагедии и в заключение — танец-пантомиму. Первую трехактную трагедию написал д-р Цубоути, очень большой драматург или, как его называют, «японский Шекспир»[21]. Он уже немолодой человек, ему за шестьдесят. В его трагедии, как и в остальных, действие происходит в X и XI веках. Военные интриги, убийства и самоубийства, заговоры вокруг трона или среди военных правителей-сёгунов. Игра доведена до такого уровня, что просто не оставалось времени перевести дыхание. Трехтысячеголовая публика умывалась слезами. При этом не забывайте, что довести японца до слез — задача не простая. Как бы ни было ясно содержание идейно, все равно забываешься и оказываешься захваченным действием. Даже когда на сцену по мосту скачет герой на мощном белом коне, и ты видишь под конем человеческие ноги, что означает, что весь конь — это чехол с вышитой на нем лошадиной головой и уздечкой, а внутри него люди, которые его несут, все равно не приходит в голову это критиковать и ухмыляться, когда конь упрямится и поднимает человеческие ноги. Ибо главное — это герой на коне, его лицо и то впечатление, которое он производит на окружающих.

Тон и интонация актера предельно выразительны и полны пафоса. Он декламирует напевно и с определенным ритмом. Это передается с тех времен, когда каждый класс по-разному интонировал слова. Высший класс говорил обычно манерно, заканчивая каждую фразу повышенным голосом, цедя слова с достоинством. Это соответствует одежде, соответствует всему действию, соответствует героической жизни, которая была окружена интригами и сопровождалась смертью. Смерть состоит из харакири, то есть

традиционной драмы кабуки в Токио, построенный в 1889 году и перестроенный в 1924 году в стиле японского возрождения, использующем архитектурные детали японских замков и храмов.

[21] Сёё Цубоути (坪内逍遥, Tsubouchi Shoyo, 1859–1935) — писатель, критик, переводчик, драматург. Перевел на японский язык полное собрание сочинений Шекспира, что оказало большое влияние на становление современной японской литературы и движение за совершенствование театра.

вскрытия живота коротким мечом и выпускания кишок. Для актера на сцене это божественный ритуал: его переодевание в белое, все эти приготовления, натянутое молчание или считанные слова и длящиеся иногда очень долго паузы — в то время как сямисэнисты и певцы нарушают тишину: глухая барабанная дробь стаккато, неожиданное завывание флейты где-то за сценой и застывшая поза того, кто должен отнять у себя жизнь. Все это размывает действительность и создает впечатление симфонического оркестра.

Наступает время бури, и на сцену вторгается война. Она врывается через мосты. Схватка на мечах! На сцене не более тридцати человек. Ритмичное движение тел, прыжки и падения, смена позиций без криков, лишь звон ударов меча об меч. Иногда игрок на сямисэне ударит по струнам, когда меч падает из рук побежденного. Время от времени битва превращается в вихрь и чувствуется ветер, который создают в воздухе своими мечами сражающиеся. Такое впечатление, будто бы здесь столкнулись и воюют между собой гиганты. После десяти минут сражения на мечах в полутьме — десяти минут, что проносятся как ветер, — всегда становится меньше сражающихся на сцене. Павшие исчезают на глазах. Война заканчивается после того, как на сцене не остается никого, кроме сотен мечей, оставленных после себя героями в качестве духа только что произошедшего большого сражения. Это нельзя назвать сражением, это скорее было танцем на высочайшем уровне, танцем жизни и смерти. Позже, когда единственный актер выходит на сцену со считанными словами, шагая согласно внутреннему ритму, его шаги сопровождает декламатор, находящийся в стороне от него, звук струн — и ты видишь возвращающиеся к жизни разрушенные миры.

В тот самый вечер я видел семидесятилетнего Накамуру дважды. Первый раз в роли трагической матери, сын которой, наследник престола, лишил себя жизни и тем самым разрушил все ее мечты о дальнейшей жизни[22]. А во второй пьесе он сыграл роль

---

[22] Утаэмон Накамура сыграл роль дамы Йодогими в драме Цубоути «Лист павловнии» (“Kiri Hitoha”), второй жены генерала Тоётоми Хидэёси и матери его сына и преемника Хидэёри, совершившего сеппуку во время осады Осаки. После смерти Хидэёси она стала буддийской монахиней.

несчастно-счастливой матери, которая почти всю свою жизнь ищет пропавшего сына, и когда она уже стара и разбита, узнает, что ее сын — важный буддистский священник. Ее радости, когда она с ним встречается, нет конца и краю. В обеих ролях он заставляет забыть, что он мужчина, которому за семьдесят. Его гибкая фигура, его грациозные движения и манеры производили впечатление на публику, и не один раз он заставлял весь зал утирать слезы рукавом кимоно. Позже я его, старика, встретил за кулисами — мне еще не попадалась такая просветленность среди актеров. Как древний римлянин, он стоял, глядя на расхваливающего его на непонятном языке гостя. Я пожал ему руку — нежную-нежную женскую руку.

Пантомима в последнем акте представляла собой весенний танец среди цветущих вишневых деревьев. Влюбленная пара, такая грациозная и весенняя, целый час подряд танцевала в сопровождении пения и сямисэна[23]. Снова двое мужчин, только один переодет женщиной. И снова это уводит в традиционную японскую весну, которая показана на картинах старинных мастеров. Так далеко, так далеко от сегодняшней жизни. Последний акт очень гармонично слился с предыдущими трагическими актами.

Удивительный японский театр, представляющий собой одно из оригинальных культурных достижений Японии, явно стоит сегодня на пороге большого кризиса. Его содержание, его исторические трагедии доживают свои дни, и остается лишь удивляться, как народ все еще переживает и преклоняется перед такими ужасными картинами, отражающими эпоху духовного затмения. Может это происходит благодаря тому героизму, который показывает этот театр? Тот самый героизм, что еще частично живет в японском народе. Это доказывает, что классический театр в стиле кабуки ценится среди старшего поколения.

---

[23] Речь идет о танце «Окару-Кампей» (“Okaru-Kanpei”), части популярной исторической пьесы «Сокровищница верных вассалов, или История сорока семи самураев» (“*Kanadehon Chûshingura*”). Его регулярно ставили отдельно от этой пьесы. В танце представлены два персонажа: влюбленные Кампей, слуга своего господина, и Окару из Киото.

Молодое поколение уже ценит более новые современные опыты. Но какую бы симпатию ни вызывали устремления молодого поколения на ниве театра, новые предприятия остаются беспомощными в сравнении с театром кабуки. В Токио есть Малый театр под руководством Осанаи-сан[24], то есть революционный театр. Революционный в смысле слома старых традиций. Малый театр существует уже несколько лет, питаясь не только перенятыми у застывшего театрального мира Европы формами, но и привезенными из-за моря пьесами. Они стараются быть верными учениками, а выходит дилетанство. Характерно то, что учащаяся молодежь — единственная, кто заполняет этот театр во время его представлений. Тут уже женщины играют женские роли. Это школа для женщин стать актрисами. Но невозможно, чтобы японский театр смог сделать прыжок из такого классического театра, как кабуки, в те опыты, что я видел. Не хватает собственных драматургов, которые взяли бы свою историю и осветили ее трагические моменты достойным образом. Осветили то, что должно бы подойти новым временам. Что, откровенно говоря, есть в чеховских «Трех сестрах» для японского народа? Это ему ничего не говорит. Прозападно настроенная молодежь, или как их здесь называют, революционная молодежь, могла бы найти достаточно великих моментов в своей долгой истории. Да даже в последние 60 лет есть достаточно великих драматических и трагических моментов для современной сцены. Но выглядит так, что здешнему народу все еще не хватает новых драматургов.

Новый театр рвется сейчас к тому, отчего западный театр уже устал. Хорошо б, если бы западный театр перенял самое лучшее у японского классического театра, пока еще не поздно.

---

[24] Осанаи Каору (小山内薫, Kaoru Osanai, 1881–1928) — театральный режиссер, драматург и актер, сыгравший центральную роль в развитии современного японского театра и кино. В 1912–1920 годах он путешествовал по Европе, чтобы лично познакомиться с современным театром. Последователь системы Станиславского. В 1924 году помог основать театр «Цукидзи сёгэкидзё» (Малый театр).

Музыка и танец

Гейша[25]

Путь гейши тянется от дешевого публичного заведения до богатых домов, куда она приходит развлекать гостей на вечеринках. Она все еще крепко укоренена в японской жизни. Она одевается с большим вкусом, хотя и в пестрые цвета, как привиллегированная дама. Ее лицо сильно накрашено, губы ненатурально красные, а шея и грудь покрыты белилами. Волосы тщательно уложены в виде башни. Ее походка несколько кокетлива, как походка женщины в целом. Женщины в Японии опасаются ее как злого духа и считают разрушительницей семей.

Литература и японский фольклор почерпнули многое из жизни гейш, когда связавшиеся с ними мужчины теряют дом и преданную жену. Если мужчина начинает поздно возвращаться домой, пробегает мысль, что ему, видимо, вскрутила голову гейша. И именно в сегодняшние дни, когда люди позволяют себе нарушать традицию, вести новую, иную форму жизни, именно сегодня гейша — это та, кто разрушает множество семей. Зажиточные мужчины стремятся иметь где-то гейшу, чтобы проводить с ней время, отрываемое от скучной жизни под сенью тихой жены.

Само название гейша весьма солидное: гейша означает совершенство, завершенность. Настоящая гейша должна быть идеальной во всех отношениях. Кроме того, что она от природы красива и грациозна, она должна уметь петь и танцевать. Она должна

---

25 Di geyshe [Гейша] // *Literarishe bleter*. 127 (08.10.1926): 667–668; *Di idishe tsaytung*. 10.10.1926; *Di tsayt*. 22.10.1926.

знать искусство сервировки чая в обществе. Сервировка чая — это целая церемония. Японец считает это основой своей культуры. Это ритуал. Вообще, гейша должна быть рафинированной в манере речи, в использовании голоса. Некоторые гейши разговаривают таким тонким голосом, будто бы он выходит из птичьего горла. Петь и танцевать — это важное качество в Японии. Пение индивидуально. Можно не ходить ни в какие консерватории и обучаться музыке в общем. У каждого учителя музыки своя собственная школа и традиция. Японское пение, которое сначала производит такое впечатление на нашего человека, будто бы звуки исходят из уха или лба, — когда разберешься в его смысле, то это особый многоуровневый и многомерный музыкальный мир. Певец аккомпанирует себе самому на сямисэне — трехструнной гитаре, на похожей на него биве или на кото — что-то вроде лежащей арфы. Пение с аккомпанементом полно самоотдачи. Мелодия тренькает и вьется без начала и конца. В процессе пения, будь-то даже гейша, у поющего одухотворенное лицо. Слушатели закрывают глаза и впадают в состояние самозабвения. В такой момент веришь в исключительную музыкальность японцев. И поскольку для достижения совершенства в пении и танце нужны целые годы, среднестатистическая публика достичь его не способна.

Теперь что касается искусства танца. Японские танцы сами по себе своеобразны. Отражая примитивным образом природные явления, они своей завершенностью, своей рафинированностью чисто японские. Веер — это настоящий культ с давних времен. Ни одного аристократа не рисовали без веера. Веер относится к предметам одежды. Два раскрытых веера, когда их держат вместе, создают иллюзию крыльев бабочки. Веер участвует в танце. Во всех движениях веер ведет основную линию. Есть танцы, в которых все движение крутится вокруг веера. О знаменитых веерах японский народ сложил сказания и легенды. Танцуя с веером, гейша превращается в олицетворение целомудрия. В танцах нет и следа распущенности. Танцы эти родились еще в стародавние времена вместе с поклонением богам, и до сегодняшнего дня в синтоистских и буддистских храмах совершаются ритуальные танцы. Гейша танцует и перед храмом. Достичь совершенства сложно, и гейша вынуждена начинать свою карьеру с самого детства.

И все же главным фактором в карьере гейши была бедность. Богатые родители из своих дочерей гейш не делали. Бедность и бескультурье родителей приводили к тому, что, имея способного ребенка, девочку, они отдавали ее в заведение для гейш. Ребенка не отдавали на учение, а просто продавали. В заведении для гейш, вместе с ее талантом, вместе с ее пением, игрой и танцами, ее шаг за шагом превращали в публичную женщину. И поскольку гейш в Японии столько, сколько птиц в небе, это показывает, как в жизни японского народа осуществляется добровольная белая торговля. Это происходит в рамках культурных понятий народа. Бедняк, отсталый элемент, вынужден делать все на свете, и от него требуют всего на свете. Он делает это вынужденно. Торговля детьми происходит и по сей день. Конечно же, проституция находит собственные пути как заполучить взрослых полуобученных гейш. Но опытная гейша начинает свою карьеру еще в пятилетнем возрасте, являясь маленьким пажем у более взрослых гейш там, где она получает свое воспитание. Точно как дети воспитываются для проституции, будучи временно в услужении у опытных проституток.

Рассказывают об одном отце способной дочки, которая захотела стать гейшей, и этот отец из милосердия отрубил ей руки. Но такая история не может скрыть реальность. Потому что в Японии считается настоящей добродетелью, когда дочь приносит себя в жертву ради помощи бедным родителям. И естественно то, что родители из бедноты не видят в этом большого преступления и унижения до тех пор, пока гейша является таким живым фактом местной жизни.

В чайном доме без гейш у чая нет никакого вкуса. Японец любит, чтобы гейша ему прислуживала. Он любит, чтобы она пела ему и тренькала на сямисэне. На каждую вечеринку, где собираются друзья, приглашают гейш, чтобы они помогали веселиться. В течение всего апреля и мая, весенних месяцев, когда народ отправляется праздновать под цветущими вишневыми деревьями вокруг храмов, в каждой компании находятся несколько гейш. Молодежь без них не обходится. На траве у чайного дома, в тени старинного храма выносят наружу плетеные маты, садятся на них с поджатыми под себя ногами, посреди — большие бутыли с сакэ, а в самом центре — несколько гейш. Все становятся подвыпивши, по-хасидски под мухой, и сами подвыпившие гейши играют, поют и танцуют час за часом до поздней ночи. Это происходит совершенно открыто. Все ведут себя по-человечески. Никто не устраивает скандалов, драк, только самозабвение, пение и танцы. А то, что гейша — это легализованная проститутка, никому не мешает. Традиция. Жизнь японца была бы как без соли, если б у него забрали гейшу.

И хотя молодое поколение предупреждает, что примут закон против гейш, но пока что выглядит так, что не одно поколение пройдет до их исчезновения. Не закон отменит гейшу, но она сама сменит свой характер и превратится в обычную шлюху. Когда ведут разговор с западным человеком, тут любят покрасоваться. Японец делает это с большой охотой. На сегодняшний момент гейша — это что-то вроде культурной институции. Танцы гейш стоят почти на одном уровне с театром. Хотя в частной жизни никакую гейшу не пригласят в приличный дом, ее искусство связывают с национальными праздниками.

В Токио у гейш есть один из лучших театров, и каждую весну они организуют танцы гейш. Это можно назвать японским балетом. Этот театр поддерживают известные на всю страну гейши, достигшие богатства своим искусством[26]. И когда начинаются танцы гейш, это становится национальным праздником. Это классические танцы. Они отображают времена года. Открытые танцы гейш устраивают и в историческом городе Киото, но наивысшего уровня эти танцы достигли в этом году в Токио, в собственном театре гейш: прошедшей весной тут танцевали

---

[26] Речь идет о театре «Симбаси Эмбудзё» (新橋演舞場, Shinbashi Enbujō) в районе Гиндза в Токио, который был построен в 1925 году для проведения танцевальных представлений гейш «Адзума Одори» Токутаро Кавамурой, разбогатевшей руководительницей дома гейш «Морикава». Сегодня это одно из главных мест для представлений кабуки.

самые избранные, и кто бы мог сказать во время их представления, что это заведение для женщин, в которых мы видим отбросы общества?

В этом театре два моста тянутся к сцене с обеих сторон, через партер к дверям. Танцы распространяются по всему зданию. По обе стороны партера — большие ложи, в которых сидят хор гейш, гейши с сямисэном, бивой, барабанчиками-цудзуми и колокольчиками. Пение и музыка носят религиозный характер, в полной гармонии с танцами. Танцы очень сдержанные, скованные, со своим внутренним ритмом, как и вся их музыка. Сначала танцевал весь балет, а потом танцевали две примадонны. Хотя на сцене находились обе, каждая танцевала сама по себе. Когда одна танцевала, другая стояла на коленях в глубине сцены боком к публике. Таким образом обе уступали друг другу место. Красивый жест сценической лояльности, который производит впечатление. Декорации на сцене высокохудожественные, хотя и во многом подогнанные под общий вкус. Большая техничность в смене декораций на сцене. Я не преувеличиваю: за одну минуту поменялось все оформление. Сверху и снизу, изо всех уголков выпрыгивают элементы декораций и находят свое место. Центральный занавес механически выворачивается наизнанку, и лес превращается в храм с зажженными лампадами. Быстрота, с которой меняется сцена, представляет собой противоположность медленному темпу танцев. Может, в этом и лежит секрет танца гейши, равно как ее танцы представляют собой противоположность той суетливой жизни, которую она ведет.

Когда разговариваешь с японской женщиной и спрашиваешь ее мнение насчет гейш, она становится грустной и чувствует себя отсталой по жизни. Она знает, в чем проблема. Если она решительная, то выплескивает на гейшу всю свою горечь: «Из-за гейш мужья разводятся с женами, потому что жены не могут так петь и танцевать». Она стыдится сказать о мужчине, что он уходит в публичный дом и оставляет семью. Мужчина же как раз тот, кто защищает гейшу, говоря о ней как о японской культуре.

Япония принадлежит Востоку, все еще отличающемуся своим отношением к женщине от Запада. Япония, ищущая всевозможные пути для реформации жизни, ходит во многих сферах по кругу: широко шагает и одновременно стоит на месте. Как у нас, так и тут, не все удается реформировать, поскольку общество не знает, как реформировать жизнь. Разве что сама природа приходит на помощь. Это как с гниющим зубом во рту — если его не вырвать, он будет гнить, пока не сгниет сам по себе. Такое произошло со многими явлениями в нашей общественной жизни. То же самое произойдет, видимо, и с институцией гейш в Японии. В народе еще живо представление, что из-за бедности можно продать дочь. Тут встречаются друг с другом две хвори — бедность и бескультурье.

Отношение к женщине и культурное состояние масс изменится к лучшему, когда социальная справедливость займет свое место. Но сама гейша как культурная институция исчезнет из жизни — с танцами или без танцев, с совершенством или без совершенства, проституция ее проглотит.

Киото, июль 1926 года

Архитектура и дизайн

Под тяжелой крышей[27]

Тонкие стенки, тяжелые-претяжелые крутые кафельные крыши, на которых не видно труб. Крыша — это самое примечательное для нашего человека в японских домах. Мы не привыкли видеть целый город домов, чтобы из крыш не торчали трубы. В Японии нет печей. Подойдешь к дому поближе, все здание чуднóе: хрупкий каркас, верхняя часть часто из бумаги вместо досок — это стены. Вызывает удивление, как может держаться такая тяжелая крыша на этом карточном домике. В крыше заложен корейский стиль. Стены характерны для Японии. Даже более массивные здания, которые обычно из дерева, имеют передние стены из тонких рам, заклеенных матовой белой бумагой. Передняя стена передвижная, ее части раздвигаются, и, если захочется, дом остается совершенно открытым.

Есть немало исключений. Но так народ строит свой дом. Предположительно, это землетрясения и циклоны виноваты в том, что японец строит такое легкое строение. Но вот крыша слишком тяжела. Во время землетрясения довольно, чтобы тяжелая кафельная крыша опустилась на голову, и не нужно будет даже упоминать души прадедов. В старые времена, когда кто-то в доме умирал, умершему отдавали дом, а живые уходили куда-то в другое место. Дом становился жилищем для души умершего. Может, по этой причине дома и строили готовыми для такого. Но не нужно возлагать на мое осторожное предположение слиш-

---

27 Unter a shveren dakh [Под тяжелой крышей] // *Di tsayt*. 16.07.1926; *Di idishe tsaytung*. 15.08.1926; Unter a shverer vakh [sic!] // *Der moment*. 12.11.1926.

ком тяжелую крышу. Необходимо ведь связывать архитектуру с народной психологией. Красивы богатые дома, выдержанные полностью в корейском стиле. Очень оригинальны тяжелые деревянные ворота во двор, очень оригинальны деревянные балки, поддерживающие крышу. Деревянные здания очень уютны.

Еще больше удивляет европейца внутреннее устройство. Европейские глаза натыкаются на почти голые стены. Пустые, открытые углы. Нет никакой мебели, за которую мог бы зацепиться взгляд. Стены внутренних комнат раздвигаются. Хочешь, четыре комнаты станут одним большим залом. Пол покрыт тонкими, плотной вязки матами из рисовой соломы.

У матов определенный размер. Любая комната измеряется количеством матов, которыми можно устелить пол. Бумажные части стен пропускают тусклый свет. К этому легко привыкаешь, находясь в доме. Кстати, в рамах есть и стеклянные окна. Вообще, в японском доме светло.

Мы уже настолько привыкли верить, что тяжелая мебель, канапе, стулья, тяжелые альковы, буфеты, картины в тяжелых рамах на стенах — мы верим, что это все необходимо для создания теплой атмосферы в доме. Весь абсурд становится виден тогда, когда выезжают из квартиры, и грузчики начинают выносить добро наружу: стоит маленький человечек, бедняга, у нагруженной телеги в расстроенных чувствах. Ничего не поможет, западный человек сросся со всем этим.

Здесь, в Японии, когда я в первый раз попал в дом, я почувствовал себя так, будто бы я стеклянная кукла, которая должна стоять в шкафу для дорогой посуды. Тяжело сделать лишний шаг в таком доме. Тяжело слышать собственные шаги. Стенки такого дома и не слышат шаги своих жильцов. Деревянные туфли японец оставляет снаружи. В доме он ходит или босиком, или в носках. Я свои босые шаги не слышал в их домах, вся моя западная тяжесть скукожилась. В хорошем доме только в гостиной имеется низенький столик, а вокруг него — подушки для сидения. В японском доме чувствуешь себя отрезанным от внешнего мира, ибо домашней атмосферой владеет особое спокойствие. Это спокойствие осознаешь только тогда, когда понимаешь, что вместе с японцем в его четырех стенах живут души умерших родителей, все предыдущие поколения живут вместе с живыми. Ради их душ стоит в каждом доме миниатюрный храмик, и каждое утро произносят перед этим храмиком необходимую молитву. Дом тих. Я не знаю, как в таком доме ссорятся. Скорее всего, ссорятся в тишине. Жена покорна, она выплакивает свои слезы в широкий рукав кимоно, и делает она это тихо.

Я был в гостях в нескольких аристократических домах. Я побывал и в нескольких бедных домах — нет такой уж большой разницы в домашней атмосфере между бедными и богатыми, как у нас. Те же благородные манеры, та же рафинированная вежливость. Даже то, как подается чай, соответствует одной и той же традиции. Конечно же, в богатом доме традиций полная мера. В богатом доме часто заметна и темная сторона жизни.

Когда я приехал в дом одного уважаемого человека в Токио, то во двор вышел из ближней к воротам комнаты дворецкий, опустился на колени и склонил голову к земле. Затем он сходил сообщить, что прибыл гость, и провел меня во внутренние комнаты. Его покорное приветствие увело мою мысль в темные миры. Ко всем красивым сторонам их традиции это добавило в моих глазах большое черное пятно. Я не мог себе представить, каким образом людям, которые ведут себя так просто, так приятно, может понадобиться при всем прочем, чтобы прислуга вот так кланялась.

Оглядывая дом, я позавидовал вкусу его владельцев. Их ли это вкус или кого-то другого — значения не имеет. Я им позавидовал — не вещам, которыми они обладают, но тому, чего у них нет. Правду говоря, без печи там холодно, но есть очень большой горшок с углями, в котором горит маленький огонь. Трех угольков, тлеющих на песке, недостаточно для нашего человека. Но вот в «неимении мебели» лежит особая культура. Передвижные стенки, разделяющие комнаты, выдержаны в чистых светлых тонах. Не совсем в нейтральных, но легких для восприятия. Тут и там, в углу, два-три цветка в вазе, предназначение которых — заполнить пустоту угла. На стенах нет картин в тяжелых рамах, только картина на длинном свитке, свисающем сверху. Снизу находится валик, на который накручивают картину, когда ее снимают со стены. Картины на бумаге или на шелке, нарисованные или вышитые. Содержание картины символически отражает время года и соответствующий этому ландшафт: когда весной цветут вишни, на картине вишневые бутоны. То же самое в конце лета с глициниями, ирисами, лотосами, красными листьями кленов и дубов. Это содержание картин. На полях каллиграфически выписаны исторические темы в стихах. Такие картины или *какэмоно*, как их называют в Японии, имеются в каждом доме, бедном или богатом. Они меняются в соответствии со временем года.

В богатых домах есть предметы искусства, всевозможные раритеты, но их не держат в гостиной. Их выносят только в определенных случаях, когда приходят гости. Выносят такие вещи, что соответствуют характеру гостей. Когда в гости приходит музыкант, в его честь выносят музыкальные инструменты, разнообразные древности: флейты, барабаны, сямисэны. Приходит писатель — вынимают в его честь красиво изданные или рукописные книги в художественных переплетах. В мою честь вынесли и музыкальные инструменты, и литературные вещи. В дом даже пригласили музыканта, которые мог пользоваться различными инструментами, что он для меня и продемонстрировал. Вообще, хозяева охотно показывали, что у них есть. Это характерный штрих японца, и он делает это с детской радостью. Хозяйка дома показала мне ее шкафчик с разными фарфоровыми и деревянными куклами, типажами из классических пьес. Всегда было в достатке учителей, которые обучали новую невестку аранжировке цветов. Я должен признать, что в деле цветов мы, западноевропейцы, далеко позади японцев. Мы тоже хотим цветов, мы несем их в подарок добрым друзьям, возлюбленным, ставим цветы у себя дома, когда на сердце нехорошо, но они так редко гармонируют с нашим жилищем. Ибо так же редко гармонирует с нашим настроением вся эта мебель, расставленная у нас в домах с самого начала нашей жизни, и вот так же будем мы оббивать об нее наши ноги изо дня в день всю жизнь.

Я бывал и в домах, уже построенных по нашему образцу. Здесь это зовется прогрессом. В таких домах есть печи, внутри уже можно ходить в обуви и даже не надо с нее счищать грязь. На полу там лежат дешевые ковры, на стенах — плохие картины маслом в тяжелых рамах, повешенные на долгие годы точно как у нас. Современная жизнь учит быть практичным: «Намного проще содержать такой дом, не нужно много прислуги, чтобы держать его в чистоте». Так наивно верит японец, что наш дом содержится в чистоте сам по себе. Он вообще себе не представляет, что с переходом к западной цивилизации он остается без врожденного чувства чистоты. Здешний бедняк, что живет сейчас меж своих раздвижных четырех стен, сидит на полу, спит на полу и с рождения приучен к чистоте — ему живется легче, чем нашему нищему, ютящемуся среди старой разбитой мебели. Здесь бедность не такая серая как у нас.

Близко-преблизко придвинуты в Японии дома один к другому! И все же, если поглядеть здесь с высоты на городок, то летом он тонет в зелени и деревьях, ибо каждый имеет одно-два деревца у дома, садик, немножко цветов. Большой сад вокруг богатого японского дома выделяется большим набором деревьев. Деревья — это главное в саду.

Сосна, кедр, клен — их любят, они придают особый уют саду. Хватает и вишневых деревьев. Дикие яблоки, глицинии — все эти надежные деревья, что расцветают весенней порой, в то время, когда японский народ поминает души своих умерших. В садах всегда есть миниатюрный храмик и беседка с фонариками. У сада есть свой характер, он отражение японской религиозно-традиционной жизни.

Те несколько домов, которые я посетил, открыли мне дверь в совершенно иной жизненный уклад, остающийся таким загадочным для западного человека.

ЯПОНИЯ И МИР

זונטאג, 13טער יוני, 1926 — דער טאג —

אמעריקע און יאפאן

צוויי לענדער, צוויי ציוויליזאציעס — רייזע בריוו צום „טאג" — פון פרץ הירשביין

Илл. 17. Эссе Гиршбейна «Америка и Япония» в нью-йоркской газете «*Der tog*», 13.06.1926

Япония и Запад

Восток и Запад[1]

С жаждой и страхом поворачивается Япония к Западу. Жажда — как можно больше напиться западными достижениями. Страх — перед собственным проигрышем. Но как отличен взгляд современного японца!

Профессиональный политик, как известно, полон гордости и бахвальства. Если только он побывал в Европе или Америке как секретарь при посольстве или сам был консулом и насмотрелся, как ведут себя в большом свете, — такой становится критиком Запада:

— Хорошим манерам вы можете приезжать учиться у нас. В современной цивилизации мы вас догоним. Наша военная сила многого стоит.

Каждый, кто попробовал на вкус ту сторону моря, возвращается домой, вкусив от древа познания. На меня больше производят впечатление те, кто дальше своей страны не уезжал, кто учился здесь и здесь наткнулся на все идеи, выпестованные Западом в часы заката. Абстрактные идеи импонируют каждому, кто жаждет знаний. А кто еще так жаждет знаний, как не японец? Поэтому, когда вы разговариваете с интеллигентом, будь он поэт, специалист, лидер движения, — он говорит с вами как ученик с раввином, с огромной почтительностью: он скуп на слова и полон желания слушать вас!

Ибо множество западных идей узнаются и здесь. Они пахнут Востоком. Возможно, Восток их сможет перенять и органически

---

[1] Mizrekh un mayrev [Восток и Запад] // *Idishe tsaytung*. 27.06.1926; *Di tsayt*. 30.07.1926.

вплести в жизнь. Так на это смотрит японский идеалист. Идеалист говорит о Западе с большой осторожностью. Тысячелетние традиции говорят и показывают чисто ориентальные штрихи, которые весьма заметны в японском характере по отношению к западному человеку. Возьмем самые показательные. Например, женщина в Японии. Благодаря тысячам лет особого учения относительно женщины, которая должна быть покорной мужчине, из нее сделали тихую голубку. Нет прекраснее человека, чем японская женщина. Если не брать в расчет тот факт, что рядом с ней стоит брутальный мужчина, брутальный по сравнению с ее скромностью, — перед вами образец воспитанности. Не хватает только, чтобы эта полная мера скромности и чистоты была и в мужчине. Это факт, что у женщины нет никаких прав в обществе. Она фактически на задворках во всем, что касается ее личной инициативы. И когда речь заходит об эмансипации женщины, становится ясно, что здесь теряется весь позитив ее характера. Поэтому, когда вы разговариваете с либеральным националистом, он обычно доказывает вам, что западноевропейская культура разрушает японский дом и отнимает у него женщину.

В этой стране, где гейша — по сути, рафинированная проститутка — является национальной институцией: ее приглашают в аристократические дома исполнить программу для гостей с танцами и пением и в то же время здесь опасаются западных танцев, особенно американских, где парень и девушка танцуют вместе и извиваются тело-к-телу в танце «шимми». В парламенте группа националистов внесла законопроект, запрещающий такие танцы[2]. Поскольку согласно традиции парень и девушка до свадьбы не должны иметь никаких отношений. Родители — это те, кто выбирают для них пару. Факт, что парень вплоть до тридцати лет должен по закону просить разрешения отца, если он собирается жениться. Женщина — до двадцати пяти лет. Однако

[2] Речь идет о серии законов, принятых в Японии во второй половине 1920-х годов против общественной ночной жизни, включая запрет на определенные формы танцев, такие как «шимми», как мера по контролю над культурными сдвигами, которые воспринимались как угроза японским моральным стандартам и социальному порядку.

западная цивилизация привела к тому, что парни и девушки тайно сбегают и женятся. От этих кажущихся нам мелочей дрожат основы японского дома.

— Японская женщина теряет свой утонченный характер, — жалуются националисты.

Это те, кто заявляют, что у Запада нужно перенимать все с большой осторожностью, просеивать. То, что чисто, — брать, а что вредно — нет. Но кто будет просеивать? И кто может заслонить дорогу ветру? Запретят ли европейские танцы или нет, это сейчас уже неважно, сама жизнь отменяет традиции.

Вот например, при встрече здесь не подают руки, а кланяются друг другу. Склоняют не только голову, а половину тела, от пояса. И сколько вопросов задают при встрече друг другу, столько раз и кланяются:

— Доброе утро! (*Поклон.*)

— Как дела? (*Поклон.*)

— Сегодня очень приятно на улице. (*Поклон.*)

То же и при прощании. Стоят в паре шагов друг от друга и кланяются один другому. От этого веет уважением, вниманием, поклон отражает хорошие отношения, миролюбие, симпатию. Я не могу нанизать на ожерелье все те мысли, что приходят на ум при виде этой процедуры поклонов. Но в Токио, в большом городе, где жизнь тороплива, где нет времени — один сюда, другой туда, — когда встречаются, то в спешке деалют кивок туда, кивок сюда, и последний кивок головой, когда уже повернуты спиной друг к другу. На это тоже жалуются националисты: «Караул, что стало с нашими благородными взаимоотношениями!»

Настоящий идеалист страшится милитаризма, который привел Японию к уровню мировой державы и который, по правде говоря, является тяжелым железным панцирем, душащим духовность народа. Конечно, недавняя Мировая война в большой мере развеяла романтизм по отношению к всесильной Европе. Есть, кто спрашивают: «Чему такому мы можем научиться у Европы и чему нам стоит учиться? У них для нас ничего нет». И все же, отдельно от всего Запада стоит Северная Америка с ее прогрессом. Америка для японского националиста позитивна. Америка для Японии — пример быстрых достижений. Я уже вижу, как американский дух превалирует не только в техническом плане, но и во внутренней жизни. Даже женщина, когда она говорит о своем собственном освобождении, американская женщина служит ей примером там, где она укрепилась в жизни как равный партнер. Говоришь с любым, кто учился в Америке, и ему не хватает восторженных слов.

— О, Америка — это рай на Земле.

В Японии есть прогрессивные силы, которые обращаются к широким массам, которые говорят с бесправными и угнетенными, которые говорят с личностью, тоскующей по свободе. Для них Советская Россия — это большой идеал. Для них Транссибирская магистраль — это дорога, по которой приходит новое учение к сынам Японии. У националистов страх удваивается:

— Америка заставляет нас укрепляться в военном плане, а Советская Россия разрушит наши основы еще сильнее, чем недавнее землетрясение.

Политика заставляет жить в мире с обеими странами. Мне приходится ежедневно проходить мимо американского посольства, которое разрушилось во время землетрясения, но высокий забор вокруг него остался стоять, как и американский орел на воротах. С уважением и опаской смотрит японец на ворота с орлом.

Бывает, что я прохожу и мимо русского посольства, где развевается красный флаг с желтыми серпом и молотом. На него тоже показывают со страхом и почтением. Америка и Советская Россия — нет других моральных сил, которые сотрясают здешние основы.

Есть тут уже циники, безбожники, поднимающие на смех собственную культуру. Они это делают без лишней скромности:

— Все наше достояние устарело, все-все до основания можно искоренить, ибо все прогнило.

Для таких сгодится все. Все, что исходит от Запада, хорошо и прекрасно. Даже религия. Есть группа, агитирующая за то, чтобы Япония отказалась от собственного языка и ввела в обращение английский язык. Японский должен остаться в качестве языка классики. Я встретился с одним таким деятелем. С каким пренебрежением он сказал: «Зачем нам нужен наш неудобный, устаревший язык с его устаревшими буквами? Нам нужен мировой язык, тогда мы станем с миром на равных».

Что я должен думать, услышав такое от современного человека с докторской степенью? Я, в котором Восток и Запад уживаются вместе, ибо они уже устали воевать друг с другом, сам я думаю: «Дай-то бог, чтобы я мог сейчас вырвать из себя кусок прогнившего Запада, колючкой застрявшего в моем сердце». С такими тяжело говорить на равных. Как ученики перед реббе стоят они перед западным человеком, поддакивая всему, что он говорит.

Сам я пока не учу японский язык. Разве что — как понимать весну. Я тоже хочу чувствовать налитые вишневые бутоны, с цветением которых расцветает здесь жизнь бедных и богатых, старых и молодых. Когда я иду по большим шумным улицам, то получаю пыль Запада. Когда я углубляюсь в узкие, чистые проулки, я слышу дыхание поколений. Напротив моих окон стоят вишневые деревья с готовыми взорваться розовыми бутонами. Улица сама готовится к большому празднику вишен.

Вместе с народом жду я весеннего праздника цветущих вишен.

Токио, 2 апреля 1926 года

Близкое и далекое[3]

1

> Конфуций: Если за зло нужно платить добром, то чем же платить за добро?
> Лао-цзы: За добро тоже платят добром, и так распространяют добро в мире.

За те два года, что я жил у трех великих народов Дальнего Востока, в Индии, Китае и Японии, мне не раз кровь ударяла в лицо, как будто спустя много лет я встретил близких и родных людей. В такие моменты я переносился в моей фантазии к наро-

---

[3] В рукописи “Noent un vayt” [«Близко и далеко»]. *Papers of Peretz Hirschbein.*

дам Запада, у которых я по крупицам собирал как содержание, так и смысл жизни. Оттуда веяло чем-то далеким. Ибо понимание разницы между добром и злом я в юные годы искал в морщинах лба моих раввинов и учителей. Позже действительность научила меня, что самое простое, элементарное в общественной этике у нас на Западе уже давно чревоточит, как чревоточит и разлагается гриб, открытый жаркому солнцу.

В восточных странах с самых давних времен появлялся человек, ищущий Путь, который подходил бы для всего человеческого общества. Добро и зло, правда и ложь, любовь и ненависть, справедливость и милосердие — все эти понятия сверлили мозг человека Востока. Все религии, учения и духовные искания возникли в странах Востока. Тамошние народы, давшие миру не одно, а несколько учений — они еще живы. И на них смотрят народы, эти учения перенявшие, как на полудиких варваров.

— Каков тот путь, который должен выбрать для себя человек?

Этот вопрос в странах Востока будто бы только сейчас сошел с уст великих учителей, живших два с половиной тысячелетия тому назад. Удивительное время было тогда. Будто бы бо́льшая часть человечества поднялась тогда от земли, сделала первые шаги, но никакого пути перед глазами не появилось; или путь все же появился, но вел он к неопределенности.

В Индии ходит сейчас Ганди, напоминает нам о первых шагах своего великого народа и предупреждает, что тот путь, что нарисовался сейчас перед глазами его народа, к добру не приведет; он приведет к опасным низинам, до которых дошел человек Запада.

В Китае, в том большом водовороте, что я там застал, в то время, когда стекла в моем отеле дрожали от канонады в паре десятков миль от Пекина, где сражались якобы враждовавшие генералы и их армии, а машины скорой помощи привозили в город раненых в той канонаде — даже тогда один старый политик[4] говорил со мной такими скромными, прозрачными словами,

---

[4] Речь идет об адмирале Цай Тингань (Tsai Ting-kan, 1861–1935), с которым Гиршбейн встречался в Пекине в августе 1926 года и который на тот момент был исполняющим обязанности министра иностранных дел Китая. В октябре того же года Цай подал в отставку и позже стал профессором китайской

как была прозрачна тонкая, зеленовато-желтая кожа на его руке, лежавшей на столе передо мной:

— Неужели ты веришь, что китайский народ, давший человечеству Конфуция, Лао-цзы, Мэн-цзы и с широко раскрытыми объятиями принявший у себя учение Будды еще более двух тысяч лет назад — неужели ты веришь, что такой вот народ может быть кровожадным? Такой вот народ может вести войну? Что за полководцы могут быть у нас? Придет время, когда надо всем воцарится чистый разум, ведь у китайского народа всегда главенствовал ученый, а не генерал...

Это язык Востока, язык народов, которые давали учения и принимали учения. Все еще много говорят языком своих великих учителей сыны двух самых больших народов мира — Индии и Китая. Эти народы явно могут гордиться тем, «что мы надеемся и ждем, чтобы как можно быстрее пришло то время, когда народ с народом сблизятся и узнают друг друга, как узнают друг друга дети одних родителей, которых разделило время и пространство...»

И им можно верить, когда они это говорят. Мне, еврею, у которого нет страны и армии, у которого нет военного министра и секретных военных агентов по всему миру, мне была близка такая мораль. Для меня эти слова звучали свежо, будто бы они до меня впервые дошли и прозвучали из моей собственной крови.

2

Хотя Япония и обладает сейчас третьим по величине флотом, который охраняет собственные берега и явно нацелен на чужие дальние страны, хотя Япония и обладает одной из сильнейших в мире армий, все же XX век еще не совсем стер с народных уст тревожные слова Будды о том, что чрезмерные желания — источник страданий. У меня в Японии была двойная жизнь и двойственные переживания. Ибо только в Японии можно одновремен-

---

литературы в университете Цинхуа и Пекинском университете. См.: Hirshbeyn Perets. Birger krig in Khine [Гражданская война в Китае] // *Di idishe tsaytung*. 26.12.1926.

но черпать из двух различных источников: из чужого источника и из источника собственного; чувствовать близость и теплоту собственной крови и ту отстраненность, что несет с собой приближающийся мороз.

Японский народ переварил учение Конфуция, которое учит нас, что три десятых человеческой личности — это врожденные черты характера, а семь десятых — это одежда... Народ, перенявший путь Лао-цзы, который велит искать правду жизни в окружающей природе; народ, служащий душам умерших и тем самым сопротивляющийся христианству, — этот вот уникальный и великий народ Востока живет сегодня верой собственных современных политиков: не дух, а физическая сила дает возможность победить врага.

Может это из-за того, что Япония была лучшим учеником Китая, который первым облагодетельствовал мир порохом и взрывчатыми веществами? Но пока Китай специализировался на изготовлении из пороха фейерверков, Япония уже имеет дальнобойные пушки и воздушные торпеды...

Вот так я пил из двух различных источников в течение нескольких удивительных часов у 86-летнего графа Сибусавы — стараниями князя Токугавы, который хотел, чтобы я послушал, что мне расскажет этот старый философ и государственный деятель о пробуждающейся Японии.

3

В большом доме старого графа имеется зал приемов для европейских гостей. Именно там мне оказалась чужда та атмосфера, которую создают наши тяжелые столы и тяжелые, мягкие стулья...

— Разве мир не знает, что если семья разрастается и в доме становится тесно, то несколько членов семьи — это делают самые сильные — должны уйти и отыскать такое место, где можно отстроить для себя новый дом. Новый дом, которого им будет достаточно, пока новые члены семьи не вырастут и им снова нужно будет пускаться в путь. У вас в странах Запада этот процесс уже произошел. Сильные покинули тесноту и нашли себе новые страны. Там они себе построили новый дом. И хорошо, что так... Но где это сказано, что кто-то должен забрать себе целые куски мира и не позволять тем, кто вырос где-то в другом месте в тесноте, найти себе уголок? Почему для нас закрыли такую близкую Австралию? Почему закрыта для нас страна, чьи берега омываются теми же волнами, что омывают наши острова? Почему японский народ должен искать где-то в другом месте, в какой-то новой стране мирный дом для своих сынов, которые не могут больше оставаться в тесноте...

Так говорит и так спрашивает 86-летний старик, воспитанный исключительно на китайской философии и при этом оправдывающий то новое ярмо западной цивилизации, которое принял на себя его народ.

Тут я по своему обыкновению почувствовал в себе человека Востока и спросил:

— Теперь я понимаю, что ваша страна, которая более двух с половиной тысячелетий была запечатана как для внешнего мира, так и для собственных сынов, у которых было желание отправиться искать новые миры и раздвинуть тесноту, что уже ощущалась дома, — что это сделали люди, которым такое подсказывал здравый смысл. Сёгун Иэясу и его внук Иэмицу обладали ясным и зорким взором. Но это не значит, что мне понятно ваше участие в последней Мировой войне, чтобы вместе с Англией, Францией, Америкой и прежней Россией установить порядок в нашей Европе, которая переварила и изрыгнула все учения Востока, учащие, что мир, справедливость и честность — это единственные ориентиры как для человека, так и для народа...

— Мы, конечно же, намеревались как можно быстрее принести вечный мир, нарушенный милитаристской Германией, — сказал пожилой журналист[5].

— Мы поняли ситуацию точно как ваш президент Вильсон, — сказал бывший министр[6].

---

[5] Речь идет о редакторе англоязычного токийского еженедельника *The Herald of Asia* (1916–1938) Дзумото Мотосада, давнем соратнике Сибусавы.

[6] Скорее всего, речь идет о виконте Ёсиро Сакатани, зяте Сибусавы и министре финансов Японии в 1906–1908 годы.

Я повторил:

— Однако у вас, то есть у Конфуция сказано: «Когда любовь и гармония воцарятся у каждого в семье, тогда будет мир во всем мире...» Конфуций явно не имел в виду, что гармоничный мир у себя дома должен быть достигнут через изобилие, которое сюда попадет посредством грабежа другой семьи...

Эти мои слова попали в цель, о которой я и не думал, будучи вежливым гостем. Я заметил, что у некоторых присутствующих кровь ударила в лицо. Люди переглянулись между собой. На мгновенье повисло тревожное молчание. Тут старый Сибусава с выдержанным хладнокровием произнес:

— Тебе не нужно напоминать нашу историю. Я вижу, что наше прошлое тебе известно — для меня это большая радость. Ты же знаешь, что японский народ, равно как и китайский, совсем не империалистский. Ты явно имел в виду нашу аннексию Кореи. Для тамошнего народа будет только лучше при нашем режиме. Из Китая мы уходим. Мы знаем, что Китай никакой народ в мире не может захватить без огромного урона для себя... А Россия — собираемся ли мы состязаться с Россией? Та война была со старой Россией, которая намеревалась захватить куски Китая, и мы тоже были в опасности. Старая Россия на протяжении нескольких поколений хотела вторгнуться и в нашу страну. С сегодняшней Россией мы должны жить в мире, ибо наши берега омывают одни воды. От Европы нам ничего не нужно. Мы помогли принести мир у вас в Европе и, может, в Америке тоже...

— Ты имеешь в виду Версальский договор?

Тут отозвались некоторые из тех, кто помоложе:

— Конечно, Версальский договор — это гарантия того, что война так быстро не разразится...

Я снова спросил:

— Неужели ваши государственные деятели, подписывая этот договор, который оторвал куски от одной страны и отдал их другой: куски от Германии и куски от Литвы — Польше, куски от России — Румынии, куски от Австрии — Италии, неужели они думали, что из всего этого у нас расцветет мир как у вас цветут весной вишневые деревья? Среди подписей под Версальским договором не должно было быть подписи мудрого восточного народа...[7]

Разговор снова вернулся к Востоку и к более понятным картинам из прошлого.

Мне, конечно же, не была нужна первая часть этого разговора. Во мне могли легко узнать своего, того, кто черпает свое духовное существование из многих, очень многих восточных источников. Ибо что близко и что далеко для сынов народов, которые в своей памяти крепко связаны с теми временами, когда народы как раз выказывали зрелую мудрость?

Что значит сегодняшнее время для человека, который имеет за собой миллионы лет беспамятства и лишь две с половиной тысячи лет с того момента, когда у него появилась память? Конфуций только вчера, совсем еще молодым, вышел из своего дома и, встретив старого Лао-цзы, спросил:

— Если за зло нужно платить добром, то чем же платить за добро?

Почти в то же время у нас от имени бога было сказано:

— Вы все рабы Мне, но не рабы вы рабам[8].

Новое время — с острой человеческой памятью, и Китай, который уже две тысячи лет назад имел бумагу и некоторые формы книгопечатания... Сколько раз старик Сибусава с большим благоговением упоминал Китай! Сколько раз, усмотрев какое-то намерение в моих словах, мол, я подозреваю Японию в милитаризме, он хватался за китайскую культуру, которой все еще дышит японский народ... Конечно же, старому конфуцианцу можно верить в том, что судьба Японии в будущем намного больше связана с Китаем, чем с западным миром. Но теснота в собствен-

---

7 Подписанный в Версале 28 июня 1919 года мирный договор, завершивший Первую мировую войну, вступил в силу 10 января 1920 года после его ратификации Германией, Великобританией, Францией, Италией и Японией. Гиршбейн выступает с позиции США, которые отказались его ратифицировать.

8 Ср.: Ибо мне сыны Израиля — рабы; они — мои рабы (Лев. 25:55). Этот стих объясняют так: «Рабы, но не рабы рабов» (Вавилонский Талмуд, трактат «Бава меция» 10а).

ной семье, которая заставляет ее самых сильных членов покидать дом и создавать новые дома — это ведь оправдание даже для Англии, которая скоро уже займет весь мир, только лишь из-за «тесноты в доме».

Правда и то, что только когда гармоничный мир воцарится в собственной семье, тогда будет и мир во всем мире. Домашнего мира не хватает сейчас в Японии, как не хватает его и во всем мире. Ибо, как и во всем мире, в Японии тоже пробудились голодные, требующие себе места в семье сытых.

Об этом тоже тут говорили не спеша, как это свойственно людям Востока... Старик Сибусава успокоил меня новым законом о рабочих часах, который уже запрещает работать больше восьми часов в сутки.

Но это не все. Близкое и далекое — встречаясь с кем-то на Дальнем Востоке, иногда можно подняться над временем, но не над пространством. Благословенной исторической памятью были ведь благословенны и сыны еврейского народа. И я-то знаю, что у нас, в нашем лагере Всевышний, что даровал нам Тору, столько раз взывал:

— К справедливости, к справедливости стремись![9]

Гонись, гонись за справедливостью... Но как различны те справедливости, за которыми сейчас гонятся два восточных народа: японский, который сидит у себя дома в тесноте, и еврейский, который пару тысяч лет назад был изгнан с малюсенькой, но просторной страны и который живет сейчас в тесноте по всему земному шару...

Мы попрощались поначалу без слов. Однако весна и вечерний закат, приблизившие нас к расцветающей снаружи природе, снова вызвали слова на наших устах.

Сам я подумал о Лао-цзы, который сказал:

— Награда и наказание — это низшая форма воспитания... Церемонии и закон — это низшая форма государственной власти...

Лучшие люди в Японии это понимают.

---

[9] Втор. 16:20.

Япония и Америка

Две страны, две цивилизации[10]

Это два государства, которые все еще с азартом продолжают строить военные корабли, хотя последняя Мировая война должна была вызвать отвращение к такому виду соперничества. Соперничество между ними весьма заметно. Америке это дается легко — денег у нее море. А Япония кряхтит, но строит. На публике оба государства заявляют, что военные корабли они строят в мирных целях. На идише это звучало бы примерно так: на военных кораблях мы будем слать друг другу апельсины, пирожки и орешки, шалахмонес[11] на Пурим, если здоровье позволит. В кулуарах, понятное дело, большие медные головы обеих наций думают о том, когда же можно будет сделать первый выстрел через Тихий океан.

Пока же на Тихом океане военные корабли маневрируют просто так. У американских берегов военные корабли стреляют вхолостую в воздух, то же самое — японцы у их берегов. Придет время, когда в пушки зарядят настоящие, не холостые заряды. Моя задача сейчас не выискивать причины всему этому. Я лишь

---

10 Amerika un Yapan (brif fun Yapan) [Америка и Япония (письма из Японии)] // *Di tsayt*. 11.06.1926, 2; Amerike un Yapan: tsvey lender, tsvey tsivilizatsyes — rayze brif tsum "Tog" [Америка и Япония: две страны, две цивилизации — путевые письма в «Дер тог»] // *Der tog*. 13.06.1926.

11 Традиционные сладкие подарки друзьям и соседям на еврейский праздник Пурим.

хочу на этом фоне описать несколько своих встреч в верхних эшелонах. Встреч удачных и неудачных.

Болезненная обида, которую Америка нанесла Японии на глазах у всего света, кричит на всех углах: когда Америка ввела квоты для всех белых рас, она совсем закрыла ворота перед Японией[12]. Японцы полагают, что если бы Америка относилась к Японии как к другим народам Запада, японская квота составила бы не более ста пятидесяти иммигрантов в год. И как бы Америка ни была недовольна японцами по экономическим причинам, из-за ста пятидесяти работяг в год (туристы и представители капитала могут свободно приезжать туда) не стоило закрывать страну. Произошедшее объясняют тем, что Америка намеревалась таким образом дать Японии пощечину в лицо и показать ей, что она еще не мировая держава и вообще все еще не равная среди равных. Бесчеловечным актом было то, что пощечину в лицо Япония получила как раз в момент большого национального траура два с половиной года назад, во время крупного землетрясения, когда на разрушенных улицах Токио собирали погибших. С одной стороны, Америка тогда первой послала на военных кораблях провизию и одежду, показав, что на военных кораблях можно слать и подарки, но в то же время в Вашингтоне подписали распоряжение закрыть ворота для Японии.

— Мы хотели послать в Америку князя с благодарностью за помощь во время бедствия и вдруг — такая пощечина в лицо.

Так жалуется бывший посол[13].

Не выглядит ли этот акт так, как если бы позвали собаку, дали ей кусок хлеба и одновременно — палкой по голове? Такую толстокожесть американец в последние годы часто показывает именно тогда, когда ему хочется сделать что-то благородное.

---

[12] Имеется в виду Иммиграционный акт 1924 года (закон Джонсона — Рида).

[13] Масанао Ханихара (埴原　正直, Hanihara Masanao, 1876–1934) — посол Японии в США в 1922–1924 годы. Выразив протест в апреле 1924 года по поводу принятия США иммиграционного закона, полностью запретившего иммиграцию японцев, вернулся в Японию. Официально оставил свой пост в 1927 году.

Меня пригласили на чай к князю Токугаве, председателю Палаты пэров[14]. Миролюбивый и добросердечный человек лет шестидесяти, держащийся очень просто. Как официальная персона, он был очень осторожен в своих речах. Он все время совещался со своим доверенным секретарем[15]. Он сам был в Америке несколько лет назад, когда в Вашингтоне проходила конференция по выработке программы ограничения вооружения[16]. Он был тогда делегатом от Японии. Мне было приятно с ним разговоривать просто потому, что в его лице я видел прогресс, произошедший в Японии за последние годы. Он — последний наследник сёгунов, военизированных правителей, правивших Японией на протяжении нескольких сотен лет, вплоть до 70-х годов [XIX века]. Он тоже должен был бы стать самодуром, властвующим в Японии, однако — такой миролюбивый человек. По его мнению, миром уже правят благороднейшие чувства. То, что народы собираются уменьшить вооружение, — это время уже такое. Даже в высших военных инстанциях уже греется на солнце котенок с притупившимися коготками на лапках. Лига Наций, по его мнению, перестроит Европу, и Япония чистосердечно больше всех стремится к миру во всем, что касается европейских дел. Версальский договор, обусловивший дальнейший ход двадцатого столетия, — этот договор он считает очень справедливым. И даже то, что Япония признала Россию[17], это тоже естественно.

---

[14] Имеется в виду Палата пэров *Кидзокуин*, верхняя палата тогдашнего Императорского парламента Японии, которая, по модели британского Дома лордов, состояла из назначенных Императором представителей высшей аристократии. Князь Иэсато Токугава занимал пост председателя Палаты пэров в 1903–1933 годы.

[15] Секретарь Палаты пэров Яхати Каваи.

[16] Международная конференция по ограничению военно-морского флота в Вашингтоне (Washington Naval Conference, or International Conference on Naval Limitation, 1921–1922), целью которой было ограничение гонки военно-морских вооружений и выработка соглашений о безопасности в Тихоокеанском регионе.

[17] Конвенция по нормализации отношений между Японией и СССР была подписана 20 января 1925 года.

Русские — хороший народ. Правда, я не знаю, насколько ему нравится красный флаг с серпом и молотом, развевающийся над русским посольством.

Кажется, он сам увидел, что наш с ним разговор не складывается, поскольку он связан [официальным протоколом]. Он сам понял, что хорошо бы излить душу в свободной обстановке, и организовал для меня визит к графу Сибусаве, одному из влиятельнейших лиц в Японии, тому, кто, образно говоря, притащил европейскую цивилизацию в Японию и помог развить индустрию по европейской и американской модели[18]. Секретарь палаты пэров взял меня к графу и там меня представил.

Мне не нужен был более открытый разговор, чтобы составить впечатление о том, как лидеры Японии относятся к Америке. Но граф Сибусава, несомненно, самый большой идеалист среди них. Я провел в его дворце всю вторую половину дня. Это был живой разговор, который позже стал несколько утомительным.

Сам граф — старик восьмидесяти шести лет — выглядит бодрым и приветливым. Круглая, большая голова, тонкая просвечивающая кожа. Сам немного поэт и философ, находящийся под влиянием китайской философии. Конфуцианец. Он специально пригласил на наш разговор еще гостей: пару членов палаты пэров, бывшего министра финансов[19] и нескольких членов парламента. Сам он говорит только по-японски и по-китайски; переводчиком нам был редактор *Japan Herald* г-н Дзумото — умная голова, чья седая бородка придавала ему вид этакого еврейского вольнодумца[20]. Большой зал приемов был устроен по-европейски, только на стенах вместо картин висели японские *какэмоно*. Старик Сибусава, после нескольких вежливых фраз и вопросов о том, как я себя чувствую в его стране, сразу перешел к главному:

---

[18] См.: Patrick Fridenson & Takeo Kikkawa. *Ethical Capitalism: Shibusawa Eiichi and Business Leadership in Global Perspective*. Toronto: University of Toronto Press, 2017.

[19] Скорее всего, это был виконт Ёсиро Сакатани (Yoshiro Sakatani), зять и близкий соратник Сибусавы, занимавший пост министра финансов в 1906–1908 годы.

[20] Речь идет о редакторе англоязычного токийского еженедельника *The Herald of Asia* Дзумото Мотосада, давнем соратнике Сибусавы.

— Почему Америка так к нам относится? Америка заставила нас открыть наши ворота для мира, а сама она свои ворота для нас закрыла. А я, помогавший нашему народу повернуться лицом к западному миру, дожил до того, чтобы наш народ получил пощечину в лицо именно от такой страны как Америка, которую мы уважаем за все ее достижения. Зачем Америка вынуждает нас строить военные корабли? Нам ведь не нужно так много. Мы достаточно сильны, чтобы поддерживать наш престиж на Востоке, если у нас не сложится с Китаем и Индией. Большего нам и не надо. Сейчас Америка соперничает с нами на Дальнем Востоке. Мы устанавливаем в Китае радиовышку — приходит Америка и устанавливает там еще более высокую. Что Америка хочет этим сказать? Почему бы нам не обмениваться нашими идеями, мы же интересуемся их идеями, почему бы им не взглянуть поближе на наши?..

Все это ясно и понятно. Конечно же, идеи, о которых говорит граф, это те, от которых капитал получил большую прибыль. Это идеи, которые за короткое время выпестовали в Японии такую сильную, современную капиталистическую идеологию. Идеология, правящая так жестко всем миром. Она пришла в Японию в полном объеме. И я не понимаю, какие практические идеи Америка может перенять сейчас от кого бы то ни было. В Японии, как и в Америке, общественным мнением управляет нувориш. Здесь, в Японии, он сформировался быстрее и более жестоким из-за традиционной покорности народа. В Америке с ростом капитала рабочий вырвал для себя минимальные человеческое отношение и оплату труда. Здесь же, в Японии, рабочий находится совсем в другом положении, о чем мне еще предстоит говорить.

Но старый граф — идеалист. Возможно, он мог бы быть богаче, чем сейчас. Он сумел подтолкнуть всю страну на путь современного образования. Он, конечно же, говорит со своей идеалистической перспективы. Но когда он связывает воедино свою страну и Америку и деятельность обеих на Дальнем Востоке, куда на сегодняшний день рвется капитал, потому что там он учуял богатство; когда и Япония, и Америка роются в Китае совместно с другими европейскими государствами, как в огромном мертвом теле, — тогда это звучит фальшиво, а к тому же и приторно, когда заводят разговор о идеализме, который должен объединить Восток и Запад.

Он просит переводчика пересказать мне мудрую китайскую притчу об одном великом китайце, который мечтал о том, чтобы весь мир стал одной большой сценой, а актеры — самыми великими личностями на Земле, Солнце — естественным освещением для этой сцены, а громы и молнии помогали бы действию. Такое устройство мира он себе представляет. Такой вот интернациональный союз он себе рисует, и таким вот образом объединятся Восток и Запад.

Все же он был доволен, когда я ему сказал, что величайший эксперимент по объединению Востока и Запада происходит именно в Японии. Потому что ни Америка, ни Европа не абсорбируют восточную культуру — наоборот, это Япония абсорбирует западную культуру, прилагая к этому величайшие усилия. И Япония должна это переварить таким образом, чтобы мир мог насладиться удачным синтезом. А потом я выразил надежду на то, что в процессе своего эксперимента желудок Японии переварит гвозди и топоры, которые она заглатывает с таким аппетитом. Он рассмеялся и пообещал мне, что он ожидает многого от своего народа и что никакие ножи и топоры в японский желудок не попадут.

Только вот его народ еще как глотает все, что ему попадается, и как же плохо он переваривает то, что глотает!

В наш разговор позже вмешался один из членов Палаты пэров, пытаясь доказать мне, что мир несправедлив, и в особенности Америка, исключая японских иммигрантов, тогда как в эмиграции лежит спасение от большой тесноты в стране. Это лишний раз подчеркнуло, насколько они беспомощны в решении сложных жизненных проблем, которые им подбрасывает время. Когда в стране такой высокий прирост населения — целых семьсот тысяч душ добавляются каждый год к уже имеющимся в Японии 80 000 000, когда японец не выказывает большого желания покидать свой дом — спасение от невиданной тесноты дома ищется где-то в другом месте, по другую сторону от родных рубежей.

Позже он повел меня показывать свой большой сад, который тянется от его дворца вниз по склону горы. Довольно большая территория в центре города. С одной стороны сада виднеется в долине ряд заводских труб, откуда валит дым, задымляя весь район. Один из гостей показал на старого графа и заметил: «Все эти заводы и дым, который сейчас окутывает его дворец, — это его вина». Ради шутки я задал вопрос:

— Откуда дует ветер, который гонит дым к твоему дворцу, с востока или с запада?

Старик поглядел во все четыре стороны света и сказал:

— С востока.

С другой стороны сада — открытый парк для народа[21]. Бедный народ шумно развлекался под цветущими вишневыми деревьями, приняв немного крепкого. Желая поправить впечатление, старик заметил:

— Сюда приходит совсем простая публика. Сильно напиваются. Приличная публика здесь не бывает.

При прощании снова завязался разговор о Японии и Америке и о американских закрытых воротах. Я ему сказал, что я сам сын народа, который глубоко страдает из-за закрытых американских ворот. Я снова взглянул на этого восьмидесятишестилетнего старика, который говорит все еще так пламенно и с такой верой. Насколько интереснее мог бы быть наш разговор, оставь он в покое американскую спесивость. Мне было бы приятнее поговорить с ним о китайской культуре, поставившей Японию в один ряд с великими и интересными народами, а не о военном соперничестве и закрытых воротах.

Гонолулу[22]

В паре тысяч миль от американских берегов, в Тихом океане, около двадцатой параллели к северу от экватора находится группа Гавайских островов. Знаменитый мореход капитан Кук, открывший так много новых земель в южной части Тихого океа-

---

[21] Речь идет об одном из старейших токийских общественных парков — Асукаяма (飛鳥山公園, Asukayama Kōen).

[22] Honolulu (brif fun veg) [Гонолулу (письма с пути] // *Di idishe tsaytung*. 30.05.1926.

на, был убит на Гавайях примитивными островитянами в конце XVIII века. Он тогда держал путь на север, в поисках северного прохода из Тихого океана в Атлантический. Группа Гавайских островов — это живой пример продолжающейся по сей день борьбы стихий, в которой формировалось лицо нашей планеты. На этих островах находятся действующие вулканы, извергающие из глубин огненные потоки лавы, вулканы дремлющие и вулканы, уже навечно уснувшие.

Высокий крутой берег на подходах к Гонолулу, или, как его тут называют, Бриллиантовый холм (Diamond Head), — это потухший вулкан с кругами лавы вокруг кратера. Резкие контуры лавы, веками стремившейся к морю и потухшей в его объятиях, придают округлому береговому холму вид шлифованных граней бриллианта.

Уже смеркалось, когда наш корабль приблизился к острову Гонолулу — самому красивому, развитому и обжитому из островов[23]. Сейчас, в зимний сезон дождей, он зеленый. Его вулканические волнистые прибрежные холмы делают его похожим на море, которое когда-то, в большой шторм, поднялось здесь на высоту в 1000 футов и так и застыло. Белые пуховые облака сгрудились курчаво на зеленых вершинах Гонолулу, а вечернее солнце залило теплым золотом зеленый склон, сбегающий к морю из-под облаков. Большие банановые плантации, ананасы, сахарный тростник то и дело нарушают зеленый покров острова. Золотисто-красноватый ананас у подножия выстроившихся рядами кокосовых пальм разбавляет их более прохладные цвета.

Уже более двадцати лет как Гавайские острова официально перешли к Америке. Как и Филиппины, Гавайи создали ту желчную среду, которая отравляет отношения между Японией и Америкой. Сразу же по прибытии в Гонолулу бросаются в глаза образчики быстрого технического развития благодаря американской системе. Наш корабль коснулся на своем пути многих стран — Чили, Перу, Мексики, и повсюду ему пришлось стоять на якоре

---

[23] Имеется в виду остров Оаху, третий по величине и наиболее населенный остров Гавайского архипелага, на котором расположен город Гонолулу.

далеко от берега. В отсутствии портов корабль загружают примитивными способами. Здесь же — всего-то лишь остров, а каким современным портом он располагает! Суда всевозможных наций стоят в этом порту прямо на пороге острова, у начала улицы, на другой стороне которой уже начинаются магазины. Сам город — современный. Можно подумать, что это кусок Лос-Анджелеса перенесли сюда. В городе — около 150 тысяч жителей, из них больше половины — японцы и китайцы. В их руках находится бо́льшая часть магазинов. Магазины — большие и богатые, забитые американским товаром. Немного разочаровывает, что здесь такая мощная ветвь цивилизации. В то время, как в Гонолулу растет и зеленеет абсолютно все, начиная со всевозможных тропических фруктов и заканчивая различными овощами, продуктовые магазины тут заполнены консервами в металлических банках: законсервировано все, даже местные фрукты. В самом центре города сразу забываешь, что ты на острове. Автомобильный поток, трамваи — все это движение большого города. Когда видишь китайских женщин, японок в их домашних одеждах, то можно подумать, что это Сан-Франциско — та его часть, где живут такие люди. Меня это сразу огорчает, ибо я уже сыт американскими большими городами. Хорошо, что быстро наступившая ночь вернула меня «домой», на корабль.

Следующий день, однако, уже увел меня из торгового центра в глубину острова, где меня охватило опьянение от пения и звуков на свежем воздухе. Так много цветущих деревьев, так много тропических цветов — жаль, что надгробия не цветут, иначе я бы и кладбище принял за большой цветочный парк. А море с утра — когда смотришь на него с острова, слышно пение утренней голубизны.

Я видел много красивых морей, я высаживался на многих красивых берегах и купался во многих чистых водах, но такой голубизной как в Гонолулу не обладает ни одно море. Светлая зеленовато-бирюзовая вода у берега постепенно, все дальше к горизонту, принимает более глубокий оттенок голубого. Дунет ветерок по поверхности, и по голубизне разливается перламутровое течение. А как прозрачна, как прозрачна вода, как прозрачны ее цвета.

Тут часто встречаются местные уроженцы — женщины, мужчины, почти полностью цивилизованные. Явно видна близкая родственная связь между гавайцами и уроженцами южных тихоокеанских островов. Эти тоже были когда-то каннибалами, как и те. И эти точно так же вымирают, как и те, что с юга. Разница лишь в том, что на Таити, например, французы не привнесли ничего, что могло бы нормальным путем ассимилировать местных уроженцев с белым человеком. Там вымирают от венерических болезней и смертоносного алкоголя. Там им не обеспечили нормального существования, а сюда Америка принесла часть своего собственного образа жизни и дух восточных штатов. Поэтому здесь существует нормальное отношение к местным уроженцам. Гавайские дети ходят в школу вместе с белыми детьми. Гавайские гладкие черные волосы, широко открытые черные глаза, красивое телосложение и почти светлый оттенок кожи — все это способствовало сближению. Поэтому и видишь довольно часто местную женщину рядом с белым мужчиной.

Гавайский мужчина зарабатывает своей работой столько же, сколько и белый американец. Он носит ту же одежду, что и рабочий в Нью-Йорке или в Калифорнии, и знает, точно как белый человек, что делать с долларом. Нет ничего удивительного в том, что глаз ищет местного уроженца с его жизненным укладом, но не находит. В современных бунгало — чистых, перед домом цветы, через раскрытые окна видны всякие современные удобства как у любого американца — живет семья местных уроженцев, еще вчера совершенно примитивных, но так быстро приспособившихся к цивилизации.

Они, гавайцы, — хорошие и оригинальные игроки на гитаре и укулеле, их музыка прекрасно укоренилась в Америке. Мир не имеет представления, насколько гавайцы повлияли на музыку и танец в Америке. Саксофонные переборы в джазовом танце — это те же тоскующие тона, которые гаваец извлекает из гитары. Тот самый хэй-хо (hey ho), который джазовая музыка будит в телах танцоров «шимми» (shimmy), пришел с этих островов вместе с бананами и ананасами. Гавайцы повлияли на сегодняшнюю танцевальную музыку больше, чем черные американцы.

Джазовая музыка и все эти телесные выкрутасы, вырвавшиеся сегодня благодаря радио далеко за пределы Америки — за все это надо благодарить Гавайские острова, как бы парадоксально это ни звучало.

Я не хочу сейчас рассуждать о том, насколько сама Америка от всего этого выиграла материально и проиграла морально. У белого человека в Америке не было времени стать и в музыке независимым от Европы, как это произошло в материальном плане. А сегодня, когда Америка дает европейским народам взаймы свои капиталы, она к ним прилагает еще и джазовую музыку с танцами «шимми». Американские деньги разрушают укоренившиеся идеалы, а ее джаз — музыкальные формы.

Так что ничего не пропадает под небом. Американский народ заглатывает куски различных рас, стремясь их переварить полностью, с ногами и рогами. Как говорят — в желудке остаются копыта и рога, их нельзя переварить.

Все это, однако, снова размышления того, кто в обиде на цивилизацию, наступающую ему на ноги именно там, где он любит ходить босиком. Ибо в конце концов Америка сотворила из Гонолулу кусочек земного рая в Тихом океане. И как в Панаме, так и тут виден американский прогресс. Поразительно, с какой быстротой Америка превращает пустынные земли в источник изобилия. Вот и в Гонолулу Америка принесла вместе со своей техникой и суетой штрихи свободной жизни.

«Анъёмару», 5 марта 1926 года

Япония и Китай

Ученик бьет учителя[24]

1

Отличие нынешней войны на Дальнем Востоке между Китаем и Японией состоит в том, что хоть тысячи и тысячи людей уже убиты, города разрушаются, дальнобойные орудия с военных судов взрывают траншеи и армии — несмотря на все это воюющие стороны еще не объявили войну одна другой.

Это стиль Востока, в основном — китайский стиль. Это жизненная философия: чем сильнее ты будешь бить, тем быстрее побьют тебя. Возможно, это философия слона, который не ведет войны с агрессивной мухой, он отступает до того места, где, как ему кажется, муха начала свою атаку.

Ведь объяснил же китайский командир спокойно, как это может только китайский философ, что китайская армия вовсе не собирается атаковать врага; она будет только потихоньку отходить, чтобы измотать врага.

Известный китайский писатель Линь Юйтан[25] справедливо заметил, что если Япония обладает дальнобойными пушками, то Китай — дальнобойной философией. Эта философия, на мой взгляд, сильно напоминает дальнобойную еврейскую философию: народы, вознамерившиеся в древности сломить еврейский

---

[24] Yapan un Khine [Япония и Китай] // *Folksblat*. 12.10.1937; в рукописи: "Der talmid shlogt dem rebn" («Ученик бьет учителя»). *Papers of Peretz Hirschbein*.

[25] Линь Юйтан (Lin Yutang, 1895–1976) — двуязычный писатель (китайский и английский), философ, переводчик, лингвист. После вторжения Японии в Китай в июле 1937 года опубликовал в *New York Times* статью, осуждающую японскую агрессию, которая оказала значительное влияние на конфликт в Азии.

народ, сами оказались стерты с карты Земли.

Определенное сходство можно найти между тем, как китайцы до сих пор сражались, и тем, как дрались друг с другом еврейские мальчишки в хедере: состязания шло на руках, но все брыкались ногами. Подобные уличные схватки мне приходилось видеть в Китае довольно часто. Более того, в Китае жена ломает кости мужу. Когда жена хочет выбить из мужа все дикие фантазии, она выводит его на улицу и делает из него котлету.

Если согласиться с теорией Отто Вейнингера, делящую человечество на женские и мужские народы[26], то одетый в кимоно японский народ нужно было бы поставить в один ряд с женскими народами, а китайский, где даже женщины носят штаны, — с мужскими. До сих пор так и было. Характерным было то, что Япония била, а Китай принимал удары.

У китайцев мнение о японцах еще хуже: «Обезьяны». Это исходит не от нашего времени, когда Япония начала по-обезьяньи подражать странам Запада, переняв философию силы: кто сильнее, тот и мужчина. Японцы все лучшее в своем жизненном укладе переняли у китайцев. Почти все, что мы называем культурой и прогрессом в человеческом развитии, пришло к японцам через Китай и Корею. Старшее поколение японцев, самые образованные среди японской аристократии в частных разговорах с гордостью рассказывали, что это китайская философия, а не западноевропейская или американская, служит японцам ориентиром в жизни.

2

Нужно сказать, что наглость, с которой Япония напала на Китай, чтобы его завоевать и «таким образом установить перманентный мир на Дальнем Востоке», чего она сейчас стремится

---

[26] Имеется в виду одно из положений популярной книги австрийского философа и психолога еврейского происхождения Отто Вейнингера (Otto Weininger, 1880–1903) “*Geschlecht und Charakter*” («*Пол и характер*»), оказавшей сильное влияние на философию Людвига Витгенштейна, Августа Стриндберга и др. В частности, перешедший в протестантство Вейнингер противопоставил «женский» иудаизм «мужскому» христианству.

достичь при помощи дальнобойных орудий, эту наглость Япония полностью унаследовала от стран Запада.

На Восток Запад пришел агрессивно, грубо, алчно, при этом явив себя Востоку с христианским учением в руках. В старые времена миссионеры тоже несли буддизм из Индии, пускаясь оттуда в Китай через дикие места на свой страх и риск, а затем из Китая в Японию. Как учение Будды, так и мудрость Конфуция они донесли аж до самой Японии, но тем самым никто не собирался захватывать страны. Когда иезуиты в средние века добрались до Востока, у них уже были политические интересы. И хотя христианское учение меньше всего достигло успеха на Дальнем Востоке, открылась вторая сторона медали. Не умея договориться между собой, кто должен проглотить этот большой кусок, что зовется Китаем, каждая западная держава, а позже и Япония, устроилась в Китае в частном порядке как у себя дома. «Интернациональная концессия» — так это называется. При этом из этих интернациональных форпостов каждая иностранная держава, как чужеродный, вредный организм, копалась своими осьминожьими щупальцами в китайском теле.

Китай относился к чужакам с мужественным философизмом, в восточном стиле деловито торгуя с этой волчьей стаей, которая не напала на Китай лишь по той причине, что не смогла договориться между собой, кто проглотит больший кусок.

Япония из этого извлекла хороший урок. Япония постигла как мощь народов Запада, так и то, где находится их слабость. Особенно когда пришло время, и великие державы начали заигрывать с Японией. Великие державы помогли Японии, как колоссу, подняться на ноги и сделали из нее драчуна там, где им самим неудобно или где у них руки были заняты чем-то другим.

Так, Великобритания уже давно заключила тайные соглашения с Японией, превратив ее в цепного пса Дальнего Востока, когда казалось, что противник все же пойдет на Китай, а оттуда — на юг, к британским владениям.

Япония, которая на взгляд со стороны переняла методы Муссолини, на самом деле переняла британские захватнические методы. Но то, что британцы делали с начала восемнадцатого и по девятнадцатый век, Япония хочет делать в двадцатом столетии — в столетии, которое превратило лидеров западного мира в китайских философов. Ибо примерно так выглядят сегодня лидеры Британской империи, отступающие в политическом плане почти на всех фронтах, когда в центре стоит захват Муссолини Эфиопии.

Конечно, когда говорят о народах, нужно иметь в виду не широкие народные массы, а только господствующий класс. Это не то, как прежде, когда задетые достоинство и честь монарха рвались с помощью народа посчитаться с «соседом, который обидел».

Всем правит жадность заправил капитала с бесстыдными медными лбами, которые грабят не по философскому принципу «кто сильнее, тот и мужчина», а согласно психологии крысы, которая врывается в курятник и душит всех кур, хотя сама она не в состоянии сожрать целиком ни одну курицу.

В Японии, после ее собственной революции, раскрывшей ворота страны для западной философии и тактики, после революции, отстранившей от власти тогдашнюю дегенеративную военную касту сёгунов, что более двухсот пятидесяти лет держала страну запертой от чужаков, в основном от агрессивного Запада, в той революции в Японии пришел к власти капитал, захвативший народ. Это не микадо добился полной власти; он, прежде состоявший на службе у военной касты, единственным оружием которой был меч, позже встал на службу капиталу. Он забросил культ меча, переняв культ дальнобойной пушки.

Современные боевые корабли — для защиты собственных берегов и нападения на чужие, современные крепости с дальнобойными пушками — для отражения нападений врага, который приблизится к Стране восходящего солнца. С помощью современного милитаризма раньше прежде всего сохраняли порядок у себя. Ограбленные народные массы не могут поднять голову. С помощью современных вооружений создали сегодняшнюю армию, а в армии — веру в то, что каждая война, которую ведет Япония, это святая война.

А современный японский капитал в уже захваченных на сегодняшний день областях Китая черпает золото не руками сынов Японии, а руками китайских кули. Китайские кули стоят дешевле. Ослепление захватом Дальнего Востока — не только китайского, но и тех частей Дальнего Востока, которые принадлежат Советскому Союзу, — поразило сегодня бо́льшую часть японского народа.

Где царит ослепление, там весь мир мельтешит перед глазами. Перед глазами Японии мельтешит весь Дальний Восток.

3

Начиная с 1911 года, когда была сброшена маньчжурская династия, правившая в Китае последние триста лет, и в стране была провозглашена республика по европейскому образцу, — с тех пор в самом Китае не перестают воевать. Все эти года в Китае шла Гражданская война. Когда страна была поделена на семнадцать провинций, это означало, что в каждой из провинций царил самопровозглашенный правитель, так называемый генерал, который грабил свою провинцию, тянул налоги из народа, содержал армию и рвался в бой с соседней провинцией. Бои шли в китайском стиле: посредством церемоний, ногами, мечами и зонтами, при этом с веером за ухом. Тогда еще не воевали во время дождей, в большую жару — тоже нет. Тогда еще сохранялась среди «воюющих» сторон договоренность, что между двенадцатью и часом дня нужно на час приостановить войну. Надо ведь отдохнуть и поесть.

В этом, конечно же, сыграла свою роль дальновидная китайская философия. Поэтому мне тогда, в самый разгар Гражданской войны, была понятна философия тогдашнего министра иностранных дел, старого адмирала Цай Тинганя. На мое удивление тем, что такой миролюбивый народ как китайцы не перестает воевать и нет конца Гражданской войне, он мне спокойно, по-философски ответил:

> Мы — воинственный народ? Как ты можешь такое говорить? Ты что думаешь, мы воюем сейчас между собой? Это не более чем братские стычки. У нас не воюют по-настоящему. У нас побеждают мудрыми речами. Когда одной стороне

> удается переубедить другую сторону, тогда война и выиграна. Наша страна снова будет единой — не посредством меча, а с помощью китайской философии и мудрых речей. Неужели ты не знаешь нашей истории? Мы же народ с такой высокой и такой древней культурой...

В то время, когда Япония обстреливает своими дальнобойными пушками Шанхай, переговоры между японскими и китайскими «ораторами», конечно же, не прекращаются. Доказательство этому то, что война-то все еще не объявлена. Переговариваются они неторопливо, по-восточному высокопарно, упоминая благородное происхождение и старые заслуги, цитируя Конфуция, Мэн-цзы и Лао-цзы, не забывая при этом возвышенные высказывания Будды. Япония никакой войны еще не объявляла. И Китай ни о какой настоящей войне не говорит.

Однако японские дальнобойные пушки уже оказали «дальнобойное» влияние на китайскую «дальнобойную» философию, фатальную не только для Китая и Дальнего Востока, но и для всего западного мира.

Ученик бьет учителя: учитель становится моложе и готов вступить в борьбу.

Пробуждение народов[27]

1

Среди больших народов на Дальнем Востоке китайский народ — самый большой количественно. Более 400 млн душ! Китайский мир — слой на слое, подобно листопаду в конце лета: слой на слое лежат листья и перегнивают, сохраняя корни и семена новой жизни, которая выйдет из-под них, как только весна покажет свое лицо и начнет согревать землю.

---

[27] Gvaldiker untersheyd tsvishn di yapaner un khinezer [Огромное различие между японцами и китайцами] // *Folksblat*. 15.10.1937; в рукописи: “Felker-dervakhung” [«Пробуждение народов»]. *Papers of Peretz Hirschbein*.

Но с людьми не совсем так. Им совсем необязательно гнить заживо. Страшнейшие эпидемии пожирали в Китае из поколения в поколение вплоть до наших дней людские массы — как лесной пожар пожирает лесные массивы. Наводнения, когда большие реки выходят из берегов, поколениями разносили голод и чуму среди китайского крестьянства. И все же, точно как сама земля становится еще более плодородной после того, как воды возвращаются в свое русло, так и с плодородностью китайского народа. Это единственное место на Земле и почти единственный народ в мире, где такое множество семей проживают свою жизнь в грязных лодчонках на грязных реках и каналах вблизи больших городов. Отсюда и впечатление, что на Земле мало места для всех этих сотен миллионов и что именно для этих вот несчастных на Земле места не осталось вообще. К воде тут привыкли, пуская свои корни по застоявшейся водной поверхности.

Ни в одном уголке мира зажиточная часть населения не позволяет себе, чтобы ее так носили на плечах в паланкинах или возили в бричках люди-рабы, дети одной с ними расы. «Рикши». Рикш можно увидеть и в Японии. И у японцев все еще на часть народа накладывают ярмо, превращая людей в грузовую или гончую лошадь. Человек и в Японии дешевле лошади: но если в Японии это пока еще вторая натура, то в Китае это явление на переднем плане — когда четыре полуголых человека галопируют с «важным» пассажиром на установленном на штангах сиденье на плечах, галопируют по узким петляющим улицам в городе или по узким петляющим дорогам и тропам в горах или по дорогам и тропам, что ведут из города в город.

Принято обозначать народы такими понятиями как «древний» или «юный». Древние народы. Юные народы. О китайцах говорят, что это древний народ. Доказательство — их тысячелетняя культура.

Это ошибка. Жизнь отдельного человека можно проследить от колыбели до могилы. Если народы в определенные времена исчезали — это происходило не из-за их древности. А еврейский народ со своей тысячелетней историей и культурой собирается именно сейчас стать молодым.

Народы исчезали в результате больших «столкновений культур», когда использовалась физическая сила, когда религии вооружались мечом и огнем, чтобы уничтожить упрямцев, не желающих принять новую веру. У народов происходит процесс засыпания. У народов появляются и собственные «усыпители». Эти «усыпители», верящие в собственное бодрствование, управляют якобы усыпленным народом.

Ошибкой было бы считать и то, что в том, что широкие народные массы в Китае держат на уровне камней в мостовой, — что в этом повинны исключительно внешние силы. Современный капитализм, который построил на окраинах Китая интернациональные кварталы и который со своей интернациональной позиции распространяет свое вредное влияние по всей стране, не совсем повинен в этом. Конечно, иностранные интриги влияют на то, что страна раздроблена и что работа д-ра Сунь Ятсена, который в одиннадцатом году совершил успешную революцию против маньчжурской династии, стремился объединить весь Китай и перестроить всю общественную структуру на основе социальной справедливости, после его смерти в конце концов почти полностью провалилась.

Захватчики и кровососы вырастают там во всех поколениях из собственной же семьи. Великие произведения искусства, которые китайские мастера создавали на протяжении тысячелетий, дорогой фарфор, произведения искусства из бронзы, резьба по дереву, храмовая утварь и живопись — все это на девяносто процентов никогда не имело отношения к неестественной, ненормальной жизни широких масс, к той тесноте, темноте и грязи, к той антисанитарии, в которой эти широкие массы живут. Все это результат феодальной формы правления, которая в большей или меньшей степени поработила народные массы.

Китаец — фаталист. Он не ценит жизнь и не боится смерти. Человек, который не верит в то, что он хозяин своей жизни, не способен на великие дела. Человек, который не верит в свои собственные силы, не может быть партнером в строительстве великого здания — он скорее может стать помощником в его разрушении. Ни у какого другого народа до последнего времени не царило так много разрушительных сил, вышедших из его собственных плоти и крови, как у китайского народа.

В то время, как в Японии на протяжении более двухсот лет под властью сёгунов, хоть и с помощью диктатуры, ковалось внутреннее единство народа, уже не говоря о последних семидесяти годах, когда был введен парламентский строй и современный капитал встал у власти, когда империалистические мечтания захватили правителей от капитала и с помощью планомерной агитации большой слой японского народа стал национал-шовинистическим, — такого не скажешь о Китае. Именно в последние пару десятков лет Китай стал еще больше дезорганизован. Собственный бандитизм рвал на куски и эксплуатировал народ. Если в стародавние времена, чтобы стать генералом или маршалом в Китае, требовалось быть философом, мудрецом или рифмоплетом, то теперь, чтобы стать генералом, нужны наглость и бандитский дух.

Внутреннее возрождение, национальная гордость, общественная организация — дух всего этого пробудился пока только в тех провинциях, где оказала влияние коммунистическая мысль.

2

В Японии царит «мобилизация». Армия там монолитна, по большей части шовинистически настроена, с военными лидерами и генштабом, стремящимися к фашизму. Быть солдатом в Японии еще с прежних поколений является святой традицией. Сегодня, после механизации, это милитаристская машина в немецком стиле, хотя опыта ведения современной большой войны японская армия еще не приобрела.

В Китае военно-полевые командиры своих солдат нанимают. В Китае есть достаточно голодных, готовых наняться в солдаты. У кого больше денег — тот себе и бо́льшую армию нанимает, приобретает больше амуниции и так становится генералом и правителем провинции.

В двадцать шестом году, когда я жил в Шанхае, так называемое центральное правительство собралось пойти походом против тогдашнего маньчжурского правителя, захватившего северный

Китай[28]. Тогда на шанхайских улицах попросту хватали полуголых кули, привязывали их веревками одного к другому и брали в солдаты! Такие вот армии создавались в Китае в то время. Так в то время воевали. Те гражданские войны напоминали войну в исторических опереттах на еврейской сцене.

Чан Кайши, который якобы боролся за идеи д-ра Сунь Ятсена и стал диктатором и узурпатором власти, получает наибольшую поддержку от иностранных держав, верящих в его силы и амбиции, а по большому счету в свое собственное господство над Китаем. Они помогли его армиям вооружиться.

Семена, посеянные доктором Сунь Ятсеном среди просвещенной городской молодежи, там, где западное понимание социальной справедливости стало понемногу брать верх, — в южном Китае эти семена не пропали. Южный Китай не пожелал объединяться с центральным правительством.

Но наибольшее влияние на Китай оказала социальная революция в России, нашедшая отклик на Дальнем Востоке среди учащейся молодежи и частично среди народных масс. Не самозваные генералы пришли захватывать провинции, чтобы играть в войну и деспотически подавлять народные массы, — это революционные мужчины и женщины пришли будить подавленные народные массы, крестьян и рабочих, чтобы те сбросили с себя ярмо крупных землевладельцев и эксплуататоров. Это они создали свою Красную армию.

Красная армия заняла провинцию за провинцией. Ее солдаты не те наемники, что слепо идут вперед, пока не выстрелит пушка, и при первой же возможности разбегаются. Красная армия — это армия добровольцев, армия освобождения. А там, где дух освобождения, там и дух объединения.

---

[28] Речь идет о Чжан Цзолине (Zhāng Zuòlín, 1875–1928), который правил Маньчжурией в 1916–1928 годах. На описываемый Гиршбейном момент ему удалось захватить Пекин (в июне 1926 года), а в 1927 году возглавить международно признанное правительство, объявив себя генералиссимусом Китайской Республики. Однако год спустя в связи с наступлением войск Чан Кайши и японским давлением Чжан оставил Пекин и был убит в результате покушения.

Мы знаем, что в последние несколько лет Гражданская война в Китае начала приобретать совсем другой характер. Реакция боролась против прогресса. Центральное правительство во главе с Чан Кайши и снова при поддержке иностранных правительств сконцентрировало свои основные силы против коммунистически-советских провинций. Своим поведением он придал уверенности японским империалистам во имя «идеи» искоренения коммунизма в Китае начать вторжение на севере, захватывая провинцию за провинцией.

3

Народы пробуждаются. Наряду с пробуждением народ начинает переживать вторую молодость. Мы это наблюдали после Первой мировой войны в ходе социальной революции в тогдашней России, когда большие и малые народы пробудились к новой, молодой жизни. С юношеской силой воспряли народы, строящие свое новое будущее. Мы живем в век пробуждения народов. Под народом мы должны понимать народные массы, поднимающие головы к своим вождям в ожидании призыва перестроить их мир на основах социальной справедливости.

Это пробуждение наводит смертельный ужас на современный капитализм. Современный капитал при помощи мировых авантюристов установил темные фашистские правительства в ряде стран Запада, указав путь и японскому капитализму.

Япония воспряла ото сна. При пробуждении к новому времени реакция всегда использует народные силы. Эти силы реакция сейчас направила в Японии на то, чтобы напасть на Китай.

Китай понемногу пробуждается. Широкие массы все еще в состоянии дремы. До недавнего времени, когда шторм разыгрывался над их головами, они склоняли головы, пока шторм не пройдет. Этому их научило прошлое. Но сейчас на борьбу вышли совсем другие силы, как реакция на прогресс, фашизм и коммунизм. Жаркий бой идет сейчас и на Востоке, и на Западе. То, что происходит в Испании — это прелюдия к событиям, развивающимся на Дальнем Востоке.

Одиннадцать лет назад, когда я жил в Китае, в Пекине, я записал:

«Я верю в древнюю традицию. Я также знаю, что дурная традиция пожирала народы, и я верю, что невозможно перелить кровь в жилах, и поэтому Пекин остается для меня запечатанным секретом запутанного человеческого характера. Стены вокруг Пекина — это часть китайского характера. Стены строили вокруг страны, чтобы сдержать врага. Стены строили вокруг города — еще одна преграда врагу. В самом городе стены разделены: татарский город отдельно, китайский город отдельно. Стенами отделены и иностранные концессии. Семья от семьи отгораживается с помощью стены. Стены Китая служат свидетельством флегматичности, а не жизненной силы. Построив стену, ты будешь там, а я буду тут. Я не буду драться с тобой, а ты не дерись со мной. Из-за стен выглядывает страх».

«Взгляните на историю Китая с его разного рода династиями, с его завоевателями и их судьбой — как постоянно накатывалась катастрофа с той стороны стены, когда с востока, а когда с запада, и как легко тут сдавались врагу! Когда задумаешься, скольким религиям и учениям, верованиям и суевериям поддался китайский народ, то видишь перед собой не великий народ, а большой кусок мягкого человеческого теста, который давал каждому себя мять, пока тот, кто мял, сам не тонул в этом тесте. В прежнем поколении это делали люди Востока. Родственная кровь. Европейскому миру приходится тяжело, заглатывая Китай. Его влияние на общественную жизнь — слабое. Те европейцы, что хотят заглотить Китай, давятся его куском. Даже великий глотатель Англия, и та давится Китаем. Но свои, брат на брата — седлай меня, братец, коль можешь!»

«Вот лежит у стены нагой человек, кожа да кости, его правая рука отрублена по локоть, рана еще свежа, а левая рука бинтует газетной бумагой рану на правой руке. Левая рука отгоняет докучливых мух, слетающихся посмаковать свежую кровь.

Я спрашиваю:

— Откуда берутся на улице люди с отрубленными руками?

Мне отвечают:

— Видимо, он что-то украл. Тут дают такое наказание: что-то украл — отрубают руку!

Эта страна пережила революцию, стала республикой, а одна сторона все еще вырезает куски живого мяса с тел оппонентов, рубит головы и вешает их на резных воротах пекинских центральных улиц».

Я спросил тогда:

— Где та мирная рука, что разбудит и направит это более чем четырехсотмиллионное человечество?

Сейчас же все выглядит так, что вовсе не мирная рука, а воинственная, империалистическая рука Японии сотрясет Китай до основания и вынудит человеческое тесто стать народом. Пусть же пробудится народ, пусть все китайское человечество воспрянет в юном порыве.

Распыленные израэлиты

«Красные евреи»[29]

С тех пор как я путешествую по свету, никогда еще вокруг меня не было столько спокойствия и безмятежности чем сейчас, когда я живу в Японии. По правде говоря, нечему выводить меня из себя: я плачу за свои хлеб и воду, плачу за крышу, под которой вызревают мои мысли. Но разве я не делал того же повсюду на свете? Где не платит еврей большей благодарностью чем любой другой? Еврей, что во мне, впервые в жизни получил на тарелочке этот мир.

Еврея, что во мне, не ненавидят. Его совершенно никто не беспокоит. Меня не хотят убедить, что я швед, потому что я блондин, или что я что-то другое из-за моего некороткого носа. Никто вообще не копается в том, к какому народу я принадлежу. Я не знаю, есть ли у японца вообще четкое представление, кто такие евреи. Хотя когда я рассказываю, что я еврей, японец удивляется, как принято у японцев удивляться при виде чего-то нового:

— Вот как, ты «хибру»! «Хибру»...

Он втягивает воздух ртом и языком как втягивают горячую лапшу. Так он выражает удивление и любопытство.

Под конец военных лет, когда еврейские беженцы появились в большом количестве в Иокогаме, тогда, насколько я понимаю, японцы начали ломать голову, кто это такие. И тот, кого они

---

29 Bay di royte yidelakh [У красных еврейчиков] // *Di idishe tsaytung*. 08.09.1926: 29 (*Literarishe baylage erev rosh hashone 5687*); *Di tsayt*. 08.10.1926.

расспрашивали, кто такие евреи, уж рассказал и научил их, что евреев нужно ненавидеть. Есть такие, что даже дикую обезьяну научат, что евреев надо ненавидеть. Так, например, было в Южной Африке, когда я жил там далеко от населенных мест в заброшенной корчме, — к моему жилищу прибился один оборванный индус, бродячий торговец с котомкой на плечах. Мы разговорились. Начались расспросы. Глядя на мой нос, он спросил, кто я.

— Я еврей, — отвечаю я этому босому, вымазаному в грязи торговцу.

— Нет, ты американец, — хочет он меня убедить.

— Почему ты считаешь, что я не еврей?

— Потому что я евреев ненавижу.

— Почему ты ненавидишь евреев?

— Просто так, я их ненавижу. Евреев надо ненавидеть.

И вот так это гуляет по свету. В поездах. В отелях. Кто-то делает это публично, а кто-то прячет это за усмешкой. Англосакс хочет знать, в какую церковь я хожу. Я рассказываю, что не хожу в церковь. Он задумывается:

— Вот как, я так и подумал, что ты еврей.

Взять того же немца — но я избегаю встречи с ним. Иногда случается, что в еврея, что во мне, влюбляются. Шутка ли: Библия, святая Тора. Сам Иисус был из евреев. Жаль только, что евреи его так мучали. Поэтому и мучают их теперь. Мир не может молчать. Шутка ли — кровь все еще сочится из его ран на груди. А раны на руках и ногах — нет, неудивительно, что устраивают еврейские погромы.

И вот здесь, в Японии, я начинаю время от времени задумываться...

Может, и обоснована теория тех, кто считают японцев теми самыми «красными евреями»[30]. Наши десять колен более двух тысяч лет назад добрались аж сюда, осели здесь и размножились. Так полагает Маклеод[31]. Если это правда, то получается, что

---

[30] См.: Gow Andrew Colin. *The Red Jews: Antisemitism in an Apocalyptic Age, 1200–1600.* Leiden–New-York–Köln: Brill, 1995.

[31] McLeod Nicholas. *Epitome of the Ancient History of Japan.* Nagasaki, 1878.

«красные евреи» разбираются в розничной торговле получше белых евреев. Какой бы вид имел наш еврейский лавочник рядом с японцами? Я еще не встречал такую классическую мелкую торговлю как тут. Временами можно подумать, что каждый товар продают по отдельности шесть торговцев: скажем, торговля рыбой — один продает кожу, другой плавники, третий мясо, четвертый кости, пятый голову, а шестой хвост... Лавок здесь как звезд на небе, и плодятся они как грибы после дождя. Там, где плодятся грибы, сидят люди у горшков с углями, когда холодно, греют руки — муж, жена и дети. Дышат воздухом. Из таких мелких лавок состоят весь Токио, Осака и Киото, каждый город и каждое местечко, каждая улица и каждый переулок. Первое время я еще был сентиментален и ходил, высматривая евреев среди этих лавчонок, ждал, что вдруг завяжется разговор между людьми:

— Реб Йона-Бер, и сколько же вы сегодня выручили?

— Уже который день, как я не выручил ни гроша.

— А как там поживает Сорэ-Хая, дочка Добы?

— У нее ребенок заболел оспой, не про нас будет сказано.

И так иногда заскучаешь по настоящему еврею! По еврею, который бы со мной поспорил, являются ли евреи народом, должен ли жить жаргон. Как мне сказал один еврей в одной далекой стране: и чего это идишские писатели все не вымирают, пусть бы уже был этому конец!

Мир, мелкий ты мирок, почему бы японцам таки не оказаться теми потерянными десятью коленами нашими? Могу себе представить, как они ищут нас, шлимазлов из колены Иегуды, а мы ищем их, несчастных идолопоклонников. Пропали! И как же не пропасть распыленному Израилю? Эти вот еврейские пылинки! Несколько таких пылинок таки попали немцам прямо в глаза. Злятся немцы на нас из-за этого. Несколько пылинок попали англичанам под кожу. Поэтому они чешутся, когда им еврей попадается на глаза, и ищут нашу пыль в Библии. Везде пылинки. Где просто пылинки, а где — понюшка табака, которая лезет в нос и кусается. В конце концов я попадаю в Японию, к восьмидесятимиллионному народу. В большой тесноте, однако, но все же народ с третьим по размеру флотом в мире. С лучшей армией в мире. И когда они щедро одаривают меня безмятежностью, я ношусь с идеей, что они «красные евреи». А кто знает, может, японец был бы рад, расскажи я ему о колене Иегуды и остатках коэнов, которые имеют те еще проблемы с каждым народом мира по отдельности и со всеми вместе? Может, они объявят войну всему миру — кто знает?

Такие вот мысли приходят в голову еврею даже когда он наслаждается спокойствием хотя бы размером с чайную ложечку.

Сказать, что нигде в Японии я не вижу «белых евреев», было бы неверно. Я живу в Наре, японском Иерусалиме. Туристы не пропускают этот исторический уголок. Отель «Нара» — один-единственный здесь отель в европейском стиле. Сюда попадают дети всех народов на день-два. Наши евреи, конечно же, большие путешественники, но не туристы, однако же среди туристов-однодневок из Америки затесался некто Гурвич из Нью-Йорка, некто Лифшиц из Чикаго, некто Янкелевич из Сан-Франциско. Люди едут с семействами, чтоб они были здоровы. В отеле они чувствуют себя по-домашнему, тут шумно в американском стиле. И вдруг они натыкаются на некую парочку, говорящую на идише[32], — тоже гости отеля. Вот несчастье-то! Будто крыша на них упала. Грусть объяла наших еврейчиков. Страна становится родной.

И почему бы не подойти такому Янкелевичу или Лифшицу с дружеской улыбкой:

— Я слышу, вы говорите на идише! Как мне приятно вас встретить в Японии. Да еще тут, в такой далекой богом забытой стране — наш еврейский язык... Как хорошо, что евреи ездят смотреть мир.

И вот они уже обмениваются приветствиями, усаживаются, прямо как в Японии, и общаются, как близкие люди, выкладывают, что у них на сердце...

Три месяца живу я тут, а такого не случается. Наши распыленные израэлиты боятся, как бы не случилось бури, настоящего тайфуна. Они заглядывают японцу в глаза.

---

[32] Гиршбейн имеет в виду себя и свою жену Эстер Шумячер.

И вот так вот я уже пять месяцев у «красных евреев», частенько вижу довольно близко, хоть локтем задевай, белых евреев, но при этом мне приходится впервые в моей жизни самому представлять еврейский народ. Самому создавать партии: моя правая рука должна хлопать по левой, а левая — по правой. Я часто спрашиваю сам себя:

— Как такое возможно? Как такое возможно?

Нара, июль 1926 года

Сеул

Белая грусть[33]

Пока не приблизишься к столичному городу Сеулу, проезжая по примитивной местности, совсем не верится, что когда-нибудь удастся добраться до иной панорамы, где человек выглядел бы поприличнее, а дела его рук вызывали бы воодушевление. Воодушевление может вызвать разве что сама Япония, которая проложила тут такую железную дорогу. Час за часом — все те же глиняные развалюхи, все те же комичные заспанные мужчины в белых халатах и энергичные женщины, бегущие откуда-то куда-то с ношей на голове. Тысячелетия не сорвали с их голов заплетенные грязные косички, а потоки, что из года в год заливают здешние долины, не унесли раз и навсегда эти глинобитные мусорники.

Знаю я, знаю, где развилась высокая культура тех поколений, когда культура цвела и в Корее. Я знаю, что искусство и красивые здания были капризом королей и правителей. Народ должен был лишь таскать камни для массивных стен, что вокруг столицы, и для разных крепостей. Народ валялся под ногами в удушающей темноте. Грустная картина. Пока не приблизишься к столице, не увидишь четко тот контраст и тех, кто виноват в той трясине, что царит над людьми в провинции. И как бы ничтожно маленьким и неразвитым Сеул ни выглядел сегодня, все же на его фоне отчетливо проявляется тот паразит, что насыщается этой страной. Нет никакой гармонии между страной и старинными дворцами

---

33 Der vayser troyer (briv fun Korea) [Белая грусть (письма из Кореи)] // *Di idishe tsaytung*. 31.10.26.

в корейском стиле, еще сохранившимися с XVII века. Еще большую дисгармонию вызывают большие правительственные здания, которые возводит Япония в смешанном римско-ренессансном стиле[34]. Старинные здания демонстрируют то, как тогдашние правители высасывали соки из народа, а новые правительственные здания демонстрируют то, как нынешние правители, японцы, высасывают из корейского народа костный мозг. По существу, Сеул превращается из большой мусорной горы в современный город, но не с новой столицы начинают заботиться о народном благе. Столица будет купаться в электрическом свете, тогда как весь народ будет лежать в физической и духовной темноте.

Япония тут уже демонстрирует то, как она умеет хранить свое собственное у себя дома и как она умеет разрушать не свое собственное в захваченных ею странах. Если б можно было хотя бы мысленно отделить Сеул, столицу, от остальных частей страны, то вызвала б удивление способность народа так быстро снести ряды домов и проложить широкие асфальтированные улицы, возвести так много каменных зданий, провести электричество, телефон, телеграф, перебросить так много от американской цивилизации в такой край как Корея. Однако нет возможности избежать всей этой солдатчины, жандармерии и всевозможных шпионов, наполняющих жизнь столицы. Солдатик в Японии совсем не так привычен. В домашней мирной атмосфере солдат растворяется, а здесь, в скучной корейской жизни он полон ненависти и жестокости.

Как смешон городской кореец. Удивляешься при встрече в столице с людьми старшего поколения — наработавшимися, отяжелевшими, умиротворенными, в белых халатах и маленьких цилиндрических шапочках на голове. Белый — это цвет печали

---

[34] Имеется в виду комплекс японских правительственных зданий в сеульском районе Чонногу, спроектированный немецким архитектором Георгом де Лаландом в неоклассическом стиле. Его строительство длилось с 1916 по 1926 год на территории дворца Кёнбоккун, бывшего королевского дворцового комплекса корейской династии Чосон. Место было выбрано так, чтобы загородить вид на Кёнбоккун из центра Сеула. Все, кроме 10 из 400 зданий дворца Кёнбоккун, были снесены, чтобы освободить место для строительства.

у корейского народа. И это причина того, почему народ одевается в белое. Когда умирал король, по нему надо было скорбеть три года. Когда умирает член собственной семьи, по нему скорбят целый год. Вот так белый цвет, цвет печали, вошел в жизнь народа. Корейский народ явно должен был бы сознательно провозгласить большой белый траур под японским ярмом.

Как символично то, что японское правительство возвело массивные правительственные здания точно напротив старых корейских дворцов. Спиной к ним, загородив дворцы. Где-то в японской туристической брошюре о Корее сообщают об этих дворцах как о самом интересном в стране, при этом замечая: «Эти дворцы служат свидетельством тирании корейских правителей в прошлом».

А чему же служат свидетельством новые здания?

Если посмотреть на все монументы, сохранившиеся в Европе с феодальной эпохи как на свидетельства деспотизма тогдашних правителей или глав Церкви, нужно бы было уже давно разрушить и уничтожить все, что создал Ренессанс. Но это сохраняют в качестве вех тех деспотических времен, когда жили великие умы, в надежде, что новые, свободные поколения смогут у них чему-то научиться, пока сами народные массы не смогут встать на защиту искусства и стать движущей силой, из которой выйдут великие умы, строители и созидатели прекрасных миров. За те месяцы, что я провел в самой Японии, я видел, как японский народ умеет хранить великие монументальные творения, созданные в деспотические времена династии Токугава. Здесь же, в Корее, старинные корейские дворцы — единственные произведения искусства, все еще сохранившиеся в стране, заброшены и заслонены. Заметно, как японцы систематически стремятся стереть в Корее все признаки того, что когда-то в Корее жили великие умы, хоть их произведениями пользовались только короли и правители.

Целый ряд старинных зданий, начиная с банкетного зала на каменных столбах и до центрального дворца, все подсобные помещения, изразцы, крыши в стиле пагод, рисунки на стенах, все это архитектурное своеобразие — во всем этом все еще так сильно бьет пульс удивительных мастеров. Что эти мастера только не вырезали на тяжелых деревянных балках! Тысячи деталей, гармонично сочетающихся между собой в здании. Архитектура не имеет к этому никакого отношения. Не хватает терпения. Сталь и бетон занимают место дерева. Эти здания так же прекрасны и так же важны, как и все великие произведения искусства, для которых строят музеи. Вокруг этих зданий нужно бы возвести постройку из стали и бетона, чтобы сохранить их для будущих поколений, чтобы те ими восхищались. Вместо этого зданиям намеренно позволяют разрушаться. Это разрушение еще и подстегивают.

В Сеуле есть музей, в котором японская администрация собрала обломки и куски ржавого железа, найденного в земле и принадлежащего примитивному времени более трех тысяч лет назад. Весь этот музей в Сеуле как бы свидетельствует о беспомощности и низком культурном уровне, на котором стоит корейский народ. Почему Япония не возродила в Корее все эти произведения искусства из бронзы и дерева и рисунки, которыми напичканы все старинные храмы в Японии? Сокровища одного только храма Хорю-дзи — души старых корейских мастеров — перевези их японцы в Сеул, они могли бы представлять интерес для любителей искусства и для тех, кто изучает народную жизнь.

Я знаю, как захватывают новые территории с коренным населением и с какими целями. Капитал — это первый, кто приходит в качестве первопроходца и сметает одной метлой все, что только удается смести. Чужой поток прошел по Корее еще много поколений назад. Внутренние войны и внешние угрозы. А с новым временем, которое бурей приходит на Восток, Корея не пожелала встретиться. Все же с севера через Сибирь пришли русские, но что, откровенно говоря, старая Россия могла принести Корее? Какого-нибудь Безобразова, чтобы эксплуатировать леса вдоль реки Ялу[35], а вдобавок русских жандармов. Теперь Корея уже

---

[35] Александр Безобразов (1855–1931) — русский предприниматель, в 1896 году предложивший создать лесную концессию вдоль реки Ялу на границе между Кореей и Маньчжурией. Российский императорский кабинет одобрил

у Японии. Япония делает то же самое, но в гораздо более крупных масштабах. Лучшие земельные наделы она заняла для собственной колонизации. 17 млн корейцев, сидящих у себя в стране, стали между тем стадом овец, чью шерсть стригут, возможно, в сотрудничестве с кучкой избранных из самого корейского народа.

Этим летом умер бывший король, который отрекся от престола в 1910 году в пользу Японии и остался под именем принц Ли[36]. Народ собрался в столице и поднял громкий плач перед дворцом. Полиция их жестоко разогнала, арестовав многих из них. Неизвестно, зачем им понадобилось оплакивать его смерть. Может, таким образом они нашли способ оплакать самих себя. Полиция аргументировала разгон тем, что в XX веке нецивилизованно плакать во весь голос. Правда, похороны организовала японская администрация, а японские газеты раскритиковали то, что на похороны были выделены такие большие расходы.

Принца Ли стоило похоронить при большом параде, ставшем символическим погребением корейской независимости, глубоким и притоптанным сверху солдатской ногой. Я пока не вижу тут в этой стране сопротивления тем брутальным рукам сильного, который пришел ограбить беспомощный народ. Одна рука красная, а другая держит меч и готова отрубить любую корейскую руку, которая поднимется в знак протеста.

Конечно, тот поток цивилизации, который Япония сюда принесла, обязательно приблизит пробуждение народа. Сегодня уже не тысячелетия понадобятся на то, чтобы народ увидел светлое солнце, хоть Корея все еще лежит как парализованное или дегенеративное тело, одетое в белое.

покупку в мае 1898 года и в июле 1901 года концессия была зарегистрирована как частная компания. Позже Россия смогла добиться аналогичных уступок от Китая на маньчжурском берегу реки Ялу.

[36] Имеется в виду последний император Кореи Сунджон (Sunjong, 1874–1926), правивший в 1907–1910 годах, пока Корея не была официально аннексирована Японией в 1910 году и ему был оставлен титул «принц Ли». Сунджон умер 24 апреля 1926 года, но его государственные похороны состоялись 10 июня 1926 года.

Иногда мне кажется, что Япония — это сила, которая должна побуждать своих соседей к человеческому прогрессу, как она сама откликнулась на призыв нового времени. Но Корея уже больше не сосед, которого Япония пришла разбудить. Корейцы — это народ со своеобразной психологией и с собственными скрытыми силами, потерявший независимость именно в начале XX века. Именно в то время, когда нации пробуждаются к независимости, Корея совершенно потеряла свою свободу.

Скорби, скорби Корея свою белую скорбь. Когда-нибудь и твое солнце взойдет — может, именно благодаря твоему сегодняшнему притеснителю.

Сеул, Корея, август 1926 года

Маньчжурия

Порт-Артур[37]

Я стоял на одной из высот порт-артурской крепости и смотрел на маленькую скромную гавань, где японские военные корабли атаковали русские корабли зимней ночью 1904 года и тем самым разожгли войну между Японией и Россией. Я смотрел на узкий проход в гавань, где японцы намеренно взорвали корабль, чтобы русский флот не смог выйти оттуда в открытое море.

По другую сторону скал простирается под солнцем открытое море. Где-то в тех местах затонул русский броненосец «Петропавловск»[38] вместе со знаменитым русским живописцем Верещагиным[39], которому хотелось создать о той войне морализаторские полотна, чтобы с их помощью оказать антивоенное влияние. Творческие сентименты. Сентиментально как сентиментален русский народ.

---

37 Port-artur (briv fun Mandzhurye) [Порт-Артур (письма из Маньчжурии)] // *Di idishe tsaytung*. 28.11.26. Также с небольшими изменениями: Fun mayn rayze iber Yapan. Fun a bezukh in Port-artur [Из моего путешествия по Японии. Из визита в Порт-Артур] // *Der moment*. 10.12.1926.

38 Русский броненосец «Петропавловск» подорвался на двух минах, возвращаясь в Порт-Артур, и затонул 13 апреля 1904 года, унеся с собой бóльшую часть экипажа, включая вице-адмирала Степана Макарова и художника Василия Верещагина. См.: Kowner Rotem. *Historical Dictionary of the Russo-Japanese War*. Lanham, Maryland: The Scarecrow Press, 2006. P. 358.

39 Один из самых известных русских художников Василий Верещагин (1842–1904) был лично приглашен вице-адмиралом Степаном Макаровым на борт броненосца «Петропавловск». См.: Vereshchagin, Vassili Vassilievich // *Encyclopædia Britannica*. Vol. 27. Cambridge University Press, 1911. P. 1021.

На окрестных холмах — надгробия над братскими могилами. День жарок, солнце накаляет голые камни, и грусть, окутывающая все вокруг, жарко-накаленная.

Японское правительство, державшее меня на виду в эти несколько месяцев и широкой рукой одарившее меня и своим дружелюбием, и своими шпионами, не забыло меня даже в Маньчжурии. В Дальнем и в Порт-Артуре у меня тоже было двойное сопровождение. Мне удалось побывать в каждом запретном уголке порт-артурской крепости, и специальный сопровождающий с докторской степенью, говорящий по-английски, повсюду меня водил, объясняя:

— Великие солдаты, отважные солдаты были у России, они дрались как львы, но офицеры были у них слабые. — И он спрашивает: — Как ты думаешь, сегодняшние офицеры у русских тоже такие слабые?..

Здесь, на пропитанной кровью земле, поражаешься, насколько запуталась жизнь в руках ее возничих, которые так плохо держат вожжи и заводят так далеко и глубоко в трясину своих лошадей. Порт-Артур — закругленный угол каменистой почвы в форме сердца рвется тут к морю. Край света. Самая дальняя оконечность Маньчжурии. И именно здесь должна была сложиться в схватке судьба двух народов. Народов из разных частей света. Один народ эта война приблизила к сегодняшним экспериментам по перестройке жизни на более новых и лучших основах, а другой народ вошел в семью милитаристских воротил. Вот здесь, среди этих скал была разбита старая Россия.

Японцы открыли в Порт-Артуре в память о той войне музей, в котором они собрали на детский манер все, что представляется им памятью об их триумфе. Всевозможные трофеи их побед, от окровавленных русских мундиров и шинелей и до пуговицы и нитки с иголкой, — все вывешено и разложено наилучшим образом. В стеклянном шкафу лежат медные духовые инструменты русских оркестров. И у музыки было свое место на войне. В том кошмаре без музыки и с места не двигались. Вот лежит корнет, продырявленный пулей, — и я себе рисую музыканта в тот момент, когда он дул, дул в свой корнет, — о чем он тогда думал? Что ощущал он всей своей сущностью?

Вот лежит тромбон — раздавленный, будто по нему проехалось тяжелое колесо. Где был тогда тромбонист? Где его кости? Много-много медных инструментов — где кости тех, кто на них играл?

Мой сопровождающий расспрашивает, как называются эти инструменты, и замечает: великие музыканты эти русские, они играли на таких странных инструментах прямо в разгар боев. Рассказывают, что они играли, пока их не настигала смерть.

Под стеклом в коробочке разложены в несколько рядов черные наручные часы с белыми циферблатами. Каждые из этих часов остановились в разный час, в разный момент. И циферблаты, и время на них, хоть и молча, но напоминают о часе агонии. Двенадцать часов могли быть и полднем, и полночью. То же самое и с двумя часами. Но часовой механизм, конечно же, продолжил двигаться и тикать еще очень долго после того, как остановилось сердце его верного хранителя. Часы и медные музыкальные инструменты вихрем врываются в общий настрой, и все начинает плыть перед глазами. Все оживает в этом вихре. Само то время крутится вихрем. Ружья тут ни о чем не говорят. Захваченные пулеметы, пушки — маленькие и большие — говорят не больше, чем какое-то привидение: они хихикают и ничего не говорят. Не то что чайники, мундиры, продырявленные пулями как решето, полотняные рубашки с красной застывшей кровью, а надо всем фотография двух генералов — генерала Стесселя[40], русского коменданта Порт-Артура, и генерала Ноги, того, кто своими армиями принес поражение России. После сдачи оба генерала сфотографировались. Я долго глядел на это фото. Стессель, с тяжелым выражением лица получившего пощечину сибарита, и Ноги — с благочестивым лицом, подтянутый, с седой бородкой, вот-вот начнет читать псалмы...

Как иронично это фото в музее, где из каждого угла выползают черные тени с красными языками!

---

[40] Анатолий Стессель (1848–1915) — генерал-адъютант, комендант крепости Порт-Артура и начальник Квантунского укрепленного района во время Русско-японской войны. При сдаче крепости был освобожден японской стороной и вернулся в Россию. В 1908 году за сдачу Порт-Артура был приговорен к смертной казни и лишен всех наград и чинов, но позднее помилован.

Но лучшее свидетельство российской несуразности открывается взгляду, когда смотришь с вершины горы на город Порт-Артур, лежащий в тенистой долине. Почти все здания остались еще с тех времен. Россия строила. Я насчитал ряд из более тридцати длинных каменных казарм. Целые улицы с домами, дворцы в далекой заброшенной области. Красные кирпичи, близкие и знакомые здания. Мой сопровождающий показывает на них: все было русским и все перешло к нам. Я его спрашиваю:

— Много ли русских еще живут тут у вас в Порт-Артуре?

— Только один-единственный русский.

— Что он тут делает?

— У него магазин, он печет русский хлеб.

Как же дорого это стоило России, чтобы сейчас в Порт-Артуре мог сидеть один русский и печь хлеб!

Эй, музыканты! Где лежат сейчас ваши кости? Хотел бы я знать такое заклинание или колдовство, чтобы вызвать ваши кости из их упокоения, чтобы каждый скелет оказался в этом музее, нашел свой искривленный и продырявленный инструмент и прошел по Порт-Артуру, доигрывая прерванный марш, и чтобы каждый инструмент подхватил свой прерванный тон.

Я знаю, японцы такого не боятся. Они бы не удивились, неожиданно увидев перед собой такую картину. Но вся округа, может быть, вздрогнула бы, как дрожит земля в самой Японии время от времени, и стряхнула бы с себя все крепости и тяжелые орудия, повернутые жерлами к Желтому морю.

Говоря о тех событиях, я упоминаю имена генералов, одного, другого, и мой сопровождающий удивляется:

— Какая у тебя поразительная память! Я сам уже забыл имена наших великих генералов, а ты, чужак, помнишь их настолько хорошо.

Иди и рассказывай ему, что за чужак я тут. Иди и рассказывай ему, чего нам стоил его Порт-Артур и как нам врезались в память имена таких людей, как Ноги, Куроки[41], Оку[42], Кодама[43] или То-

---

[41] Командующий японскими войсками в Корее генерал граф Тамэмото Куроки.

[42] Командующий 2-й японской армией генерал Ясуката Оку.

[43] Начальник Генерального штаба Маньчжурской армии генерал Гэнтаро Кодама.

го[44], — они вытолкнули Японию к славе и почету, и эти же имена когда-нибудь заведут Японию назад к темной пропасти и повелят: прыгай и сломай себе хребет, как полагается бравому солдату!

О, если б Россия тогда победила у Порт-Артура и все эти стессели, алексеевы[45], куропаткины[46] стали бы великими именами, конечно же, это было бы хорошо, — хватает меня за руку кто-то. И хотя этого «кого-то» я не вижу, но он повсюду, весь мир полон сейчас этим «кем-то».

Генерал Ноги сейчас святой в Японии. Когда японский микадо умер, что случилось вскоре после той войны, Ноги и его жена покончили самоубийством согласно старинной японской традиции. Они совершили харакири, вскрыв себе живот и выпустив кишки[47]. Это означало: поскольку микадо больше нет, моя задача на этом свете завершилась. В его честь стоит в Токио храм, и народ приходит вознести ему молитву как душе святого. Меч все еще свят в Японии. Жерло пушки — как уста важного священника.

И единственное утешение, что для второй стороны в той войне, для тех, кто ту войну проиграл, меч больше не свят. Когда я приехал из Порт-Артура в Дальний, сегодняшний современный город с четвертью миллиона жителей, мне сразу же по прибытии бросился в глаза красный флаг, развевающийся над скромным серым зданием. В верхнем правом углу красного флага — соединенные под наклоном желтые серп и молот. Это когдатошний русский Дальний. Много братской крови тут пролилось, и Дальний сегодня японский и милитаристский. А серп с молотом над российским консульством — это светлый символ для того, кто хочет увидеть закат меча и пушки.

Август 1926 года

---

44 Командующий японским флотом адмирал маркиз Хэйхатиро Того.

45 Глава Квантунской области, наместник императора на Дальнем Востоке, главнокомандующий русских войск в Порт-Артуре и Маньчжурии генерал Евгений Алексеев. В результате крупных поражений был отозван с занимаемой им должности главнокомандующего, уступив это место генералу Куропаткину.

46 Командующий Маньчжурской армией России, главнокомандующий всеми сухопутными и морскими вооруженными силами, действующими против Японии, генерал от инфантерии Алексей Куропаткин.

47 См.: Пильняк Борис. *Корни*. С. 30–33 (гл. «Харакири»).

Сквозь кровавый туман[48]

Мой первый сознательный период в жизни совпал с чуждым названием страны и народа: Маньчжурия. По виленским улицам носился жалобный плач еврейских матерей, чьих сыновей забрали на войну и увезли в Маньчжурию. А сейчас, двадцать два года спустя, занес сюда меня ветер, и через кровавый туман доносится до меня тот плач на виленской улице, плач еврейской мамы, сына которой забрали на войну.

На больших просторах раскинулась эта местность, широкая и гористая. Это земля неиссякаемого изобилия. Из-за ежедневного дождя в последнее время все здесь зелено. Но сейчас уже вечер и великолепный закат на западе! Солнце тонет, захлестываемое собственным светом, и зажигает предвечерним огнем овсяные, пшеничные и фасолевые поля.

Почему такой вечер будит во всей моей сущности такую болезненную тоску? Наверняка я мог бы сейчас проехать по Маньчжурии с воодушевлением, как это случается всякий раз в чужом диком краю в час заката. Но этот край, хоть и такой далекий, а люди, маньчжурцы, такие мне чужие, — все тут прямо до физической боли мне близко:

— Дорога между Мукденом и Харбином...

Тесна была России ее большая страна; она не могла содержать хозяйство даже у себя под носом, но забралась и сюда, перебросив сюда своих сынов, немытых и нечесаных, но с набором проклятий на устах и с кулаком, поднятым на другого. Сколько вод здесь утекло, сколько кровавых рек разрыхлили здешнюю землю, и все же тут остался дух старой России по обе стороны дороги. Россия-мама перенесла в решете своих сынов в Маньчжурию и одного за другим посеяла их среди китайцев у железной дороги. И грустят они по сей день, хоть и встречаешь их тут редко. Они перетащили сюда дрожки с худой лошаденкой и длинным бичом, чтобы хлестать им по ее худой спине.

---

[48] Durkh a blutigen nebl (briv fun Mandzhurye) [Сквозь кровавый туман (письма из Маньчжурии)] // *Di idishe tsaytung*. 07.11.26.

За один день я два раза видел, как китаец хлещет русского по щекам. Русский не отворачивался, принимая страдания с любовью. Но в том, как его хлестали, я узнал ученика. Наверняка точно так же русский в годы опьяняющих побед хлестал китайца. Ибо хлестание по щекам — это не китайское поведение. Китаец в сердцах может вывернуть руку или ногу за обиду. Но заехать в морду всегда было русским стилем. И это хорошо прижилось по всему здешнему краю. Такова мера когдатошней русской культуры. Ее посеяли широкой рукой и теперь пожинают в полной мере. Наверняка то же самое получат позже наследники русских — лезущие сюда японцы.

В поезде — шпионаж и жандармерия. Уже в десятый раз у меня просят паспорт. Эту работу выполняют русские, назначенные китайцами. Старый жандармский талант. Увидев еврея, требуют паспорт с вызовом. Взяв американский паспорт, чувствуют жжение в руке и боятся до этого паспорта даже дотронуться. Чем ближе к Харбину, тем их больше. Желчные, злые сами на себя. «Белые» русские, которым больше нравится учить китайцев бить по щекам, чем вернуться домой и разделить судьбу своего народа.

Уже ночь. Подъезжаем к станции Чанчунь, где заканчивается японская железнодорожная ветка и начинается русская. Здесь поезда в совместном пользовании — у сегодняшней России и у сегодняшнего Китая. Я должен перебраться в их поезд. До уха доносится старая песенка:

— Дяденька, подайте на хлебец, я голодный.

Сначала один детский голос, затем два, и вот уже целый хор наполняет вагон нескончаемым детским наполовину искренним, наполовину деланым плачем: «Дяденька, дай на кусочек хлеба!» Сперва идут мальчики, девочки, поменьше, побольше, потом приближаются мужчины, здоровые и крупные, с бородами и без, с пронизывающими, сверлящими взглядами. Старший из них протягивает руку очень близко, прямо тебе под нос, и что-то бормочет басом. А дети поют тонким голосом. В глазах становится темно, и я чувствую, как холодный пот покрывает мое тело. Где это я? В России? Как они тут оказались?

Их лица, их взгляды рассказывает, кто они такие. Я и сам кое-что припоминаю — историю про «белых» и «красных», как они бились на Дальнем Востоке и как белых побили. Никто не хотел идти на компромисс, никто не хотел сдаваться.

Теперь я вижу много таких, как они. Каждый из них, глотая воздух, бросается поднести тюк. Каждый из них подставляет щеку и готов принять пощечину. И каждый из них лезет тебе в душу с покорностью и со скрытой горечью: обновленную Россию они знать не хотят. Их дом здесь.

В совместном поезде наполовину «красно» — товарищ, а на другую половину, китайскую с «белой» русской прислугой — господин. Китайцы держатся сзади — линия наполовину русская, но земля китайская. Они должны спрашивать паспорт. Русский служащий из «белых» — от них. Я спрашиваю одного из русских в китайской униформе:

— Кому принадлежит эта линия?

— Пока только половина принадлежит им, — говорит он зло, — но и это отберут. Очень скоро им покажут на дверь.

— Кому покажут на дверь?

— Им, советчикам.

— Кто это отберет у них линию, китайцы?

— Нет, линия достанется японцам, и тогда этих отсюда погонят...

Среди пассажиров много русских. Не попрошайки, а сытая, довольная собой публика, женщины с полным набором всего что надо во всех частях тела. Под окнами тянет свое детский хор: «Дяденька, дай на кусочек хлеба!» Именно во мне они усмотрели этого дяденьку. Я подаю через одно окно, до меня уже добираются из другого окна. Я даю один раз, даю второй раз, мне уже самому все это выглядит издевательством. И вместо того чтобы дать в пятый раз, я начинаю задумываться. Я хочу понять, что за мир скрывается за этим попрошайничеством. По спине пробегает морозец. Мальчики, девочки, шести, семи, восьми, десяти лет, я не знаю, чьи тут глаза старше, а чьи младше. Вообще не хочется верить, что это голод поет свою песню. Вообще не хочется верить, что это та реальность, в которой живет каждый из них.

Может, это только мне, еврею, злой дух устроил такой фокус и сквозь кровавый туман показал мне прогнившие куски большой России. Ведь не только кладбищенская связь этих людей с чужим краем, не только мающиеся в маньчжурской земле кости десятков тысяч проклятых сынов России зовут и велят им встать на путь попрошаек и сеять ядовитые грибы. Это последняя Мировая война, что привела большую Россию к порогу нового времени. Эта же война намешала кровавую отраву, распространившуюся во все концы света. Старая Россия намешала эту отраву в этом краю еще тридцать лет назад, когда она подкупила Китай и получила концессию протянуть железную дорогу до Порт-Артура. Теперь валяются российские ошметки у китайского замурзанного порога, и вместе они взращивают тут вшей, и вместе они помогают Китаю избавиться от всего хорошего, что идет к ним из обновленной России.

Невозможно закрыть глаза. Уже давно мы оставили позади станцию Чанчунь, но за нами все еще тянется грустный напев:

— Подай, дяденька, на кусочек хлеба!

Недавно во время раскопок рядом с Мукденом наткнулись на огромные залежи человеческих останков примерно из 30 тысяч скелетов и вспомнили, что это русская братская могила со времен небывалого поражения, которое куропаткинская армия потерпела под Мукденом[49]. Теперь этим останкам отдали последнюю честь. Та братская могила сопровождает сейчас мои мысли в пути по широким маньчжурским просторам...

Маньчжурия, 1926 год

---

[49] Имеется в виду самое масштабное, продолжительное по времени и кровопролитное сражение Русско-японской войны, состоявшееся у маньчжурского города Мукден (сегодня Шэньян) в феврале — марте 1905 года, после сдачи крепости Порт-Артур. С русской стороны было 8705 убитых, 51 388 раненых, 28 209 пропавших без вести и пленных. Японцы потеряли 15 892 убитыми, 59 612 ранеными, 2000 пленными.

Любовь к западному человеку

Сётоку[50]

1

Дружеская улыбка человека Востока часто может вызвать подозрение. Человека Востока иногда можно заподозрить в том, что, пытаясь оказать тебе услугу, он рассчитывает на то, что из этого выгадается услуга ему. В наше время подозрение может вызвать человек Запада, под дружеской улыбкой которого может скрываться какой-то смысл, а часто — не совсем дружеское намерение.

Но со мной никогда не случалось, чтобы подозрение вызвала японская женщина, которая решилась поднять свои глаза и бросить на тебя дружеский взгляд. Нет, невозможно относиться с подозрением к такой детской улыбке, расцветающей на ее лице после минуты глубокой грусти. Это прекрасное и светлое человеческое качество, девять мер которого природа подарила японской женщине, а одну меру — всему остальному миру.

Не говоря уже о весне, в основном когда цветут вишневые деревья, высаженные вокруг каждого дома, в каждом парке и у всех дорог, что ведут из деревни в деревню; когда белые и розово-белые бутоны вишни выпускают на белый свет свои лучистые острые лепестки — тогда, когда весь японский народ, стар и млад, начинает отрываться от земли, когда стар и млад

---

[50] В рукописи: "Shotoku (fun mayn rayze in Yapan)" [«Сётоку (из моей поездки в Японию)»], 1926 г. *Papers of Peretz Hirschbein*.

запрокидывают головы к верхушкам вишневых деревьев и радостно встречают рождение первого цветка, открывшего свое сердце солнцу и свою сладость первой пчеле, прилетевшей к расцветшим вишневым деревьям за медом, — тогда японская женщина распрямляет свою всегда несколько смущенно склоненную голову, вытягивает шею из ворота кимоно и как пчела тянется всей своей сущностью к расцветшей вишневой весне. Тогда ее дружеская улыбка становится наидружеской, а ее доброе расположение выглядит настолько естественным, как естественно открывает вишневый цветок свою чистую щедрость навстречу солнечному утру.

А в историческом парке города Нара, что в провинции Ямато, — там вишневые деревья издавна. Кедры в том парке явно еще помнят императора Тэмму[51], который под влиянием буддистской этики повелел своему народу не умерщвлять живых существ и не есть мяса. Конечно же, помнят еще вечно юные кедры и его последователя императора Сёму[52], который еще суровее повелел относиться милосердно ко всему живому. Ибо как же могут кедры забыть, если в их тени все еще висит пятидесятитонный бронзовый колокол, который повелел отлить император Сёму; колокол, который своим бронзовым гулом заставляет дрожать кедровые сердца всякий раз, когда любопытные раскачивают подвешенную в воздухе балку и ударяют ею по стенкам этого удивительного колокола. Взрослые резвятся вокруг этого колокола как дети, а улыбка женщины становится еще светлее, когда в ее опьяненный розово-белым вишневым цветением настрой врывается «бумбум» колокола императора Сёму...

Да, вот в такое время, вот в такую весну Сётоку обратила на меня свой взгляд и дружески улыбнулась мне своими миндалевидными глазами.

---

[51] Император Тэмму (天武天皇, Tenmu, 631–686) был 40-м императором Японии. В 675 году он запретил употребление мяса домашних животных с 1 апреля по 30 сентября ежегодно под влиянием буддизма.

[52] Император Сёму (聖武天皇, Shōmu, 701–756) был 45-м императором Японии в период Нары.

Ей показалось, что колокол Сёму, в бронзовых стенках которого вот уже 1200 лет запрятан корейским мастером чудесный звон, что этот колокол меня послушался. Деревья вокруг согласились, что не каждый, кто раскачивает подвешенную балку и ударяет в стенку колокола, не каждый будит в нем такой глубокий бронзовый напев, переданный ему корейским мастером.

Сётоку была не одна. С ней еще были два ребенка, девочки, возрастом между тремя и пятью годами. А ее имя, Сётоку, которое она мне почти непрошено сообщила, как мне кажется, не имеет никакого отношения к тем стародавним временам, когда буддизм внедрился в Японию из Китая и Кореи и когда императрица Кокэн, влюбившаяся в буддистского монаха, отреклась от престола и удалилась на целых пять лет в качестве сестры-монашки, а позже вернулась на покинутый трон, сменив свое имя Кокэн на Сётоку...[53] Ибо когда я ее спросил, знает ли она что-либо об императрице по имени Сётоку, отрекшейся от престола ради любви к монаху, нынешняя Сётоку долго смеялась в рукав своего кимоно и ничего не ответила. Глядя на нее, две ее дочки приблизились ко мне, и одна из них, младшенькая, даже дотронулось до мизинца на моей правой руке. Сётоку это приняла за добрый знак. Она велела своей старшей дочери поклониться иностранцу и улыбнуться ему по-дружески.

Я купил два длинных, легких, воздушных хлебца, специально приготовленных для кормления рыб, и мы пошли кормить огромных золотых священных рыб в близлежащем священном озере. Дети были в восторге, хлопая от радости в ладошки, когда с десяток священных рыб толклись вокруг хлебца. Высовывая головы из воды, чтобы схватить кусок, священные рыбы аж шипели, втягивая воздух.

Детки меня не отпускали. Из-за детей их мама Сётоку пригласила меня к себе домой, в улочку недалеко от парка. Я пошел

---

[53] Императрица Кокэн (孝謙天皇, Kōken, 718–770), также известная как императрица Сётоку (称徳天皇, Shōtoku), дочь императора Сёму, была 46-м (под именем Кокэн) и 48-м монархом Японии (под именем Сётоку). Ее помнят в основном за ее предполагаемую связь с буддийским монахом, которого она почтила титулами и властью.

с ними. Это была, конечно же, ее добрая улыбка, что вела меня, и к тому же это было весеннее время, когда белые и бело-розовые бутоны вишни выпускают на белый свет свои лучистые острые лепестки.

2

Сётоку могла произнести несколько слов по-английски, чтобы выразить свое дружеское отношение. Как мне показалось, она не знала ни одного слова, выражавшего гнев или недружелюбие. По правде говоря, за все те годы, что я путешествую по миру, я пришел к выводу, что не всегда нужны слова. Наоборот, я много раз чувствовал, что язык только мешает. Потому что можно лучше понять друг друга с помощью знаков, жестов, а часто с помощью внутренних искренних слов, которые выходят с кровью, — такими словами можно заговорить кровь того, кто плюет на тебя и при этом неспособен разговаривать на человеческом языке.

Придя к ней домой, я по обычаю снял туфли в прихожей, сменив их на чистые тапочки, что ждут каждого пришедшего с улицы и несущего на своей обуви уличную пыль. Когда я уселся на подушечку на соломенной циновке у низенького стола и по-восточному поджал под себя ноги, ей это показалось совершенно естественным. Минуту спустя она мне вынесла из другой комнаты фотографию молодого человека в кимоно. Это был западный человек. Он точно как я сидел на полу, поджав под себя ноги. Она ничего не сказала.

Старшая дочка, оставшаяся снаружи, вошла, без слов подошла ко мне и стала смотреть на фото у меня в руках. Я чувствовал, что ее мама хотела бы, чтобы я обратил внимание на ребенка, присевшего рядом со мной. И только сейчас я разглядел в лице ребенка, в основном в глазах, что-то от того западного человека, чью фотографию я держал в руках. Мне совсем не пришло в голову спросить, кто этот человек. Возможно, Сётоку ждала, чтобы я сам спросил и сам заговорил о нем.

Сётоку опустилась на подушечку напротив меня, и я впервые заметил пробежавшую в ее полузакрытых узких миндалевидных глазах грусть. Она на минуту будто загляделась на кончики пальцев своих рук, выглядывавших из длинных рукавов кимоно. Ее верхнее кимоно было небесно-синего цвета с распустившимися белыми и розовыми цветками вишни. Когда ее лицо не смогло сдержать грусть, явно связанную с фотографией в моих руках, мне показалось, что небесная голубизна ее шелкового кимоно на мгновение потемнела.

Это, конечно же, не редкость, что западный человек попадает в Японию, очаровывается японской весной и чистой женской улыбкой, расцветающей весной, и решает связать свою кровь с кровью народа, несущего в себе «холодную солнечность».

Из другой комнаты появилась юная фрейлина с чаем на подносе, который она поставила на низенький столик между нами. Чаепитие, конечно же, несет много смысла в Японии и частично в Китае. Маленькие чайные чашечки без ручек имеют больше смысла, чем наши кружки. То, что у чашечек нет ручек, и их нужно держать с любовью как созревший плод; то, что чай пьют без сахара, позволяя его благородному аромату и легкой горечи коснуться нёба... Не говоря уже о том, что кровь заговаривает с кровью на том особенном языке, которым владеют только радость и грусть, — на языке говорящего молчания...

Я очень хорошо знаю, насколько простирается зависимость японской женщины от мужчины — зависимость, превращающаяся в чистую покорность, покорность матери-земли сильной человеческой воле. Еще с давних времен японская женщина знает, что мужчина может требовать от нее всего, а она от него — только милосердия ждет она. Она получает от него только подарки. Даже ее страдания во время родов, даже это подарок ее материнскому телу. Она, верящая, что покидая отчий дом, она умирает, а ее перерождение происходит только для того, чтобы быть самой зависимой из всех зависимых, чтобы быть травинкой, растущей при древних кедрах в священном парке Нары, — что мог я понять сейчас в момент грусти на ее лице, когда я задумался, глядя на фотографию неизвестного западного человека?

3

«В осенние дни луна освещает ряды диких уток, что пролетают мимо, разрезая своими крыльями облака...»

Всякий раз, глядя на японский ландшафт, изображенный на шелке старинными мастерами, или услышав субтильное звучание короткой японской рифмы, я вижу тут влияние японской женщины, которая в действительности так мало могла диктовать в этой жизни. Такими были известные гейши, сбившие с пути сердце мужчины. У японского народа ведь были женщины, взошедшие на трон. А на японском троне всегда сидело божество. Императрица Сётоку, царившая в период Нары, доказала, что сердце японской женщины может иногда увести со священного трона и завести в монастырь...

Нынешняя Сётоку отдалась воле западного человека. Возможно, она искала новый язык, который я бы мог понять, чтобы рассказать мне о своей большой любви к западному человеку, от которого она родила двоих детей и для которого она даже не смогла стать подобной дикой утке, что пролетает мимо в лунном свете, разрезая облака своими крыльями...

Она вынула фотографию из рамки, и достала лежавшую между фотографией и державшей ее картонкой записку из нескольких строк по-английски. Она мне ее протянула без слов и глазами попросила прочитать. Записка была адресована к любимейшей из всех женщин на Земле — к Сётоку, там была благодарность за холодное солнце, которое она, Сётоку, подарила и которое так часто охлаждало его сумасшедшую кровь...

Пока я вглядывался в эти спокойные строки и изучал буквы, чтобы понять характер человека, даже не подписавшего свое имя, она принесла из другой комнаты кото, японскую лежачую арфу, и принялась щипать струны с большим рвением, запев песню, которая забралась в высокие тона: а-а-а...

Мне показалось, что Сётоку в конце концов не выдержит и зайдется в плаче, каким плачут только дети, когда им еще трудно понять человеческую речь...

Но это была ранняя весна, когда весь японский народ начинает отрываться от земли, когда стар и млад закидывает голову к верхушкам вишневых деревьев и встречает с радостью первый цветочный бутон, раскрывший свое сердце солнцу и свою сладость первой пчеле, прилетающей к вишневым деревьям за медом.

Издали донесся бронзовый «бум-бум» колокола-великана императора Сёму. Мои мысли улетели к тем временам, когда император мог повелеть народу не убивать ничего живого на Земле, а императрица по имени Кокэн могла отречься от престола, уйти к буддистскому монаху, а позже вернуться на трон уже с именем Сётоку. И мне показалось, что между тогдашней Сётоку и Сётоку нынешней не лежат ровно тысяча триста лет. Мне показалось, что та Сётоку сошла с трона и ходит теперь здесь с запрокинутой головой, глядя на цветущие вишневые деревья...

Конечно же, нельзя относиться с подозрением к дружеской улыбке японской женщины. Я Сётоку не подозревал совершенно ни в чем...

Библиография

Архивы и депозитарии

Архив «Гназим» при Ассоциации ивритоязычных писателей Израиля, Тель-Авив (ארכיון גנזים / Gnazim Archives of the Hebrew Writers Association in Israel)

Фонды Переца и Эстер Гиршбейн

Дипломатический архив Министерства иностранных дел Японии, Токио (外交史料館 / Diplomatic Archives of the Ministry of Foreign Affairs of Japan — DA MFA)

Материалы наблюдения за поведением иностранцев: американский отдел (要視察外国人ノ挙動関係雑纂　米国人之部 / Yōshisatsu gaikoku hito no kyodō kankei zassan. kome kokujin no bu), 4.3.1.2–7

Институт ИВО, Нью-Йорк (YIVO Institute for Jewish Research, New York, USA)

Papers of Peretz Hirschbein, RG 833

Мемориальный музей Сибусавы, Токио (渋沢史料館 / Shibusawa Memorial Museum)

Коллекция документов и фотографий

Национальная библиотека Израиля (הספריה הלאומית / The National Library of Israel — NLI)

Перец Гиршбейн

Национальная парламентская библиотека Японии, Токио (国立国会図書館 / The National Diet Library — NDL)

Коллекция периодики

Нью-Йоркская публичная библиотека (The New York Public Library — NYPL)
Еврейское подразделение «Дорот» (The Dorot Jewish Division)
Коллекция периодики

Российский государственный архив литературы и искусства (РГАЛИ), Москва, РФ
Перец Гиршбейн

Частные коллекции

Джессика Гиршбейн (невестка Переца Гиршбейна), Нью-Йорк, США
Рут Садэ (внучатая племянница Переца Гиршбейна), Кфар-Саба, Израиль

Периодические издания

Идиш и иврит

Der moment [*Момент* / דער מאָמענט], Варшава
Der tog [*День* / דער טאָג], New York
Di idishe tsaytung [*Еврейская газета* / די אידישע צײַטונג], Буэнос-Айрес
Di tsayt [*Время* / די צײַט], Лондон
Folksblat [*Народный листок* / פֿאָלקסבלאַט], Каунас
Forverts [*Вперед* / פֿאָרווערטס], Нью-Йорк
Grininke beymelekh [*Зелененькие деревца* / גרינינקע ביימעלעך], Вильнюс
Haaretz [*Страна* / הארץ], Тель-Авив
Literarishe bleter [*Литературные страницы* / ליטעראַרישע בלעטער], Варшава
Moznayim [*Весы* / מאזנים], Тель-Авив

Японский

Asahi Shimbun [朝日新聞 / *Утреннее солнце*], Токио–Осака
Teatoru [テアトル / *Театр*], Токио

Русский

Знамя, Москва
Известия, Москва
Красная нива, Москва
Новая шанхайская жизнь, Шанхай
Новый мир, Москва

Английский

Rafu Shinpō / L.A. Japanese Daily News [羅府新報 / *Лос-анджелесская газета*], Лос-Анджелес

The Japan Advertiser, Иокогама–Токио

The Japan Times, Токио

The Herald of Asia: A Review of Life and Progress in the Orient, Токио

Произведения Переца Гиршбейна

Идиш и иврит (Hirshbeyn, Perets)

Arum der velt (rayze-ayndrukn), 1920–22. Nyu-york: Literatur, 1927;

Erets-yisroel. Vilne: Kletskin, 1929;

Eynzame veltn: drame in 1 bild. Vilne: Di velt, 1906;

Felker un lender: rayze-ayndrukn fun Nayzeland, Avstralye, Dorem-afrike, 1920–1922. Vilne: Kletskin, 1929;

Fun vayte lender: Argentine, Brazil. yuni, november 1914. Nyu-york, 1916;

Garbn fun shtilshvaygn (fun mayn rayze in Indie). Moskve-Kharkov-Minsk: Tsentrfarlag, 1930);

Hodu, перевод на иврит*: Uri Tsvi Grinberg*. Tel Aviv: Mitspe, 1930/31;

Iber Amerika. Nyu-york: Literarisher ferlag, 1918);

Indie (fun mayn rayze in Indie). Vilne: Kletskin, 1929;

P.S.S.R. Vilne: Zibn teg, 1936;

"Shotoku", перевод на иврит: Dov-Ber Kotlerman. *Haaretz*, 21.12.2022 (приложение «Сфарим»);

Shvartsbrukh: tsen khadoshim mit di yidishe ibervanderer in Ratnfarband: Agay, Krim, 1928–1929. Vilne: Kletskin, 1930;

"Teater un kultur", *Teater, veltrayzes, zikhroynes*. Buenos-ayres: Literatur-gezelshaft baym YIVO in Argentine, 1967, 255–258;

Vayte un noente: bilder in 4 aktn, перевод с иврита на идиш: A. Ben-Gur. Vilne: Di velt, 1906.

Русский и украинский (Гиршбейн / Гіршбейн, Перец)

«Дети Африки», *Красная нива* 26 (1928): 12–13;

Навколо світу, вільний переклад з еврейської Е. Райцина. Харків: Державне видавництво України, 1929;

Одинокие миры, перевод: Анна Брумберг и Любовь Тривуш. СПб: Издательское бюро, 1908;

«С опущенными ресницами», *Красная нива* 10 (1928): 10–11;

Земля: пьеса в трех актах, перевод: Лионель. Одесса: Всемирная библиотека, 1908);

Снопы молчания (Индия), перевод А. В. Гурвича. Москва-Ленинград: Гос. изд-во, 1930;

«Таити», *Красная нива* 25 (1928): 10–11.

Португальский и английский (Hirshbein, Peretz)

De terras longínquas: viagem à Argentina e Brasil de junho a novembro de 1914, перевод на португальский: Nachman Falbel. São Paulo: Maayanot, 2017;

The Haunted Inn. A Drama in Four Acts, trans. by Isaac Goldberg. Boston: J. W. Luce & Co., 1921.

КНИГИ

Идиш

Cohen, Berl. *Lexikon fun yidish-shraybers.* New York: R. Ilman-Cohen, 1986;

Lexikon fun der nayer yidisher literatur. 8 Vols. Edited by Efraim Oyerbakh, Yaakov Birnboym, Eliyohu Shulman, Moishe Shtarkman. Nyu-york: Alveltlekher yiddisher kultur-kongres, 1956–1981;

Niger, Shmuel, Elkin, Mendel (red.). *Perets Hirshbeyn (tsu zayn zekhtsikstn geboyrntog)*. Los-andzheles — Nyu-york: Hirshbeyn yoyvl-komitet, 1941;

Shumyatsher, Ester. *In shoen fun libshaft: lider un poemes.* Vilne: Kletskin, 1930;

Zilbertsvayg, Zalman. *Lexikon fun yidishn teater.* 6 Vols. Nyu-york–Varshe–Meksiko-siti: Elisheva, 1931–69.

Японский

Akita, Ujaku. *Akita ujaku nikki* [秋田雨雀日記. 第1巻, 1915年一1926年 / *Дневник Акиты Удзяку, 1915–1926*], Vol. 1. Tokyo: Miraisha, 1965;

Akita, Ujaku. *Go jū-nen seikatsu nenpu* [五十年生活年譜 / *50 лет жизни*]. Tokyo: Naukasha, 1932;

Suparuvin [Спальвин, Евгений]. *Yokome de mita nihon* [横目で見た日本 / *Япония со стороны*]. Tokyo: Shinchosha, 1931;

Yamada, Michio. *Fune ni miru nihonjin iminshi: kasato maru kara kuruzu kyakusen e* [船にみる日本人移民史: 笠戸丸からクルーズ客船へ / *История японской эмиграции как история кораблей: от «Касатомару» до круизных лайнеров*]. Tokyo: Chūō Kōronsha, 1998;

Kindai bungei zenshu, 8. *Wasuraretaru hitobito* [近代文芸選集. 第8編, 忘られたる人々 / *Избранная современная литература*, Т. 8. *Потерянные души*]. Tokyo: Kenbunsha, 1927;

Kindai geki zenshū [近代劇全集 / *Полное собрание современной драмы*], Vol. XIII. Tokyo: Daiichi Shobo, 1929;

Sekai bungaku kōza [世界文学講座 / Лекции о мировой литературе], Vol. 12. Tokyo: Shinchosha, 1930.

Русский

Горький, Максим. *Полное собрание сочинений*, т. 19. Москва: Наука, 2017;

Иванов, Владислав. *ГОСЕТ: Политика и искусство, 1919–1928*. Москва: Гитис, 2007;

Искендеров, Ахмед. *Тоётоми Хидэёси*. Москва: Наука, 1984;

Пильняк, Борис. *Камни и корни*. Москва: Советская литература, 1934;

Пильняк, Борис. *Корни японского солнца*. Ленинград: Прибой, 1927;

Пильняк, Борис. *О'кэй. Американский роман*. Москва: Федерация, 1933;

Хиллиг, Гётц. *"Войо-Нова" в Крыму. Забытая сельхозкоммуна (кибуц)*. Marburg: Institut für Erziehungswissenschaft, 2005;

Эстрайх, Геннадий. *Еврейская литературная жизнь Москвы, 1917–1991*. СПб: Издательство Европейского университета в Санкт-Петербурге, 2015.

Английский

Bauer, Mikaël. *The History of the Fujiwara House*. Kent, UK: Renaissance Books, 2020;

Cavaye, Ronald et al. *A Guide to the Japanese Stage*. Tokyo: Kodansha, 2004;

Clark, Katerina. *Eurasia Without Borders: The Dream of a Leftist Literary Commons, 1919–1943*. Cambridge, MA and London, England: Harvard University Press, 2021;

Cronin, Joseph. *The Life of Seinosuke: Dr. Oishi and the High Treason Incident*. Kyoto: White Tiger Press, 2014;

Dickinson, Frederick R. *World War I and the Triumph of a New Japan, 1919–1930*. University of Pennsylvania, 2013;

Encyclopædia Britannica, Vol. 27. Cambridge University Press, 1911;

Explanatory Notes on Picture Rolls Illustrating the History of Tosho-gu, comp. by the Society for the Celebration of the Tercentenary of the Tosho-gu. Tokyo: Shimbi Shoin Limited, 1915;

Freeman, Joseph. *An American Testament: A Narrative of Rebels and Romantics*. New York: Farrar & Rinehart, 1936;

Gow, Andrew Colin. *The Red Jews: Antisemitism in an Apocalyptic Age, 1200–1600*. Leiden–New-York–Köln: Brill, 1995;

Hammer, Joshua. *Yokohama Burning: The Deadly 1923 Earthquake and Fire That Helped Forge the Path to World War II*. New York-London-Toronto-Sydney: Simon & Schuster, 2006;

Hearn, Lafcadio. *Glimpses of Unfamiliar Japan*. Boston & New York: Houghton Mifflin Company, 1894;

Heine, Steven. *A Dream within a Dream: Studies in Japanese Thought*. New York: Peter Lang Publishers, 1991;

Izumi, Hirobe. *Japanese Pride, American Prejudice: Modifying the Exclusion Clause of the 1924 Immigration Act*. Stanford: Stanford University Press, 2001;

Kidder, Jonathan Edward. *Himiko and Japan's Elusive Chiefdom of Yamatai: Archaeology, History, and Mythology*. Honolulu: University of Hawai'i Press, 2007;

Kowner, Rotem. *Historical Dictionary of the Russo-Japanese War*. Lanham, Maryland: The Scarecrow Press, 2006;

Lao-tze, *The Canon of Reason and Virtue: Lao-tze's Tao Teh King*, trans. by D. T. Suzuki & Paul Carus. La Salle, IL: Open Court, 1913;

Madzini, Meron. *Under the Shadow of the Rising Sun: Japan and the Jews during the Holocaust Era*. Boston, MA: Academic Studies Press, 2016;

McLeod, Nicholas. *Epitome of the Ancient History of Japan*. Nagasaki, 1878;

Murasaki Shikibu, *Genji Monogatari / The Romance of Genji*, trans. by Suyematz Kenchio. Cambridge, Ontario: In Parentheses Publications, 2000;

Nitobe, Inazō. *Bushido: The Soul of Japan*. Tokyo: Teibi Pub. Co., 1907;

Piggott, Joan R. *The Emergence of Japanese Kingship*. Stanford, Ca.: Stanford University Press, 1997;

Pinski, David. *Forgotten Souls: A Drama in One Act*, trans. by Isaac Goldberg. New York: S. French, 1916;

Shibusawa Eiichi and Albert Kahn: Exchange of Two Businessmen of Japan and France. Tokyo: Shibusawa Memorial Museum, 2010;

Schroeder, John H. *Matthew Calbraith Perry: Antebellum Sailor and Diplomat*. Annapolis: Naval Institute Press, 2001;

Storry, Richard. *A History of Modern Japan*. London: Penguin Books, 1982;

The YIVO Encyclopedia of Jews in Eastern Europe, 2 vols. Edited by Gershon David Hundert. New Haven & London: Yale University Press, 2008;

Tokutomi, Kenjirō. *The Heart of Nami-San: A Story of War, Intrigue and Love*, trans. by Isaac Goldberg. Boston: The Stratford Company, 1918;

Tucker, John A. *The Forty-Seven Rōnin: The Vendetta in History*. Cambridge: Cambridge University Press, 2018;

Wispelwey, Berend (comp.). *Japanese Biographical Index*. München: K.G. Saur, 2004.

Статьи и публикации в периодике

Идиш и иврит

“Be'olam hasafrut, hatarbut vehaomanut” [«В мире литературы, культуры и искусства»], *Moznayim* 33/4 (1933): 16;

Arnshteyn, Mark. “A retenish” [«Загадка»], *Literarishe bleter*, 08.04.1932: 234;

Goldberg, Neytn. “Briv fun Olbani, Far. Shtatn” [«Письмо из Олбани, Соед. Штаты»], *Grininke beymelekh*, 15.01.1936: 19;

Kotlerman, Dov-Ber. “Madam Khrizantema lo ‘osa harakiri beyidish” [«Мадам Хризантема не делает харакири на идише»], *Haaretz*, 21.12.2022 (приложение «Сфарим»);

Osman, Yisroel. “Perets Hirshbeyn (biografye)” [«Биография Переца Гиршбейна»], в сб.: Shmuel Niger, Mendel Elkin (red.), *Perets Hirshbeyn (tsu zayn zekhtsikstn geboyrntog)* [*Перец Гиршбейн (к его шестидесятилетию)*]. Los-andzheles — Nyu-york: Hirshbeyn yoyvl-komitet, 1941, 5–22;

“Perets Hirshbeyns groyse rayze arum der velt” [«Большое путешествие Переца Гиршбейна вокруг света»], *Di idishe tsaytung*, 18.10.1926: 5;

“P. Hirshbeyn vegn Yapan un Khine” [«П. Гиршбейн о Японии и Китае»], *Forverts*, 17.12.1937: 4;

Ravitsh, Meylekh. “Fun di masoes Binyomin hashlishi biz di masoes Perets Hirshbeyn” [«От путешествий Биньямина III до путешествий Переца Гиршбейна»], в сб.: Shmuel Niger, Mendel Elkin (red.), *Perets Hirshbeyn (tsu zayn zekhtsikstn geboyrntog)*. Los-andzheles — Nyu-york: Hirshbeyn yoyvl-komitet, 1941, 106–117;

Tsharni, Daniel. “Der velt-birger mitn yidishn velt-shmerts (tsum 50-yorikn yubiley fun Perets Hirshbeyn)” [«Гражданин мира с еврейской мировой скорбью (к 50-летию Переца Гиршбейна)»], *Folksblat*, 08.04.1932: 3;

Zak, Avrom. “Perets Hirshbeyn (tsu zayn 50-yerigen yoyvl)” [«Перец Гиршбейн (к его 50-летнему юбилею)»], *Der moment*, 15.04.1932: 7.

Русский и украинский

Гордон, Шмуэль. «Гиршбейн, Перец», *Литературная энциклопедия*, т. 2. Москва: Издательство Коммунистической Академии, 1929, 540–541;

Гусева, Елизавета. «Борис Пильняк: “...Потому что в мире, ночами, под луною — всегда человеку одиноко”», *Знамя* 6 (2015): 160–165;

Котлерман, Бер. «‘Навколо світу’ Переца Гиршбейна: об одном ‘вольном’ переводе с идиша на украинский», *Хадашот*, 15.02.2022;

Котлерман, Бер. «От прогрессивного представителя литературы на идише до ‘апологета хасидского прошлого’: краткий роман Переца Гиршбейна с советской литературой конца 1920-х гг.», *Iudaica Russica* 1(12) (2024): 1–13;

Нусинов, Исаак. «Еврейская литература», *Большая советская энциклопедия*, т. 24. Москва: ОГИЗ, 1932, 132;

Пильняк, Борис. «Олений город Нара», *Новый мир* 3 (1927): 58–64;

Полонский, Вячеслав. «Моя борьба на литературном фронте», *Новый мир* 1 (2008): 141–158;

Савелли, Дани. «Борис Пильняк в Японии: 1926», в кн. Борис Пильняк, *Корни японского солнца*. Москва: Три квадрата, 2004, 165–264;

Савелли, Дани. «От составителя», в кн. Борис Пильняк, *Корни японского солнца*. Москва: Три квадрата, 2004, 5–6;

Спальвин, Евгений. «Интерес к русской литературе в Японии», *Информационный бюллетень: издание всесоюзного общества культсвязи с заграницей* 11–12 (1927): 9;

Торопыгина, Мария. «Полное собрание мировой литературы (‘Сэкай бунгаку дзэнсю’, 1927–1932) издательства ‘Синтёся’ в контексте истории японской книги», *Японские исследования* 1 (2023): 94–110.

Японский

Chiba, Kameo. “Gendai Yūtai Bungaku Gaikan” [“現代猶太文學概觀 / Обзор современной еврейской литературы”], 世界文学講座 [*Sekai bungaku kōza / Лекции о мировой литературе*], Vol. 12. Tokyo: Shinchosha, 1930), 240;

Osanai, Kaoru. “Hirushubein no gentsuta kotô” [“ヒルシュベインの言つたこと / Что сказал Гиршбейн”], *Teatoru* (May 1926): 111–113;

“Ro bungō biriniyaku-shi ga kabu jì-za o kenbutsu”, [“露文豪ビリニヤク氏が歌舞伎座を見物 / Знаменитый русский писатель Пильняк посетил «Кабуки-дза»], *Asahi Shimbun*, 02.04.1926: 6.

Английский, французский, немецкий

Clark, Katerina. “Boris Pilniak and Sergei Tretiakov as Soviet Envoys to China and Japan and Forgers of New, Post-Imperial Narratives (1924–1926)”, *Cross-Currents: East Asian History and Culture Review* 7.2 (2018): 423–448;

“Coming to Japan: Mr. Boris Bilinyark Desirous of Introducing Japanese Art to his Homeland”, *Japan Times & Mail*, 02.03.1926: 1, 22;

Estraikh, Gennady. "From 'Green Fields' to 'Red Fields': Peretz Hirschbein's Soviet Sojourn, 1928–1929", *Jews in Russia and Eastern Europe* 56 (2006): 60–81;

Goldberg, Isaac. "David Pinski", in: *Six Plays of the Yiddish Theatre*, trans. and ed. by Isaac Goldberg. Boston: John W. Luce and Company, 1916, 1–4;

Goldberg, Isaac. "The Yiddish Drama", *The Drama of Transition: Native and Exotic Playcraft*. Cincinnati: Stewart Kidd Company, 1922, 329–434;

Gruschka, Roland. "'Fun vayte lender': Peretz Hirschbein's 1914 debut as a travel writer in the Yiddish newspaper 'Der Tog'", in: Johannes Becke and Roland Gruschka (eds.), *Spracheimaten und Grenzgänge* (Heidelberg: Universitätsverlag Winter, 2021): 97–119;

Howland, Douglas. "Society Reified: Herbert Spencer and Political Theory in Early Meiji Japan", *Comparative Studies in Society and History* 42.1 (2000): 67–86;

Jansen, Marius B. "The Meiji Restoration," in: Jansen, Marius B. (ed.): *The Cambridge History of Japan*, Vol. 5. New York: Cambridge UP, 1989, 308–366;

Kotlerman, Ber. "Gauguin und Anti-Gauguin: Völker und Länder mit den jiddischen Augen des Peretz Hirschbein gesehen" [Гоген и анти-Гоген: народы и страны еврейскими глазами Переца Гиршбейна], *Wege der Germanistik in transkultureller Perspektive*, B. 7 (Berlin: Peter Lang Publishers, 2022): 591–600;

Kotlerman, Ber. "Yiddish Cosmopolitanism vs. Comintern-style Post-Imperialism: Peretz Hirshbein in Russian and Ukrainian Translations, 1928–1930", *TRANS-: Revue de littérature générale et comparée*, special issue: *Les Langues juives en partage* (2025), https://journals.openedition.org/trans/14811;

Lavelle, Isabelle. "Tokutomi Kenjirō's Hototogisu: A Worldwide Japanese Best-Seller in the Early Twentieth Century? — A Comparative Study of the English and French Translations", *Transcommunication* 3.1 (2016): 97–121;

Lee, Hyoung-sik (Yi Hyŏngsik). "Yoshiro Sakatani, a Member of the House of Peers, the Imperial Diet, and Korean Affairs Expert (Chōsentsu) and Japanese Rule of Korea", *International Journal of Korean History* 18.1 (2013): 121–153;

"National Traits Louded by American Dramatist", *Rafu Shinpō*, 13.09.1926: 1;

Savelli, Dany. "Boris Pilniak: une figure essentielle des relations culturelles soviéto-japonaises (1926–1937)" [«Борис Пильняк: ключевая фигура в советско-японских культурных отношениях (1926–1937)»], *Ebisu — Études Japonaises* 20 (1999): 73–108;

Savelli, Dany. “L'exotisme impossible (De Pierre Loti, de l'image du Japon et de l'autocensure dans *Pierres et racines* de Boris Pilniak)” [«Невозможная экзотика (о Пьере Лоти, образе Японии и самоцензуре в *Камнях и корнях* Бориса Пильняка)»], *Slavica Occitania* 22 (2006): 493–514;

Schrecker, John E. “Kiautschou and the problems of German colonialism”, in: John A. Moses & Paul H. Kennedy (eds.), *Germany in the Pacific and Far East 1870–1914*. St. Lucia: University of Queensland Press, 1977, 185–208;

Spencer, Herbert. “Advice to the Modernizers of Japan”, in: *On Social Evolution: Selected Writings*, ed. J. D. Y. Peel (Chicago: University of Chicago Press, 1972), 253–257.

Предметно-именной указатель

Автор выражает искреннюю благодарность за помощь в подготовке этой книги невестке Переца Гиршбейна Джессике Гиршбейн (Нью-Йорк) и внучатой племяннице писателя Рут Садэ (Кфар-Саба, Израиль), д-ру Рюки Нагацука (Токио), д-ру Мицухару Акао из Национального музея этнологии (Осака), проф. Хироки Такакура из Университета Тохоку (Сендай), д-ру Эдди Портному и Лео Гринбауму из Института ИВО (Нью-Йорк), проф. Дани Савелли из Университета Тулузы, Людмиле Шолоховой и Мирьям-Хае Сегал из Нью-Йоркской публичной библиотеки, Анне Слащевой (Санкт-Петербург), Любови Лавровой (Москва) и сотрудникам издательства Academic Studies Press.

В ряде названий периодических изданий и произведений литературы непосредственно в тексте, сносках и библиографии в данном издании использована латинская транслитерация слов на идише, иврите и японском языках. В случае идиша за основу взята система, принятая Институтом ИВО в Нью-Йорке (за исключением заглавных букв в географических названиях и именах), в случае иврита — система Библиотеки Конгресса США, а в случае японского языка — система Хепбёрна. Для транслитерации японских слов, названий и имен кириллицей использована упрощенная система Поливанова.

Оглавление

Научное издание

Бер Котлерман

РОСА В НЕБЕ

Путеводитель на идише по Японии
Перецa Гиршбейна

Подписано в печать 27.10.2025.
Формат издания 60 × 90 $^{1}/_{16}$. Усл. печ. л. 21,5.
Тираж 200 экз.

Academic Studies Press
1577 Beacon Street, Brookline, MA 02446 USA
https://www.academicstudiespress.com

Знак информационной продукции согласно
Федеральному закону от 29.12.2010 № 436-ФЗ

www.ingramcontent.com/pod-product-compliance
Lightning Source LLC
LaVergne TN
LVHW010601100826
845148LV00014B/2792

9798901270462